施工企业安全管理人员岗位考核培训丛书

施工企业主要负责人
安全生产考核培训教材（修订版）

冯小川 主编

中国建材工业出版社

图书在版编目（CIP）数据

施工企业主要负责人安全生产考核培训教材／冯小川主编．—2版（修订本）．—北京：中国建材工业出版社，2017.3（2023.3重印）

（施工企业安全管理人员岗位考核培训丛书）
ISBN 978-7-5160-1795-1

Ⅰ.①施… Ⅱ.①冯… Ⅲ.①建筑施工企业—安全生产—岗位培训—教材 Ⅳ.①TU714

中国版本图书馆CIP数据核字（2017）第043883号

施工企业主要负责人安全生产考核培训教材（修订版）
冯小川　主编

出版发行：中国建材工业出版社
地　　址：北京市海淀区三里河路11号
邮　　编：100831
经　　销：全国各地新华书店
印　　刷：北京印刷集团有限责任公司
开　　本：787mm×1092mm　1/16
印　　张：14.5
字　　数：350千字
版　　次：2017年3月第2版
印　　次：2023年3月第4次
定　　价：38.00元

本社网址：www.jccbs.com　　微信公众号：zgjcgycbs
本书如出现印装质量问题，由我社市场营销部负责调换。联系电话：（010）57811387

总　前　言

2014年9月1日,《建筑施工企业主要负责人、项目负责人、专职安全员管理人员安全生产管理规定》(以下简称"三类人员")(住建部17号部令)正式施行。住房城乡建设部2015年12月10日印发实施意见,贯彻落实《建筑施工企业主要负责人、项目负责人、专职安全员管理人员安全生产管理规定》(建质〔2015〕206号),该实施意见中对"三类人员"的考核发证、安全责任、法律责任等作出了明确规定,并把安全生产知识考核要点大致分为三个部分:一、建筑施工企业安全生产适用法律法规;二、建筑施工企业安全生产管理;三、建筑施工企业安全技术管理。本丛书针对不同的考核对象,每册教材内容上各有所偏重。

为了落实住房城乡建设部有关文件精神,进一步做好"三类人员"的培训和继续教育工作,切实提高培训人员安全管理水平,本教材编委会组织业内专家依据(建质〔2015〕206号)文件中相关要求,结合现行安全法规、安全技术规范和标准,编写了《施工企业主要负责人安全生产考核培训教材》、《施工企业项目负责人安全生产考核培训教材》、《施工企业专职安全员安全生产考核培训教材》。

本套教材既能帮助应试人员紧密结合考核要点进行学习,又能使其对相关知识加深理解,本套教材可以作为"三类人员"考试学习用书,也可作为"三类人员"继续教育培训教材。本套教材涵盖了(建质〔2015〕206号)文件中涉及的建筑施工企业主要负责人、项目负责人、专职安全生产管理人员安全生产知识考核要点,体现了以下几个特点:一、引用最新的安全法规及相关规范标准,有很强的时效性;二、教材中安全生产管理内容注重结合优秀企业的实际案例,有很强的借鉴性和可操作性;三、紧密结合考试要点,突出重点,有很强的实用性和针对性。

由于此次编写"三类人员岗位考核培训教材"时间仓促,在编写工作中会存在疏漏和不足。恳请使用教材的培训机构、授课教师及广大学员提出宝贵意见,以便进一步修订和完善。

编者
2017年3月

前　言

本教材根据《建筑施工企业主要负责人、项目负责人、专职安全员管理人员安全生产管理规定》（住建部17号部令）及（建质〔2015〕206号）文件的相关规定编写，培训对象为施工企业项目负责人。

本教材主要内容包括两大部分，第一部分为施工企业安全生产适用法律法规，其中包括新安全生产法概述、建设工程各方主体安全管理责任、安全事故管理等内容；第二部分为施工企业安全管理，其中包括安全生产责任制度、安全技术管理、安全检查、安全生产评价、安全生产教育管理、机械设备管理、安全生产标准化考评、临时用电管理、消防安全管理、常用建筑机械安全使用规程等内容。

本教材紧扣施工企业项目负责人安全生产知识考核要点，针对项目负责人安全生产职责，在重点介绍现行建筑施工安全生产方针、政策，法律法规和规范标准及安全管理制度的基础上，也简要介绍了土建综合安全技术和机械设备安全技术。本教材的内容编写侧重于施工现场的实用知识并结合了优秀施工企业的管理经验，做到理论联系实际，简明扼要，便于学员学习和掌握。

编者

2017年3月

目 录

绪 论 …………………………………………………………………………（1）
 一、习近平总书记关于做好安全生产工作的重要指示 …………………（1）
 二、我国建筑施工安全生产现状及安全事故主要类型 …………………（2）
 三、安全术语 ………………………………………………………………（5）

第一部分　施工企业安全生产适用法律法规 …………………………（8）

第一章　新《中华人民共和国安全生产法》概述 …………………（8）
 一、新《中华人民共和国安全生产法》主要亮点 ………………………（8）
 二、新《中华人民共和国安全生产法》与建筑企业安全管理责任 ……（9）

第二章　建设工程各方主体安全管理责任 …………………………（27）
 一、建设单位安全责任与法律责任 ………………………………………（27）
 二、勘察单位安全责任与法律责任 ………………………………………（28）
 三、设计单位安全责任与法律责任 ………………………………………（28）
 四、工程监理单位的安全责任与法律责任 ………………………………（29）
 五、注册执业人员的法律责任 ……………………………………………（29）
 六、提供、出租、安装收拆卸机械设备单位的安全责任与法律责任 …（30）
 七、施工单位安全责任与法律责任 ………………………………………（31）

第三章　施工安全生产许可证管理制度 ……………………………（35）
 一、安全生产条件 …………………………………………………………（35）
 二、罚则 ……………………………………………………………………（36）
 三、申请材料 ………………………………………………………………（36）
 四、安全生产许可证申请的受理和颁发 …………………………………（37）
 五、对取得安全生产许可证单位的行政处罚 ……………………………（38）
 六、安全生产许可证的暂扣与吊销 ………………………………………（38）

第四章　安全事故应急救援预案编制 ………………………………（39）
 一、基本规定 ………………………………………………………………（39）
 二、建筑施工公司应急救援预案编制案例 ………………………………（40）

第五章　安全事故管理 ………………………………………………（45）
 一、安全事故的分类 ………………………………………………………（45）
 二、安全事故的报告 ………………………………………………………（45）
 三、安全事故调查 …………………………………………………………（46）
 四、法律责任 ………………………………………………………………（47）

第六章　安全事故案例 ………………………………………………（50）

一、河北省新乐市"4·11"模板支撑系统较大坍塌事故调查报告（2015） …… （50）
　　二、北京市"12·29"筏板基础钢筋体系坍塌事故（2014） ……………… （52）
　　三、湖北省武汉市"9·13"施工升降机坠落事故（2012） ………………… （54）
　　四、广东省信宜市"8·28"深基坑坍塌事故（2011） ……………………… （55）
　　五、浙江省湖州市"6·16"高处坠落事故（2012） ………………………… （57）

第二部分　施工企业安全管理 …………………………………………………… （58）

第一章　安全生产组织保障体系 ………………………………………………… （58）
　　一、安全生产组织与责任体系 …………………………………………………… （58）
　　二、施工企业安全生产管理机构的设置 ………………………………………… （58）
　　三、项目部安全领导小组 ………………………………………………………… （60）

第二章　安全生产责任制度 ……………………………………………………… （61）
　　一、各级管理人员安全责任 ……………………………………………………… （61）
　　二、职能部门安全生产责任 ……………………………………………………… （64）

第三章　安全生产资金保障 ……………………………………………………… （66）
　　一、基本规定 ……………………………………………………………………… （66）
　　二、企业安全生产费用提取和使用管理办法 …………………………………… （66）
　　三、安全生产费用使用和监督 …………………………………………………… （67）

第四章　安全技术管理 …………………………………………………………… （68）
　　一、基本要求 ……………………………………………………………………… （68）
　　二、危险性较大工程专项方案编制 ……………………………………………… （68）
　　三、安全技术交底 ………………………………………………………………… （69）
　　四、施工现场危险源辨识及预案制定 …………………………………………… （69）

第五章　安全检查 ………………………………………………………………… （71）
　　一、检查内容和要求 ……………………………………………………………… （71）
　　二、安全隐患的处理 ……………………………………………………………… （72）
　　三、检查评定项目 ………………………………………………………………… （72）

第六章　安全生产评价 …………………………………………………………… （79）
　　一、评价内容 ……………………………………………………………………… （79）
　　二、评价方法 ……………………………………………………………………… （82）
　　三、评价等级 ……………………………………………………………………… （83）

第七章　安全生产教育管理 ……………………………………………………… （84）
　　一、基本规定 ……………………………………………………………………… （84）
　　二、培训对象和培训时间 ………………………………………………………… （85）
　　三、安全教育档案管理 …………………………………………………………… （87）
　　四、农民工夜校 …………………………………………………………………… （88）
　　五、《建筑施工企业主要负责人、项目负责人和专职安全生产管理人员
　　　　安全生产管理规定》（建设部令第17号）相关规定 ……………………… （89）
　　六、《建筑施工企业主要负责人、项目负责人和专职安全生产管理人员

安全生产管理规定实施意见》（建质〔2015〕206号）相关规定 …………（91）
第八章　施工现场环境与卫生管理 ………………………………………（94）
　　一、环境保护岗位责任制 ………………………………………………（94）
　　二、《建设工程施工现场环境与卫生标准》（JGJ 146—2013）………（98）
第九章　劳动保护管理 ……………………………………………………（101）
　　一、劳动防护用品管理制度 ……………………………………………（101）
　　二、"三宝"（安全网、安全帽、安全带）安全使用制度 …………（104）
　　三、《建筑施工作业劳动保护用品配备及使用标准》（JGJ 184—2009）…（105）
第十章　机械设备管理 ……………………………………………………（107）
　　一、设备管理责任制 ……………………………………………………（107）
　　二、建筑起重机械使用管理 ……………………………………………（109）
　　三、《建筑起重机械安全监督管理规定》（节选）（中华人民共和国建设部
　　　　令第166号） …………………………………………………………（110）
第十一章　安全生产标准化考评 …………………………………………（114）
　　一、项目考评 ……………………………………………………………（114）
　　二、企业考评 ……………………………………………………………（115）
　　三、奖励和惩戒 …………………………………………………………（116）
第十二章　施工现场安全事故易发环节安全管理 ………………………（117）
　　一、模板工程 ……………………………………………………………（117）
　　二、脚手架工程 …………………………………………………………（121）
　　三、临时用电 ……………………………………………………………（125）
　　四、高处作业 ……………………………………………………………（136）
第十三章　消防安全管理 …………………………………………………（138）
　　一、基本规定 ……………………………………………………………（138）
　　二、消防安全职责 ………………………………………………………（140）
　　三、可燃物及易燃易爆危险品管理 ……………………………………（142）
　　四、用火、用电、用气管理 ……………………………………………（142）
　　五、施工现场消防安全管理问题性质的认定 …………………………（144）
　　六、电气焊作业 …………………………………………………………（145）
　　七、消防教育培训 ………………………………………………………（146）
　　八、消防资料 ……………………………………………………………（147）
　　九、起重机械安全使用规定 ……………………………………………（148）

附录 …………………………………………………………………………（152）

　　附录一　企业主要负责人安全生产考核复习题 ………………………（152）
　　附录二　相关法规 ………………………………………………………（208）
　　参考文献 …………………………………………………………………（221）

绪　　论

一、习近平总书记关于做好安全生产工作的重要指示

2013年6月6日，习近平总书记就做好安全生产工作作出重要指示

人命关天，发展决不能以牺牲人的生命为代价。这必须作为一条不可逾越的红线。

要始终把人民生命安全放在首位，以对党和人民高度负责的精神，完善制度、强化责任、加强管理、严格监管，把安全生产责任制落到实处，切实防范重特大安全生产事故的发生。

2013年7月18日，习近平总书记就做好安全生产工作作出重要指示

落实安全生产责任制，行业主管部门直接监管、安全监管部门综合监管、地方政府属地监管，坚持管行业必须管安全、管业务必须管安全、管生产必须管安全，而且要党政同责、一岗双责、齐抓共管。

当干部不要当的那么潇洒，要经常临事而惧，这是一种负责任的态度。要经常有睡不着觉，半夜惊醒的情况，当官当的太潇洒，准要出事。

对责任单位和责任人要打到疼处、痛处，让他们真正痛定思痛、痛改前非，有效防止悲剧重演。造成重大损失，如果责任人照样拿高薪，拿高额奖金，还分红，那是不合理的。

2013年11月24日，习近平总书记在青岛中石化"11·22"东黄输油管线爆燃事故现场强调

各级党委和政府、各级领导干部要牢固树立安全发展理念，始终把人民群众生命安全放在第一位。各地区各部门、各类企业都要坚持高标准、严要求的安全生产，招商引资、上项目要严把安全生产关，加大安全生产指标考核权重，实行安全生产和重大安全生产事故风险"一票否决"。责任重于泰山，要抓紧建立健全安全生产责任体系，党政一把手必须亲力亲为、亲自动手抓。要把安全责任落实到岗位、落实到人头，坚持管行业必须管安全、管业务必须管安全，加强督促检查、严格考核奖惩，全面推进安全生产工作。

所有企业都必须认真履行安全生产主体责任，做到安全投入到位、安全培训到位、基础管理到位、应急救援到位，确保安全生产。中央企业要带头做好表率。各级政府要落实属地管理责任，依法依规、严管严抓。

安全生产，要坚持防患于未然。要继续开展安全生产大检查，做到"全覆盖、零容忍、严执法、重实效"。要采用不发通知、不打招呼、不听汇报、不用陪同和接待，直奔基层、直插现场，暗查暗访，特别是要深查地下油气管网这样的隐蔽致灾隐患。要加大隐患整改治理力度，建立安全生产检查工作责任制，实行谁检查、谁签字、谁负责，做到不打折扣、不留死角、不走过场，务必见到成效。

要做到"一厂出事故、万厂受教育，一地有隐患、全国受警示"。各地区和各行业领域要深刻吸取安全事故带来的教训，强化安全责任，改进安全监管，落实防范措施。

2015年5月26日，习近平总书记就河南鲁山县特大火灾事故作出重要指示

各地区和有关部门要牢牢绷紧安全管理这根弦，采取有力措施，认真排查隐患，防微杜渐，全面落实安全管理措施，坚决防范和遏制各类安全事故发生，确保人民群众生命财产安全。

2015年8月15日,习近平总书记对天津滨海新区危险品仓库爆炸事故作出重要指示

确保安全生产、维护社会安定、保障人民群众安居乐业是各级党委和政府必须承担好的重要责任。天津港"8·12"瑞海公司危险品仓库特别重大火灾爆炸事故以及近期一些地方接二连三发生的重大安全生产事故,再次暴露出安全生产领域存在突出问题、面临形势严峻。血的教训极其深刻,必须牢牢记取。各级党委和政府要牢固树立安全发展理念,坚持人民利益至上,始终把安全生产放在首要位置,切实维护人民群众生命财产安全。要坚决落实安全生产责任制,切实做到党政同责、一岗双责、失职追责。要健全预警应急机制,加大安全监管执法力度,深入排查和有效化解各类安全生产风险,提高安全生产保障水平,努力推动安全生产形势,实现根本好转。各生产单位要强化安全生产第一意识,落实安全生产主体责任,加强安全生产基础能力建设,坚决遏制重特大安全生产事故发生。

2015年12月20日,习近平总书记在中央城市工作会议上强调

要把安全放在第一位,把住安全关、质量关,并把安全工作落实到城市工作和城市发展各个环节和各个领域中。

2015年12月24日,习近平总书记在中共中央政治局常委会会议上发表重要讲话强调

重特大突发事件,不论是自然灾害还是责任事故,其中都不同程度存在着主体责任不落实、隐患排查治理不彻底、法规标准不健全、安全监管执法不严格、监管体制机制不完善、安全基础薄弱、应急救援能力不强等问题。

2016年1月4日~6日,习近平总书记在重庆市调研时强调

安全稳定工作连着千家万户,宁可百日紧,不可一日松。面对公共安全事故,不能止于追责,还必须梳理背后的共性问题,做到"一方出事故、多方受教育,一地有隐患、全国受警示"。

二、我国建筑施工安全生产现状及安全事故主要类型

(一)总体情况

2015年,全国共发生房屋市政工程生产安全事故442起、死亡554人,比去年同期事故起数减少80起、死亡人数减少94人(见图1、图2),同比分别下降15.33%和14.51%。

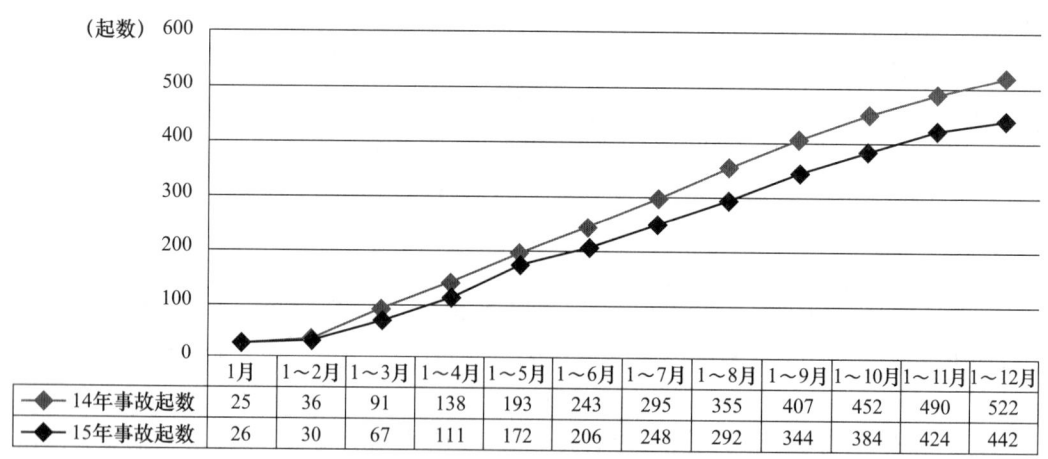

图1 2015年事故起数情况

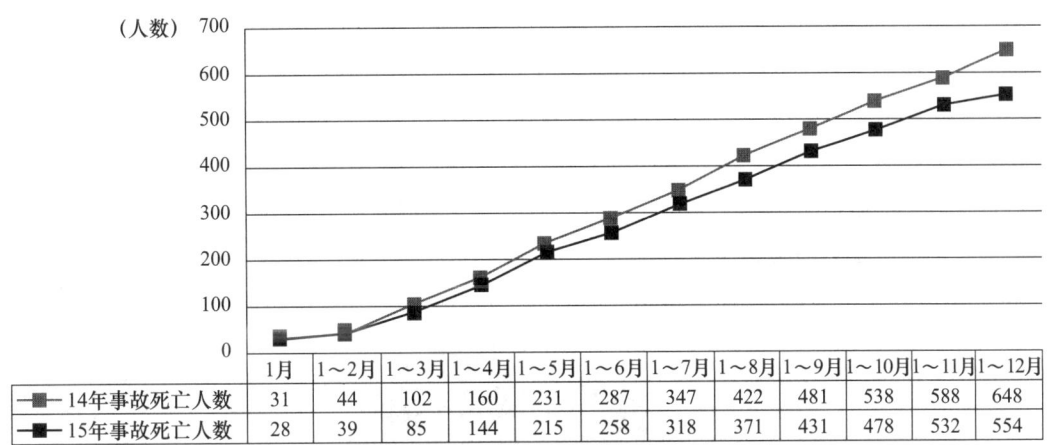

图 2　2015 年事故死亡人数情况

(二) 较大事故情况

2015 年，全国共发生房屋市政工程生产安全较大事故 22 起、死广 85 人，比去年同期事故起数减少 7 起、死亡人数减少 20 人（见图 3、图 4），同比分别下降 24.14% 和 19.05%，未发生重大及以上事故。

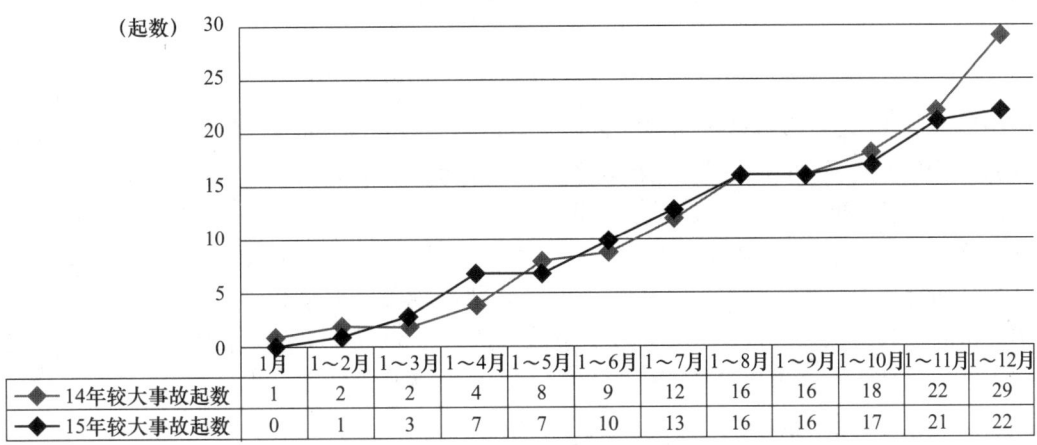

图 3　2015 年较大事故起数情况

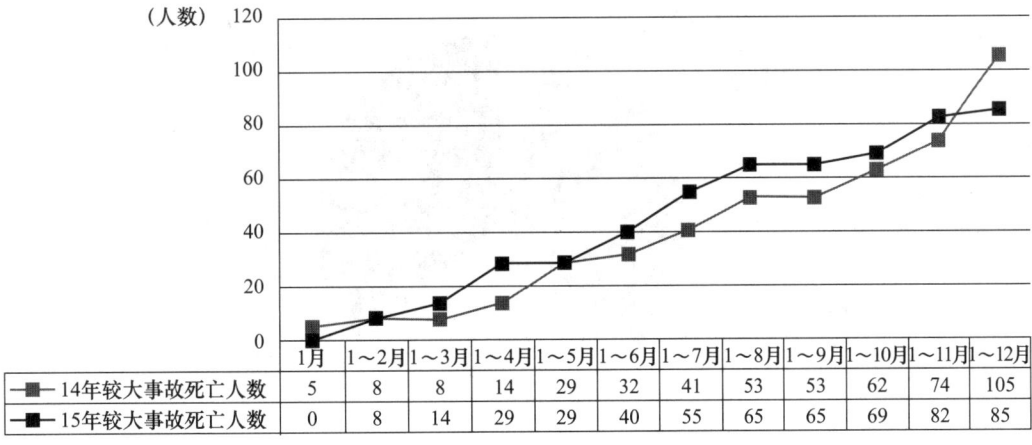

图 4　2015 年较大事故死亡人数情况

(三) 事故类型情况

2015年,房屋市政工程生产安全事故按照类型划分,高处坠落事故235起,占总数的53.17%;物体打击事故66起,占事故总数的14.93%;坍塌事故59起,占总数的13.35%;起重伤害事故32起,占事故总数的7.24%;机械伤害、触电、车辆伤害、中毒和窒息等其他事故50起,占事故总数的11.31%(见图5)。

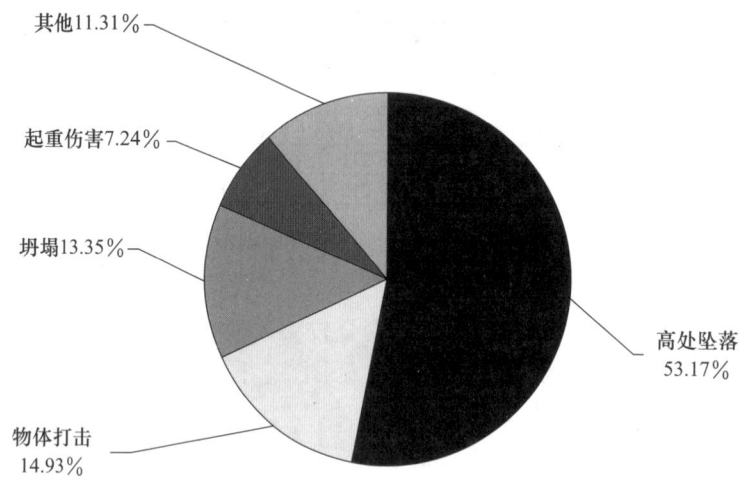

图5　2015年事故类型情况

2015年,共发生22起较大事故,其中土方坍塌事故8起,死亡25人,分别占较大事故总数的36.36%和29.41%;模板支撑体系坍塌事故6起,死亡32人,分别占较大事故总数的27.27%和37.65%;起重机械伤害事故4起,死亡15人,分别占较大事故总数的18.18%和17.65%;钢结构坍塌事故1起,死亡4人,分别占较大事故总数的4.55%和4.71%;外脚手架坍塌事故1起,死亡3人,分别占较大事故总数的4.55%和3.53%;气体中毒事故1起,死亡3人,分别占较大事故总数的4.55%和3.53%;吊篮坠落事故1起,死亡3人,分别占较大事故总数的4.55%和3.53%(见图6)。

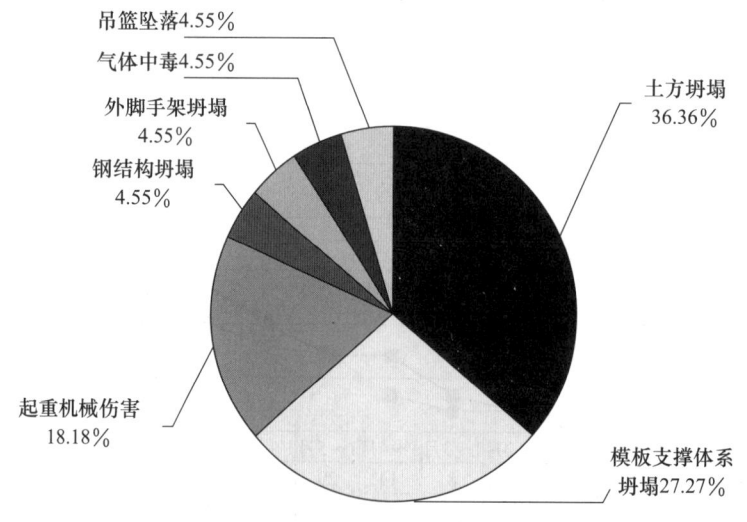

图6　2015年较大事故类型情况

三、安全术语

1. 安全生产管理方针：坚持安全第一、预防为主、综合治理的方针。
2. "五同时"原则：在计划、布置、检查、总结、评比生产工作的时候，同时计划、布置、检查、总结、评比安全工作。
3. "三同时"的原则：职业安全卫生技术措施及设施应与主体工程同时设计、同时施工、同时投产使用，以确保项目投产后符合职业安全卫生要求，保障劳动者在生产过程中的安全与健康。
4. "四不放过"原则：对发生的事故原因分析不清不放过；事故责任者和群众没受到教育不放过；没有落实防范措施不放过；事故的责任者没有受到处理不放过。
5. "三不伤害"原则："三不伤害"原则是指不伤害自己，不伤害他人，不被他人伤害。
6. 事故分类：

①特别重大事故：是指造成30人以上死亡，或者100人以上重伤（包括急性工业中毒，下同），或者1亿元以上直接经济损失的事故。

②重大事故：是指造成10人以上30人以下死亡，或者50人以上100人以下重伤，或者5000万元以上1亿元以下直接经济损失的事故。

③较大事故：是指造成3人以上10人以下死亡，或者10人以上50人以下重伤，或者1000万元以上5000万元以下直接经济损失的事故。

④一般事故：是指造成3人以下死亡，或者10人以下重伤，或者1000万元以下直接经济损失的事故。

7. 安全生产：为预防生产过程中发生事故而采取的各种措施和活动。
8. 安全生产条件：满足安全生产的各种因素及其组合。
9. 安全生产业绩：在安全生产过程中产生的可测量的结果。
10. 安全生产能力：安全生产条件和安全生产业绩的组合。
11. 危险源：可能导致死亡、伤害、职业病、财产损失、工作环境破坏或这些情况组合的根源或状态。
12. 事故：造成死亡、伤害、职业病、财产损失、工作环境破坏或超出规定要求的不利环境影响的意外情况或事件的总称。
13. 隐患：未被事先识别，可导致事故的危险源和不安全行为及管理上的缺陷。
14. 安全生产保证体系：对项目安全风险和不利环境影响的管理系统。
15. 劳动强度：劳动的繁重和紧张程度的总和。
16. 特种设备：由国家认定的，因设备本身和外在因素的影响容易发生事故，并且一旦发生事故造成人身伤亡及重大经济损失的危险性较大的设备。
17. 特种作业：由国家认定的，对操作者本人及其周围人员和设施的安全有重大危险因素的作业。
18. 特种工种：从事特种作业人员岗位类别的统称。
19. 特种劳动保护用品：由国家认定的，在易发生伤害及职业危害的场合，供职工穿戴或使用的劳动防护用品。

20. 有害物质：化学的、物理的、生物的等能危害职工健康的所有物质的总称。

21. 起因物：导致事故发生的物质。

22. 有毒物质：作用于生物体，能使机体发生暂时或永久性病变，导致疾病甚至死亡的物质。

23. 危险因素：能对人造成伤害或对物造成突发性损坏的因素。

24. 有害因素：能影响人的身体健康，导致疾病或对物造成慢性损坏的因素。

25. 有害作业：作业环境中有害物质的浓度、剂量超过国家卫生标准中该物质最高允许值的作业。

26. 有尘作业：作业场所空气中粉尘含量超过国家卫生标准中粉尘的最高允许值的作业。

27. 有毒作业：作业场所空气中有毒物质含量超过国家卫生标准中有毒物质的最高允许浓度的作业。

28. 防护措施：为避免职工在作业时，身体的某部位误入危险区域或接触有害物质而采取的隔离、屏蔽、安全距离、个人防护等措施或手段。

29. 个人防护用品：为使职工在职业活动过程中，免遭或减轻事故和职业危害因素的伤害而提供的个人穿戴用品。

    同义词：劳动防护用品。

30. 安全认证：由国家授权的机构，依法对特种设备、特种作业场所、特种劳动防护用品的安全卫生性能，以及对特种作业人员的资格等进行考核、认可并颁发凭证的活动。

31. 职业安全：以防止职工在职业活动过程中发生各种伤亡事故为目的的工作领域及在法律、技术、设备、组织制度和教育等方面所采取的相应措施。

    同义词：劳动安全。

32. 职业卫生：以职工的健康在职业活动过程中免受有害因素侵害为目的的工作领域及在法律、技术设备、组织制度和教育等方面所采取的相应措施。

    同义词：劳动卫生。

33. 女职工劳动保护：针对女职工在经期、孕期、产期、哺乳期等的生理特点，在工作任务分配和工作时间等方面所进行的特殊保护。

34. 未成年工劳动保护：针对未成年工（已满16周岁未满18周岁）的生理特点，在工作时间和工作分配等方面所进行的特殊保护。

35. 职业病：职工因受职业性有害因素的影响引起的，由国家以法规形式，并经国家指定的医疗机构确诊的疾病。

36. 职业禁忌：某些疾病（或某些生理缺陷），其患者如从事某种职业便会因职业性危害因素而使病情加重或易于发生事故，则称此疾病（或生理缺陷）为该职业的职业性禁忌。

37. 重大事故：会对职工、公众或环境以及生产设备造成即刻或延迟性严重危害的事故。

    同义词：恶性事故。

38. 不安全行为：指能造成事故的人为错误。

39. 违章指挥：强迫职工违反国家法律、法规、规章制度或操作规程进行作业的行为。

40. 违章操作：职工不遵守规章制度，冒险进行操作的行为。

41. 工作条件：职工在工作中的设施条件、工作环境、劳动强度和工作时间的总和。
同义词：劳动条件。
42. 工作环境：工作场所及周围空间的安全卫生状态和条件。
43. 致害物：指直接引起伤害及中毒的物体或物质。
44. 伤害方式：指致害物与人体发生接触的方式。
45. 不安全状态：指能导致事故发生的物质条件。
46. 不安全行为：指能造成事故的人为错误。
47. 轻伤：指损失工作日低于105日的失能伤害。
48. 重伤：指相当于损失工作日等于或超过105日的失能伤害。

第一部分　施工企业安全生产适用法律法规

第一章　新《中华人民共和国安全生产法》概述

一、新《中华人民共和国安全生产法》主要亮点

全国人大常委会2014年8月31日表决通过关于修改《中华人民共和国安全生产法》的决定。新《中华人民共和国安全生产法》（以下简称新法），从强化安全生产工作的摆位、进一步落实生产经营单位主体责任，政府安全监管定位和加强基层执法力量、强化安全生产责任追究等四个方面入手，着眼于安全生产现实问题和发展要求，补充完善了相关法律制度规定，主要体现在以下几方面：

(一) 坚持以人为本，推进安全发展

新法提出安全生产工作应当以人为本，充分体现了习近平总书记等中央领导同志关于安全生产工作一系列重要指示精神，在坚守发展决不能以牺牲人的生命为代价这条红线，牢固树立以人为本、生命至上的理念，正确处理重大险情和事故应急救援中"保财产"还是"保人命"问题等方面，具有重大现实意义。为强化安全生产工作的重要地位，明确安全生产在国民经济和社会发展中的重要地位，推进安全生产形势持续稳定好转，新法将坚持安全发展写入了总则。

(二) 完善安全工作方针和机制

新法确立了"安全第一、预防为主、综合治理"的安全生产工作"十二字方针"，明确了安全生产的重要地位、主体任务和实现安全生产的根本途径。新法明确要求建立生产经营单位负责、职工参与、政府监管、行业自律、社会监督的机制，进一步明确各方安全生产职责。

(三) 进一步明确生产经营单位的安全生产主体责任

1. 明确委托规定的机构提供安全生产技术、管理服务的，保证安全生产的责任仍然由本单位负责。

2. 明确生产经营单位的安全生产责任制的内容，规定生产经营单位应当建立相应的机制，加强对安全生产责任制落实情况的监督考核。

3. 明确生产经营单位的安全生产管理机构以及安全生产管理人员履行的七项职责。

(四) 建立预防安全生产事故的制度

新法把加强事前预防、强化隐患排查治理作为一项重要内容：

1. 生产经营单位必须建立生产安全事故隐患排查治理制度。

2. 政府有关部门要建立健全重大事故隐患治理督办制度，督促生产经营单位消除重大事故隐患。

3. 对未建立隐患排查治理制度、未采取有效措施消除事故隐患的行为，设定了严格的

行政处罚。

4. 赋予负有安全监管职责的部门，强制生产经营单位履行决定的权力。

（五）建立安全生产标准化制度

新法增加了推进安全生产标准化建设的规定，2014年7月31日，住建部发布《建筑施工安全标准化考评暂行办法》（建质〔2014〕111号），对安全生产标准化工作提出了明确的要求。

（六）推进安全生产责任保险制度

新法规定国家鼓励生产经营单位投保安全生产责任保险。安全生产责任保险具有其他保险所不具备的特殊功能和优势，可增加事故救援费用和赔付的资金来源，有助于减轻政府负担，维护社会稳定。

（七）加大对安全生产违法行为的责任追究力度

1. 规定了事故行政处罚和终身行业禁入。

（1）将行政法规的规定上升为法律条文，设立了对生产经营单位及其主要负责人的八项罚款处罚规定。

（2）大幅提高对事故责任单位的罚款金额：一般事故罚20万～50万元，较大事故50万～100万元，重大事故100万元～500万元，特别重大事故500万～1000万元；特别重大事故的情节特别严重的，罚款1000万～2000万元。

（3）进一步明确主要负责人对重大、特别重大事故负有责任的，终身不得担任本行业生产经营单位的主要负责人。

2. 加大罚款处罚力度。

3. 建立了严重违法行为公告和通报制度。要求负有安全生产监督管理职责的部门建立安全生产违法行为信息库，如实记录生产经营单位的安全生产违法行为信息；对违法行为情节严重的生产经营单位，应当向社会公告，并通报行业主管部门、投资主管部门、国土资源主管部门、证券监督管理部门和有关金融机构。

二、新《中华人民共和国安全生产法》与建筑企业安全管理责任（表1-1-1）

表1-1-1 新安全生产法与建筑企业安全管理责任

主题	安全责任	法律责任	备注
建立健全安全生产规章制度	第四条：生产经营单位必须遵守本法和其他有关安全生产的法律、法规，加强安全生产管理，建立、健全安全生产责任制和安全生产规章制度，改善安全生产条件，推进安全生产标准化建设，提高安全生产水平，确保安全生产		安全生产规章制度归纳为五大制度： 1. 安全生产责任制度 2. 安全生产资金保障制度 3. 安全生产教育培训制度 4. 安全生产检查制度 5. 生产安全隐患事故报告与调查处理制度
施工单位主要负责人对本单位的安全生产工作全面负责	第五条：生产经营单位的主要负责人对本单位的安全生产工作全面负责		主要负责人包括法定代表人、总经理、分管安全生产的副总经理、分管生产经营的副总经理、技术责任人、安全总监等

续表

主题	安全责任	法律责任	备注
施工单位执行国家标准或者行业标准规定	第十条：国务院有关部门应当按照保障安全生产的要求，依法及时制定有关的国家标准或者行业标准，并根据科技进步和经济发展适时修订 生产经营单位必须执行依法制定的保障安全生产的国家标准或者行业标准		建筑施工企业标准化管理责任主要在企业，执行者主要在项目
委托服务机构的安全生产责任仍由施工单位负责	第十三条：依法设立的为安全生产提供技术、管理服务的机构，依照法律、行政法规和执业准则，接受生产经营单位的委托为其安全生产工作提供技术、管理服务 生产经营单位委托前款规定的机构提供安全生产技术、管理服务的，保证安全生产的责任仍由本单位负责		
施工单位主要负责人的职责	第十八条：生产经营单位的主要负责人对本单位安全生产工作负有下列职责： （一）建立、健全本单位安全生产责任制； （二）组织制定本单位安全生产规章制度和操作规程； （三）组织制定并实施本单位安全生产教育和培训计划； （四）保证本单位安全生产投入的有效实施； （五）督促、检查本单位的安全生产工作，及时消除生产安全事故隐患； （六）组织制定并实施本单位的生产安全事故应急救援预案； （七）及时、如实报告生产安全事故	第九十一条：生产经营单位的主要负责人未履行本法规定的安全生产管理职责的，责令限期改正；逾期未改正的，处2万元以上5万元以下的罚款，责令生产经营单位停产停业整顿 生产经营单位的主要负责人有前款违法行为，导致发生生产安全事故的，给予撤职处分；构成犯罪的，依照刑法有关规定追究刑事责任 第九十二条：生产经营单位的主要负责人依照前款规定受刑事处罚或者撤职处分的，自刑罚执行完毕或者受处分之日起，五年内不得担任任何生产经营单位的主要负责人；对重大、特别重大生产安全事故负有责任的，终身不得担任本行业生产经营单位的主要负责人 （一）发生一般事故的，处上一年年收入30%的罚款； （二）发生较大事故的，处上一年年收入40%的罚款； （三）发生重大事故的，处上一年年收入60%的罚款； （四）发生特别重大事故的，处上一年年收入80%的罚款	建筑施工企业主要负责人或者项目负责人未履行本条中的任何一项要求，将受到相应的经济处罚，由此造成生产安全事故构成犯罪的，将面临刑事处罚。对重大、特别重大生产安全事故负有责任的、终身不得担任本行业生产经营单位的主要负责人

续表

主题	安全责任	法律责任	备注
施工单位安全员安全生产责任监督考核机制	第十九条：生产经营单位的安全生产责任制应当明确各岗位的责任人员、责任范围和考核标准等内容。 生产经营单位应当建立相应的机制，加强对安全生产责任制落实情况的监督考核，保证安全生产责任制的落实	第一百零六条：生产经营单位的主要负责人在本单位发生生产安全事故时，不立即组织抢救或者在事故调查处理期间擅离职守或者逃匿的，给予降级、撤职的处分，并由安全生产监督管理部门处上一年年收入60%~100%的罚款；对逃匿的处15日以下拘留；构成犯罪的，依照刑法有关规定追究刑事责任。生产经营单位的主要负责人对生产安全事故隐瞒不报、谎报或者迟报的，依照前款规定处罚	
施工单位安全生产管理机构及安全生产管理人员的职责	第二十二条：生产经营单位的安全生产管理机构以及安全生产管理人员履行下列职责： （一）组织或者参与拟订本单位安全生产规章制度、操作规程和生产安全事故应急救援预案； （二）组织或者参与本单位安全生产教育和培训，如实记录安全生产教育和培训情况； （三）督促落实本单位重大危险源的安全管理措施； （四）组织或者参与本单位应急救援演练； （五）检查本单位的安全生产状况，及时排查生产安全事故隐患，提出改进安全生产管理的建议； （六）制止和纠正违章指挥、强令冒险作业、违反操作规程的行为； （七）督促落实本单位安全生产整改措施	第九十三条：生产经营单位的安全生产管理人员未履行本法规定的安全生产管理职责的，责令限期改正； 导致发生生产安全事故的，暂停或者撤销其与安全生产有关的资格； 构成犯罪的，依照刑法有关规定追究刑事责任	企业的安全生产管理机构； 1. 安全生产管理机构分为两大块； 2. 施工项目安全生产管理机构
施工单位安全生产管理机构及人员的权利和义务	第二十三条：生产经营单位的安全生产管理机构以及安全生产管理人员应当恪尽职守，依法履行职责。 生产经营单位作出涉及安全生产的经营决策，应当听取安全生产管理机构以及安全生产管理人员的意见。 生产经营单位不得因安全生产管理人员依法履行职责而降低其工资、福利等待遇或者解除与其订立的劳动合同	第九十三条：生产经营单位的安全生产管理人员未履行本法规定的安全生产管理职责的，责令限期改正；导致发生生产安全事故的，暂停或者撤销其与安全生产有关的资格；构成犯罪的，依照刑法有关规定追究刑事责任	

11

续表

主题	安全责任	法律责任	备注
施工单位负责人及安全生产管理人员的安全检查职责	第四十三条：生产经营单位的安全生产管理人员应当根据本单位的生产经营特点，对安全生产状况进行经常性检查；对检查中发现的安全问题，应当立即处理；不能处理的，应当及时报告本单位有关负责人，有关负责人应当及时处理。检查及处理情况应当如实记录在案。生产经营单位的安全生产管理人员在检查中发现重大事故隐患，依照前款规定向本单位有关负责人报告，有关负责人不及时处理的，安全生产管理人员可以向主管的负有安全生产监督管理职责的部门报告，接到报告的部门应当依法及时处理	第九十三条：生产经营单位的安全生产管理人员未履行本法规定的安全生产管理职责的，责令限期改正；导致发生生产安全事故的，暂停或者撤销其与安全生产有关的资格；构成犯罪的，依照刑法有关规定追究刑事责任	生产经营单位的安全生产管理人员未履行本法规定的安全生产管理职责的按本条处罚
		第九十九条：生产经营单位未采取措施消除事故隐患的，责令立即消除或者限期消除；生产经营单位拒不执行的，责令停产停业整顿，并处10万元以上50万元以下的罚款，对其直接负责的主管人员和其他直接责任人员处2万元以上5万元以下的罚款	生产经营单位未采取措施消除事故隐患的，责令立即消除或者限期消除；生产经营单位拒不执行的按本条处罚
施工现场多个施工单位作业的安全管理职责	第四十五条：两个以上生产经营单位在同一作业区域内进行生产经营活动，可能危及对方生产安全的，应当签订安全生产管理协议，明确各自的安全生产管理职责和应当采取的安全措施，并指定专职安全生产管理人员进行安全检查与协调	第一百零一条：两个以上生产经营单位在同一作业区域内进行可能危及对方安全生产的生产经营活动，未签订安全生产管理协议或者未指定专职安全生产管理人员进行安全检查与协调的，责令限期改正，可以处5万元以下的罚款，对其直接负责的主管人员和其他直接责任人员可以处1万元以下的罚款；逾期未改正的，责令停产停业	
施工现场发包与出租的安全生产管理职责	第四十六条：生产经营单位不得将生产经营项目、场所、设备发包或者出租给不具备安全生产条件或者相应资质的单位或者个人。生产经营项目、场所发包或者出租给其他单位的，生产经营单位应当与承包单位、承租单位签订专门的安全生产管理协议，或者在承包合同、租赁合同中约定各自的安全生产管理职责；生产经营单位对承包单位、承租单位的安全生产工作统一协调、管理，定期进行安全检查，发现安全问题的，应当及时督促整改	第一百条：生产经营单位将生产经营项目、场所、设备发包或者出租给不具备安全生产条件或者相应资质的单位或者个人的：责令限期改正，没收违法所得；违法所得2倍以上5倍以下的罚款；没有违法所得或者违法所得不足10万元的，单处或者并处10万元以上20万元以下的罚款；对其直接负责的主管人员和其他直接责任人员处1万元以上2万元以下的罚款；导致发生生产安全事故给他人造成损害的，与承包方、承租方承担连带赔偿责任。生产经营单位未与承包单位、承租单位签订专门的安全生产管理协议或者未在承包合同、租赁合同中明确各自的安全生产管理职责，或者未对承包单位、承租单位的安全生产统一协调、管理的：责令限期改正，可以处5万元以下的罚款，对其直接负责的主管人员和其他直接责任人员可以处1万元以下的罚款；逾期未改正的，责令停产停业整顿	

续表

主题	安全责任	法律责任	备注
落实建筑施工从业人员权利与义务	第六条：生产经营单位的从业人员有依法获得安全生产保障的权利，并应当依法履行安全生产方面的义务	第九十四条：生产经营单位有下列行为之一的，责令限期改正，可以处5万元以下的罚款；逾期未改正的，责令停产停业整顿，并处5万元以上10万元以下的罚款，对其直接负责的主管人员和其他直接责任人员处1万元以上2万元以下的罚款。 （一）未按照规定设置安全生产管理机构或者配备安全生产管理人员； （二）危险物品的生产、经营、储存单位以及矿山、金属冶炼、建筑施工、道路运输单位的主要负责人和安全生产管理人员未按照规定经考核合格的； （三）未按照规定对从业人员、被派遣劳动者、实习学生进行安全生产教育和培训，或者未按照规定如实告知有关的安全生产事项； （四）未如实记录安全生产教育和培训情况的； （五）未将事故隐患排查治理情况如实记录或者未向从业人员通报的； （六）未按照规定制定生产安全事故应急救援预案或者未定期组织演练的； （七）特种作业人员未按照规定经专门的安全作业培训并取得相应资格，上岗作业的	基本权利与义务
	第五十条：生产经营单位的从业人员有权了解其作业场所和工作岗位存在的危险因素、防范措施及事故应急措施，有权对本单位的安全生产工作提出建议		知情权及建议权
	第五十一条：从业人员有权对本单位安全生产工作中存在的问题提出批评、检举、控告；有权拒绝违章指挥和强令冒险作业。 生产经营单位不得因从业人员对本单位安全生产工作提出批评、检举、控告或者拒绝违章指挥、强令冒险作业而降低其工资、福利等待遇或者解除与其订立的劳动合同		批评、检举、控告及拒绝的权利与权利保护
	第七十条：负有安全生产监督管理职责的部门应当建立举报制度，公开举报电话、信箱或者电子邮件地址，受理有关安全生产的举报；受理的举报事项经调查核实后，应当形成书面材料；需要落实整改措施的，报经有关负责人签字并督促落实		

续表

主题	安全责任	法律责任	备注
落实建筑施工从业人员权利与义务	第七十一条：任何单位或者个人对事故隐患或者安全生产违法行为，均有权向负有安全生产监督管理职责的部门报告或者举报		
	第七十三条：县级以上各级人民政府及其有关部门对报告重大事故隐患或者举报安全生产违法行为的有功人员，给予奖励。具体奖励办法由国务院安全生产监督管理部门会同国务院财政部门制定		
	第五十二条：从业人员发现直接危及人身安全的紧急情况时，有权停止作业或者在采取可能的应急措施后撤离作业场所。 生产经营单位不得因从业人员在前款紧急情况下停止作业或者采取紧急撤离措施而降低其工资、福利等待遇或者解除与其订立的劳动合同		紧急情况处置权
	第五十四条：从业人员在作业过程中，应当严格遵守本单位的安全生产规章制度和操作规程，服从管理，正确佩戴和使用劳动防护用品	第一百零四条：生产经营单位的从业人员不服从管理，违反安全生产规章制度或者操作规程的，由生产经营单位给予批评教育，依照有关规章制度给予处分；构成犯罪的，依照刑法有关规定追究刑事责任	遵章守纪服从管理义务
	第五十五条：从业人员应当接受安全生产教育和培训，掌握本职工作所需的安全生产知识，提高安全生产技能，增强事故预防和应急处理能力		接受教育培训和提高技能的义务
	第五十六条：从业人员发现事故隐患或者其他不安全因素，应当立即向现场安全生产管理人员或者本单位负责人报告；接到报告的人员应当及时予以处理	第九十九条：生产经营单位未采取措施消除事故隐患的，责令立即消除或者限期消除；生产经营单位拒不执行的，责令停产停业整顿，并处 10 万元以上 50 万元以下的罚款，对其直接负责的主管人员和其他直接责任人员处 2 万元以上 5 万元以下的罚款	隐患报告义务
	第五十八条：生产经营单位使用被派遣劳动者的，被派遣劳动者享有本法规定的从业人员的权利，并应当履行本法规定的从业人员的义务	第一百零三条：生产经营单位与从业人员订立协议，免除或者减轻其从业人员因生产安全事故伤亡依法应承担的责任的，该协议无效；对生产经营单位的主要负责人、个人经营的投资人处 2 万元以上 10 万元以下的罚款。 第一百零四条：生产经营单位的从业人员不服从管理，违反安全生产规章制度或者操作规程的，由生产经营单位给予批评教育，依照有关规章制度给予处分；构成犯罪的，依照刑法有关规定追究刑事责任	被派遣劳动者的权利义务

续表

主题	安全责任	法律责任	备注
配合安全生产监督检查的职责	第六十三条：生产经营单位对负有安全生产监督管理职责的部门的监督检查人员（以下统称安全生产监督检查人员）依法履行监督检查职责，应当予以配合，不得拒绝、阻挠	第一百零五条：违反本法规定，生产经营单位拒绝、阻碍负有安全生产监督管理职责的部门依法实施监督检查的，责令改正；拒不改正的，处2万元以上20万元以下的罚款；对其直接负责的主管人员和其他直接责任人员处1万元以上2万元以下的罚款；构成犯罪的，依照刑法有关规定追究刑事责任	
发生生产安全事故时主要负责人职责	第四十七条：生产经营单位发生生产安全事故时，单位的主要负责人应当立即组织抢救，并不得在事故调查处理期间擅离职守。	第一百零六条：生产经营单位的主要负责人在本单位发生生产安全事故时，不立即组织抢救或者在事故调查处理期间擅离职守或者逃匿的，给予降级、撤职的处分，并由安全生产监督管理部门处上一年年收入100%的罚款；对逃匿的处15日以下拘留；构成犯罪的，依照刑法有关规定追究刑事责任。生产经营单位的主要负责人对生产安全事故隐瞒不报、谎报或者迟报的，依照前款规定处罚	建筑施工企业主要负责人和项目负责人在发生生产安全事故时，应当立即组织抢救，不得在事故调查处理期间擅离职守
配合处置重大事故隐患措施的职责	第六十七条：负有安全生产监督管理职责的部门依法对存在重大事故隐患的生产经营单位作出停产停业、停止施工、停止使用相关设施或者设备的决定，生产经营单位应当依法执行，及时消除事故隐患。生产经营单位拒不执行，有发生生产安全事故的现实危险的，在保证安全的前提下，经本部门主要负责人批准，负有安全生产监督管理职责的部门可以采取通知有关单位停止供电、停止供应民用爆炸物品等措施，强制生产经营单位履行决定。通知应当采用书面形式，有关单位应当予以配合。负有安全生产监督管理职责的部门依照前款规定采取停止供电措施，除有危及生产安全的紧急情形外，应当提前24小时通知生产经营单位。生产经营单位依法履行行政决定、采取相应措施消除事故隐患的，负有安全生产监督管理职责的部门应当及时解除前款规定的措施		

续表

主题	安全责任	法律责任	备注
生产经营单位在生产安全事故报告与抢救职责	第八十条：生产经营单位发生生产安全事故后，事故现场有关人员应当立即报告本单位负责人。单位负责人接到事故报告后，应当迅速采取有效措施，组织抢救，防止事故扩大，减少人员伤亡和财产损失，并按照国家有关规定立即如实报告当地负有安全生产监督管理职责的部门，不得隐瞒不报、谎报或者迟报，不得故意破坏事故现场、毁灭有关证据	第一百零六条：生产经营单位的主要负责人在本单位发生生产安全事故时，不立即组织抢救或者在事故调查处理期间擅离职守或者逃匿的，给予降级、撤职的处分，并由安全生产监督管理部门处上一年年收入60%~100%的罚款；对逃匿的处15日以下拘留；构成犯罪的，依照刑法有关规定追究刑事责任。生产经营单位的主要负责人对生产安全事故隐瞒不报、谎报或者迟报的，依照前款规定处罚	
协同生产安全事故抢救的职责	第八十二条：有关地方人民政府和负有安全生产监督管理职责的部门的负责人接到生产安全事故报告后，应当按照生产安全事故应急救援预案的要求立即赶到事故现场，组织事故抢救。参与事故抢救的部门和单位应当服从统一指挥，加强协同联动，采取有效的应急救援措施，并根据事故救援的需要采取警戒、疏散等措施，防止事故扩大和次生灾害的发生，减少人员伤亡和财产损失		事故抢救过程中应当采取必要措施，避免或者减少对环境造成的危害。
事故调查处理与整改职责	第八十三条：事故调查处理应当按照科学严谨、依法依规、实事求是、注重实效的原则，及时、准确地查清事故原因，查明事故性质和责任，总结事故教训，提出整改措施，并对事故责任者提出处理意见。事故调查报告应当依法及时向社会公布。事故调查和处理的具体办法由国务院制定。事故发生单位应当及时全面落实整改措施，负有安全生产监督管理职责的部门应当加强监督检查		

续表

主题	安全责任	法律责任	备注
安全生产资金投入	第二十条：生产经营单位应当具备的安全生产条件所必需的资金投入，由生产经营单位的决策机构、主要负责人或者个人经营的投资人予以保证，并对由于安全生产所必需的资金投入不足导致的后果负责。有关生产经营单位应当按照规定提取和使用安全生产费用，专门用于改善安全生产条件。安全生产费用在成本中据实列支。安全生产费用提取、使用和监督管理的具体办法由国务院财政部门会同国务院安全生产监督管理部门征求国务院有关部门意见后制定	第九十条：生产经营单位的决策机构、主要负责人或者个人经营的投资人不依照本法规定保证安全生产所必需的资金投入，致使生产经营单位不具备安全生产条件的，责令限期改正，提供必需的资金；逾期未改正的，责令生产经营单位停产停业整顿。有前款违法行为，导致发生生产安全事故的，对生产经营单位的主要负责人给予撤职处分，对个人经营的投资人处2万元以上20万元以下的罚款；构成犯罪的，依照刑法有关规定追究刑事责任	
安全生产资金投入	第四十四条：生产经营单位应当安排用于配备劳动防护用品、进行安全生产培训的经费		
安全生产管理机构设置及人员配备	第二十一条：矿山、金属冶炼、建筑施工、道路运输单位和危险物品的生产、经营、储存单位，应当设置安全生产管理机构或者配备专职安全生产管理人员。前款规定以外的其他生产经营单位，从业人员超过100人的，应当设置安全生产管理机构或者配备专职安全生产管理人员；从业人员在100人以下的，应当配备专职或者兼职的安全生产管理人员	第九十四条：生产经营单位有下列行为之一的，责令限期改正，可以处5万元以下的罚款；逾期未改正的，责令停产停业整顿，并处5万元以上10万元以下的罚款，对其直接负责的主管人员和其他直接责任人员处1万元以上2万元以下的罚款。（一）未按照规定设置安全生产管理机构或者配备安全生产管理人员的；	《建筑施工企业安全生产管理机构设置及专职安全员生产管理人员配备办法》（建质[2008]91），对建筑施工企业设置安全生产管理机构和有关人员职责作出了规定
三类人员考核及任职	第二十四条：生产经营单位的主要负责人和安全生产管理人员必须具备与本单位所从事的生产经营活动相应的安全生产知识和管理能力。危险物品的生产、经营、储存单位以及矿山、金属冶炼、建筑施工、道路运输单位的主要负责人和安全生产管理人员，应当由主管的负有安全生产监督管理职责的部门对其安全生产知识和管理能力考核合格。考核不得收费。危险物品的生产、储存单位以及矿山、金属冶炼单位应当有注册安全工程师从事安全生产管理工作。鼓励其他生产经营单位聘用注册安全工程师从事安全生产管理工作。注册安全工程师按专业分类管理，具体办法由国务院人力资源和社会保障部门、国务院安全生产监督管理部门会同国务院有关部门制定	（二）危险物品的生产、经营、储存单位以及矿山、金属冶炼、建筑施工、道路运输单位的主要负责人和安全生产管理人员未按照规定经考核合格的；（三）未按照规定对从业人员、被派遣劳动者、实习学生进行安全生产教育和培训，或者未按照规定如实告知有关的安全生产事项的；（四）未如实记录安全生产教育和培训情况的；（五）未将事故隐患排查治理情况如实记录或者未向从业人员通报的；（六）未按照规定制定生产安全事故应急救援预案或者未定期组织演练的；（七）特种作业人员未按照规定经专门的安全作业培训并取得相应资格，上岗作业的	《建筑施工企业主要负责人、项目负责人和专职安全生产管理人员安全生产管理规定》（建设部17号令）及《建筑施工企业主要负责人、项目负责人和专职安全管理人员安全生产管理规定实施意见》（建质[2015]206号）有明确要求

续表

主题	安全责任	法律责任	备注
特种作业人员考核及持证上岗	第二十七条：生产经营单位的特种作业人员必须按照国家有关规定经专门的安全作业培训，取得相应资格，方可上岗作业。 特种作业人员的范围由国务院安全生产监督管理部门会同国务院有关部门确定		《建筑施工特种作业人员管理规定》（建质〔2008〕75号），对建筑施工特种作业人员的管理提出要求
全员安全生产教育培训的基本内容和要求	第二十五条：生产经营单位应当对从业人员进行安全生产教育和培训，保证从业人员具备必要的安全生产知识，熟悉有关的安全生产规章制度和安全操作规程，掌握本岗位的安全操作技能，了解事故应急处理措施，知悉自身在安全生产方面的权利和义务。未经安全生产教育和培训合格的从业人员，不得上岗作业。 生产经营单位使用被派遣劳动者的，应当将被派遣劳动者纳入本单位从业人员统一管理，对被派遣劳动者进行岗位安全操作规程和安全操作技能的教育和培训。劳务派遣单位应当对被派遣劳动者进行必要的安全生产教育和培训。 生产经营单位接收中等职业学校、高等学校学生实习的，应当对实习学生进行相应的安全生产教育和培训，提供必要的劳动防护用品。学校应当协助生产经营单位对实习学生进行安全生产教育和培训。 生产经营单位应当建立安全生产教育和培训档案，如实记录安全生产教育和培训的时间、内容、参加人员以及考核结果等情况	同"三类人员考核及任职"处罚规定	
"四新"管理及其安全教育培训	第二十六条：生产经营单位采用新工艺、新技术、新材料或者使用新设备，必须了解、掌握其安全技术特性，采取有效的安全防护措施，并对从业人员进行专门的安全生产教育和培训		

续表

主题	安全责任	法律责任	备注
从业人员安全告知管理	第四十一条：生产经营单位应当教育和督促从业人员严格执行本单位的安全生产规章制度和安全操作规程；并向从业人员如实告知作业场所和工作岗位存在的危险因素、防范措施以及事故应急措施	同"三类人员考核及任职"处罚规定	
工伤保险及意外伤害保险	第四十八条：生产经营单位必须依法参加工伤保险，为从业人员缴纳保险费。国家鼓励生产经营单位投保安全生产责任保险 第四十九条：生产经营单位与从业人员订立的劳动合同，应当载明有关保障从业人员劳动安全、防止职业危害的事项，以及依法为从业人员办理工伤保险的事项。生产经营单位不得以任何形式与从业人员订立协议，免除或者减轻其对从业人员因生产安全事故伤亡依法应承担的责任 第五十三条：因生产安全事故受到损害的从业人员，除依法享有工伤保险外，依照有关民事法律尚有获得赔偿的权利的，有权向本单位提出赔偿要求	第一百零三条：生产经营单位与从业人员订立协议，免除或者减轻其对从业人员因生产安全事故伤亡依法应承担的责任的，该协议无效；对生产经营单位的主要负责人、个人经营的投资人处2万元以上10万元以下的罚款	
建设项目安全设施管理	第二十八条：生产经营单位新建、改建、扩建工程项目（以下统称建设项目）的安全设施，必须与主体工程同时设计、同时施工、同时投入生产和使用。安全设施投资应当纳入建设项目概算	第九十条：生产经营单位的决策机构、主要负责人或者个人经营的投资人不依照本法规定保证安全生产所需的资金投入，致使生产经营单位不具备安全生产条件的，责令限期改正，提供必需的资金；责令限期改正，提供必需的资金；逾期未改正的，责令生产经营单位停产停业整顿。 有前款违法行为，导致发生生产安全事故的，对生产经营单位的主要负责人给予撤职处分，对个人经营的投资人处2万元以上20万元以下的罚款；构成犯罪的，依照刑法有关规定追究刑事责任	建设项目安全设施施工时，安全生产资金不能满足的按此条处罚

续表

主题	安全责任	法律责任	备注
建设项目安全设施管理	第二十八条：生产经营单位新建、改建、扩建工程项目（以下统称建设项目）的安全设施，必须与主体工程同时设计、同时施工、同时投入生产和使用。安全设施投资应当纳入建设项目概算	第九十五条　生产经营单位有下列行为之一的，责令停止建设或者停产停业整顿，限期改正；逾期未改正的，处50万元以上100万元以下的罚款，对其直接负责的主管人员和其他直接责任人员处2万元以上5万元以下的罚款；构成犯罪的，依照刑法有关规定追究刑事责任： （一）未按照规定对矿山、金属冶炼建设项目或者用于生产、储存、装卸危险物品的建设项目进行安全评价的； （二）矿山、金属冶炼建设项目或者用于生产、储存、装卸危险物品的建设项目没有安全设施设计或者安全设施设计未按照规定报经有关部门审查同意的； （三）矿山、金属冶炼建设项目或者用于生产、储存、装卸危险物品的建设项目的施工单位未按照批准的安全设施设计施工的； （四）矿山、金属冶炼建设项目或者用于生产、储存危险物品的建设项目竣工投入生产或者使用前，安全设施未经验收合格的	涉及矿山、金属冶炼建设项目或者用于生产、储存、装卸危险物品的建设项目等施工活动中违规的按此条处罚
建设项目施工与验收	第三十一条：矿山、金属冶炼建设项目和用于生产、储存、装卸危险物品的建设项目的施工单位必须按照批准的安全设施设计施工，并对安全设施的工程质量负责。 矿山、金属冶炼建设项目和用于生产、储存危险物品的建设项目竣工投入生产或者使用前，应当由建设单位负责组织对安全设施进行验收；验收合格后，方可投入生产和使用。安全生产监督管理部门应当加强对建设单位验收活动和验收结果的监督核查	第九十五条：生产经营单位有下列行为之一的，责令停止建设或者停产停业整顿，限期改正；逾期未改正的，处50万元以上100万元以下的罚款，对其直接负责的主管人员和其他直接责任人员处2万元以上5万元以下的罚款；构成犯罪的，依照刑法有关规定追究刑事责任： （一）未按照规定对矿山、金属冶炼建设项目或者用于生产、储存、装卸危险物品的建设项目进行安全评价的； （二）矿山、金属冶炼建设项目或者用于生产、储存、装卸危险物品的建设项目没有安全设施设计或者安全设施设计未按照规定报经有关部门审查同意的； （三）矿山、金属冶炼建设项目或者用于生产、储存、装卸危险物品的建设项目的施工单位未按照批准的安全设施设计施工的； （四）矿山、金属冶炼建设项目或者用于生产、储存危险物品的建设项目竣工投入生产或者使用前，安全设施未经验收合格的	

续表

主题	安全责任	法律责任	备注
安全警示标志管理	第三十二条：生产经营单位应当在有较大危险因素的生产经营场所和有关设施、设备上，设置明显的安全警示标志	第九十六条：生产经营单位有下列行为之一的，责令限期改正，可以处5万元以下的罚款；逾期未改正的，处5万元以上20万元以下的罚款，对其直接负责的主管人员和其他直接责任人员处1万元以上2万元以下的罚款；情节严重的，责令停产停业整顿；构成犯罪的，依照刑法有关规定追究刑事责任： （一）未在有较大危险因素的生产经营场所和有关设施、设备上设置明显的安全警示标志的； （二）安全设备的安装、使用、检测、改造和报废不符合国家标准或者行业标准的； （三）未对安全设备进行经常性维护、保养和定期检测的； （四）未为从业人员提供符合国家标准或者行业标准的劳动防护用品的； （五）危险物品的容器、运输工具，以及涉及人身安全、危险性较大的海洋石油开采特种设备和矿山井下特种设备未经具有专业资质的机构检测、检验合格，取得安全使用证或者安全标志，投入使用的； （六）使用应当淘汰的危及生产安全的工艺、设备的	
安全设备管理	第三十三条：安全设备的设计、制造、安装、使用、检测、维修、改造和报废，应当符合国家标准或者行业标准。 生产经营单位必须对安全设备进行经常性维护、保养，并定期检测，保证正常运转。维护、保养、检测应当作好记录，并由有关人员签字		
危险物品容器、运输工具及部分特种设备的特殊管理	第三十四条：生产经营单位使用的危险物品的容器、运输工具，以及涉及人身安全、危险性较大的海洋石油开采特种设备和矿山井下特种设备，必须按照国家有关规定，由专业生产单位生产，并经取得专业资质的检测、检验机构检测、检验合格，取得安全使用证或者安全标志，方可投入使用。 检测、检验机构对检测、检验结果负责		
工艺及设备淘汰制度	第三十五条：国家对严重危及生产安全的工艺、设备实行淘汰制度，具体目录由国务院安全生产监督管理部门会同国务院有关部门制定并公布。法律、行政法规对目录的制定另有规定的，适用其规定。 省、自治区、直辖市人民政府可以根据本地区实际情况制定并公布具体目录，对前款规定以外的危及生产安全的工艺、设备予以淘汰。 生产经营单位不得使用应当淘汰的危及生产安全的工艺、设备		

续表

主题	安全责任	法律责任	备注
危险物品管理	第三十六条：生产、经营、运输、储存、使用危险物品或者处置废弃危险物品的，由有关主管部门依照有关法律、法规的规定和国家标准或者行业标准审批并实施监督管理。 生产经营单位生产、经营、运输、储存、使用危险物品或者处置废弃危险物品，必须执行有关法律、法规和国家标准或者行业标准，建立专门的安全管理制度，采取可靠的安全措施，接受有关主管部门依法实施的监督管理	第九十七条：未经依法批准，擅自生产、经营、运输、储存、使用危险物品或者处置废弃危险物品的，依照有关危险物品安全管理的法律、行政法规的规定予以处罚；构成犯罪的，依照刑法有关规定追究刑事责任。 第九十八条：生产经营单位有下列行为之一，责令限期改正，可以处10万元以下的罚款；逾期未改正的，责令停产停业整顿，并处10万元以上20万元以下的罚款，对其直接负责的主管人员和其他直接责任人员处2万元以上5万元以下的罚款；构成犯罪的，依照刑法有关规定追究刑事责任： （一）生产、经营、运输、储存、使用危险物品或者处置废弃危险物品，未建立专门安全管理制度、未采取可靠的安全措施的； （二）对重大危险源未登记建档，或者未进行评估、监控，或者未制定应急预案的； （三）进行爆破、吊装以及国务院安全生产监督管理部门会同国务院有关部门规定的其他危险作业，未安排专门人员进行现场安全管理的； （四）未建立事故隐患排查治理制度的	违反危险物品的审批制度按本条处罚
生产经营场所与员工宿舍管理	第三十九条：生产、经营、储存、使用危险物品的车间、商店、仓库不得与员工宿舍在同一座建筑物内，并应当与员工宿舍保持安全距离。 生产经营场所和员工宿舍应当设有符合紧急疏散要求、标志明显、保持畅通的出口。禁止锁闭、封堵生产经营场所或者员工宿舍的出口	一百零二条：生产经营单位有下列行为之一，责令限期改正，可以处5万元以下的罚款，对其直接负责的主管人员和其他直接责任人员可以处1万元以下的罚款；逾期未改正的，责令限期改正，可以处5万元以下的罚款，对其直接负责的主管人员和其他直接责任人员可以处1万元以下的罚款；逾期未改正的，责令停产停业整顿；构成犯罪的，依照刑法有关规定追究刑事责任： （一）生产、经营、储存、使用危险物品的车间、商店、仓库与员工宿舍在同一座建筑内，或者与员工宿舍的距离不符合安全要求的； （二）生产经营场所和员工宿舍未设有符合紧急疏散需要、标志明显、保持畅通的出口，或者锁闭、封堵生产经营场所或者员工宿舍出口的	

续表

主题	安全责任	法律责任	备注
从业人员的作业场所和工作岗位安全知情权	第五十条：生产经营单位的从业人员有权了解其作业场所和工作岗位存在的危险因素、防范措施及事故应急措施，有权对本单位的安全生产工作提出建议	第九十条：生产经营单位的决策机构、主要负责人或者个人经营的投资人不依照本法规定保证安全生产所必需的资金投入，致使生产经营单位不具备安全生产条件的，责令限期改正，提供必需的资金；逾期未改正的，责令生产经营单位停产停业整顿。 有前款违法行为，导致发生生产安全事故的，对生产经营单位的主要负责人给予撤职处分，对个人经营的投资人处 2 万元以上 20 万元以下的罚款；构成犯罪的，依照刑法有关规定追究刑事责任	
职业危害防治与劳动防护	第四十二条：生产经营单位必须为从业人员提供符合国家标准或者行业标准的劳动防护用品，并监督、教育从业人员按照使用规则佩戴、使用	第九十六条：生产经营单位有下列行为之一的，责令限期改正，可以处 5 万元以下的罚款；逾期未改正的，处 5 万元以上 20 万元以下的罚款，对其直接负责的主管人员和其他直接责任人员处 1 万元以上 2 万元以下的罚款；情节严重的，责令停产停业整顿；构成犯罪的，依照刑法有关规定追究刑事责任： （一）未在有较大危险因素的生产经营场所和有关设施、设备上设置明显的安全警示标志； （二）安全设备的安装、使用、检测、改造和报废不符合国家标准或者行业标准的； （三）未对安全设备进行经常性维护、保养和定期检测的； （四）未为从业人员提供符合国家标准或者行业标准的劳动防护用品的； （五）危险物品的容器、运输工具，以及涉及人身安全、危险性较大的海洋石油开采特种设备和矿山井下特种设备未经具有专业资质的机构检测、检验合格，取得安全使用证或者安全标志，投入使用的； （六）使用应当淘汰的危及生产安全的工艺、设备的	

续表

主题	安全责任	法律责任	备注
职业危害防治与劳动防护	第四十二条：生产经营单位必须为从业人员提供符合国家标准或者行业标准的劳动防护用品，并监督、教育从业人员按照使用规则佩戴、使用	第九十四条：生产经营单位有下列行为之一的，责令限期改正，可以处5万元以下的罚款；逾期未改正的，责令停产停业整顿，并处5万元以上10万元以下的罚款，对其直接负责的主管人员和其他直接责任人员处1万元以上2万元以下的罚款。 （一）未按照规定设置安全生产管理机构或者配备安全生产管理人员的； （二）危险物品的生产、经营、储存单位以及矿山、金属冶炼、建筑施工、道路运输单位的主要负责人和安全生产管理人员未按照规定经考核合格的； （三）未按照规定对从业人员、被派遣劳动者、实习学生进行安全生产教育和培训，或者未按照规定如实告知有关的安全生产事项的； （四）未如实记录安全生产教育和培训情况的； （五）未将事故隐患排查治理情况如实记录或者未向从业人员通报的； （六）未按照规定制定生产安全事故应急救援预案或者未定期组织演练的； （七）特种作业人员未按照规定经专门的安全作业培训并取得相应资格，上岗作业的	《建筑施工人员个人劳动保护用品使用管理规定》（建质[2007]255号）《建筑施工作业劳动保护用品配备及使用标准》（JGJ 184－2009）有明确规定
重大危险源管理	第三十七条：生产经营单位对重大危险源应当登记建档，进行定期检测、评估、监控，并制定应急预案，告知从业人员和相关人员在紧急情况下应当采取的应急措施。 生产经营单位应当按照国家有关规定将本单位重大危险源及有关安全措施、应急措施报有关地方人民政府安全生产监督管理部门和有关部门备案	第九十八条：生产经营单位有下列行为之一的，责令限期改正，可以处10万元以下的罚款；逾期未改正的，责令停产停业整顿，并处10万元以上20万元以下的罚款，对其直接负责的主管人员和其他直接责任人员处2万元以上5万元以下的罚款；构成犯罪的，依照刑法有关规定追究刑事责任： （一）生产、经营、运输、储存、使用危险物品或者处置废弃危险物品，未建立专门安全管理制度、未采取可靠的安全措施的； （二）对重大危险源未登记建档，或者未进行评估、监控，或者未制定应急预案的； （三）进行爆破、吊装以及国务院安全生产监督管理部门会同国务院有关部门规定的其他危险作业，未安排专门人员进行现场安全管理的； （四）未建立事故隐患排查治理制度的	建筑施工企业未对重大危险源登记建档，或者未进行定期检测、评估、监控，并制定应急预案的按此条处罚

续表

主题	安全责任	法律责任	备注
重大危险源管理	第三十七条：生产经营单位对重大危险源应当登记建档，进行定期检测、评估、监控，并制定应急预案，告知从业人员和相关人员在紧急情况下应当采取的应急措施。 生产经营单位应当按照国家有关规定将本单位重大危险源及有关安全措施、应急措施报有关地方人民政府安全生产监督管理部门和有关部门备案	第九十四条：生产经营单位有下列行为之一的，责令限期改正，可以处5万元以下的罚款；逾期未改正的，责令停产停业整顿，并处5万元以上10万元以下的罚款，对其直接负责的主管人员和其他直接责任人员处1万元以上2万元以下的罚款。 （一）未按照规定设置安全生产管理机构或者配备安全生产管理人员的； （二）危险物品的生产、经营、储存单位以及矿山、金属冶炼、建筑施工、道路运输单位的主要负责人和安全生产管理人员未按照规定经考核合格的； （三）未按照规定对从业人员、被派遣劳动者、实习学生进行安全生产教育和培训，或者未按照规定如实告知有关的安全生产事项的； （四）未如实记录安全生产教育和培训情况的； （五）未将事故隐患排查治理情况如实记录或者未向从业人员通报的； （六）未按照规定制定生产安全事故应急救援预案或者未定期组织演练的； （七）特种作业人员未按照规定经专门的安全作业培训并取得相应资格，上岗作业的	
生产安全事故隐患管理	第三十八条：生产经营单位应当建立健全生产安全事故隐患排查治理制度，采取技术、管理措施，及时发现并消除事故隐患。事故隐患排查治理情况应当如实记录，并向从业人员通报。 县级以上地方各级人民政府负有安全生产监督管理职责的部门应当建立健全重大事故隐患治理督办制度，督促生产经营单位消除重大事故隐患	第九十八条：生产经营单位有下列行为之一的，责令限期改正，可以处10万元以下的罚款；逾期未改正的，责令停产停业整顿，并处10万元以上20万元以下的罚款，对其直接负责的主管人员和其他直接责任人员处2万元以上5万元以下的罚款；构成犯罪的，依照刑法有关规定追究刑事责任： （一）生产、经营、运输、储存、使用危险物品或者处置废弃危险物品，未建立专门安全管理制度、未采取可靠的安全措施的； （二）对重大危险源未登记建档，或者未进行评估、监控，或者未制定应急预案的； （三）进行爆破、吊装以及国务院安全生产监督管理部门会同国务院有关部门规定的其他危险作业，未安排专门人员进行现场安全管理的； （四）未建立事故隐患排查治理制度的	
建筑施工危险作业的安全管理	第四十条：生产经营单位进行爆破、吊装以及国务院安全生产监督管理部门会同国务院有关部门规定的其他危险作业，应当安排专门人员进行现场安全管理，确保操作规程的遵守和安全措施的落实		

续表

主题	安全责任	法律责任	备注
发现重大隐患的处置管理	第四十三条：生产经营单位的安全生产管理人员应当根据本单位的生产经营特点，对安全生产状况进行经常性检查；对检查中发现的安全问题，应当立即处理；不能处理的，应当及时报告本单位有关负责人，有关负责人应当及时处理。检查及处理情况应当如实记录在案。	第九十三条：生产经营单位的安全生产管理人员未履行本法规定的安全生产管理职责的，责令限期改正；导致发生生产安全事故的，暂停或者撤销其与安全生产有关的资格；构成犯罪的，依照刑法有关规定追究刑事责任	安全生产管理人员未履行其职责的按此条处罚
	生产经营单位的安全生产管理人员在检查中发现重大事故隐患，依照前款规定向本单位有关负责人报告，有关负责人不及时处理的，安全生产管理人员可以向主管的负有安全生产监督管理职责的部门报告，接到报告的部门应当依法及时处理	第九十九条：责令立即消除或者限期消除；生产经营单位拒不执行的，责令停产停业整顿，并处 10 万元以上 50 万元以下的罚款，对其直接负责的主管人员和其他直接责任人员处 2 万元以上 5 万元以下的罚款	建筑施工企业不及时消除隐患的按此条处罚
生产经营单位生产安全事故应急救援预案的衔接	第七十八条：生产经营单位应当制定本单位生产安全事故应急救援预案，与所在地县级以上地方人民政府组织制定的生产安全事故应急救援预案相衔接，并定期组织演练		
高危生产经营单位应急救援建设	第七十九条：危险物品的生产、经营、储存单位以及矿山、金属冶炼、城市轨道交通运营、建筑施工单位应当建立应急救援组织；生产经营规模较小的，可以不建立应急救援组织，但应当指定兼职的应急救援人员。危险物品的生产、经营、储存、运输单位以及矿山、金属冶炼、城市轨道交通运营、建筑施工单位应当配备必要的应急救援器材、设备和物资，并进行经常性维护、保养，保证正常运转		
工会安全生产管理规定	第七条：工会依法对安全生产工作进行监督		
	第五十七条：工会有权对建设项目的安全设施与主体工程同时设计、同时施工、同时投入生产和使用进行监督，提出意见		

续表

主题	安全责任	法律责任	备注
不得阻挠和干涉调查处理	第八十五条：任何单位和个人不得阻挠和干涉对事故的依法调查处理	第一百零五条：违反本法规定，生产经营单位拒绝、阻碍负有安全生产监督管理职责的部门依法实施监督检查的，责令改正；拒不改正的，处2万元以上20万元以下的罚款；对其直接负责的主管人员和其他直接责任人员处1万元以上2万元以下的罚款；构成犯罪的，依照刑法有关规定追究刑事责任	

第二章 建设工程各方主体安全管理责任

一、建设单位安全责任与法律责任

建设单位在工程建设中处于主导地位，用法律手段规范建设单位的行为，对加强工程建设的安全生产管理十分必要。《建设工程安全生产管理条例》，在第二章、第七章中明确规定了建设单位在工程建设中应承担的安全责任和履行的义务。

(一) 安全责任

第六条 建设单位应当向施工单位提供施工现场及毗邻区域内供水、排水、供电、供气、供热、通信、广播电视等地下管线资料，气象和水文观测资料，相邻建筑物和构筑物、地下工程的有关资料，并保证资料的真实、准确、完整。

建设单位因建设工程需要，向有关部门或者单位查询前款规定的资料时，有关部门或者单位应当及时提供。

第七条 建设单位不得对勘察、设计、施工、工程监理等单位提出不符合建设工程安全生产法律、法规和强制性标准规定的要求，不得压缩合同约定的工期。

第八条 建设单位在编制工程概算时，应当确定建设工程安全作业环境及安全施工措施所需费用。

第九条 建设单位不得明示或者暗示施工单位购买、租赁、使用不符合安全施工要求的安全防护用具、机械设备、施工机具及配件、消防设施和器材。

第十条 建设单位在申请领取施工许可证时，应当提供建设工程有关安全施工措施的资料。

依法批准开工报告的建设工程，建设单位应当自开工报告批准之日起15日内，将保证安全施工的措施报送建设工程所在地的县级以上地方人民政府建设行政主管部门或者其他有关部门备案。

第十一条 建设单位应当将拆除工程发包给具有相应资质等级的施工单位。

建设单位应当在拆除工程施工15日前，将下列资料报送建设工程所在地的县级以上地方人民政府建设行政主管部门或者其他有关部门备案：

（一）施工单位资质等级证明。
（二）拟拆除建筑物、构筑物及可能危及毗邻建筑的说明。
（三）拆除施工组织方案。
（四）堆放、清除废弃物的措施。

实施爆破作业的，应当遵守国家有关民用爆炸物品管理的规定。

（二）法律责任

第五十四条 违反本条例的规定，建设单位未提供建设工程安全生产作业环境及安全施工措施所需费用的，责令限期改正；逾期未改正的，责令该建设工程停止施工。

建设单位未将保证安全施工的措施或者拆除工程的有关资料报送有关部门备案的，责令限期改正，给予警告。

第五十五条 违反本条例的规定，建设单位有下列行为之一的，责令限期改正，处20万元以上50万元以下的罚款；造成重大安全事故，构成犯罪的，对直接责任人员，依照刑法有关规定追究刑事责任；造成损失的，依法承担赔偿责任：

（一）对勘察、设计、施工、工程监理等单位提出不符合安全生产法律、法规和强制性标准规定的要求的。

（二）要求施工单位压缩合同约定的工期的。

（三）将拆除工程发包给不具有相应资质等级的施工单位的。

二、勘察单位安全责任与法律责任

（一）安全责任

第十二条 勘察单位应当按照法律、法规和工程建设强制性标准进行勘察，提供的勘察文件应当真实、准确，满足建设工程安全生产的需要。

勘察单位在勘察作业时，应当严格执行操作规程，采取措施保证各类管线、设施和周边建筑物、构筑物的安全。

（二）法律责任

第五十六条 违反本条例的规定，勘察单位、设计单位有下列行为之一的，责令限期改正，处10万元以上30万元以下的罚款；情节严重的，责令停业整顿，降低资质等级，直至吊销资质证书；造成重大安全事故，构成犯罪的，对直接责任人员，依照刑法有关规定追究刑事责任；造成损失的，依法承担赔偿责任：

（一）未按照法律、法规和工程建设强制性标准进行勘察、设计的；

（二）采用新结构、新材料、新工艺的建设工程和特殊结构的建设工程，设计单位未在设计中提出保障施工作业人员安全和预防生产安全事故的措施建议的。

三、设计单位安全责任与法律责任

（一）安全责任

第十三条 设计单位应当按照法律、法规和工程建设强制性标准进行设计，防止因设计不合理导致生产安全事故的发生。

设计单位应当考虑施工安全操作和防护的需要，对涉及施工安全的重点部位和环节在设计文件中注明，并对防范生产安全事故提出指导意见。

采用新结构、新材料、新工艺的建设工程和特殊结构的建设工程，设计单位应当在设计中提出保障施工作业人员安全和预防生产安全事故的措施建议。

设计单位和注册建筑师等注册执业人员应当对其设计负责。

（二）法律责任

第五十六条 违反本条例的规定，勘察单位、设计单位有下列行为之一的，责令限期改正，处10万元以上30万元以下的罚款；情节严重的，责令停业整顿，降低资质等级，直至吊销资质证书；造成重大安全事故，构成犯罪的，对直接责任人员，依照刑法有关规定追究刑事责任；造成损失的，依法承担赔偿责任：

（一）未按照法律、法规和工程建设强制性标准进行勘察、设计的；

（二）采用新结构、新材料、新工艺的建设工程和特殊结构的建设工程，设计单位未在设计中提出保障施工作业人员安全和预防生产安全事故的措施建议的。

四、工程监理单位的安全责任与法律责任

工程监理单位要对施工过程的每一个环节起到监督管理的作用是工程建设安全生产的责任主体重要一方。

（一）安全责任

第十四条 工程监理单位应当审查施工组织设计中的安全技术措施或者专项施工方案是否符合工程建设强制性标准。

工程监理单位在实施监理过程中，发现存在安全事故隐患的，应当要求施工单位整改；情况严重的，应当要求施工单位暂时停止施工，并及时报告建设单位。施工单位拒不整改或者不停止施工的，工程监理单位应当及时向有关主管部门报告。

工程监理单位和监理工程师应当按照法律、法规和工程建设强制性标准实施监理，并对建设工程安全生产承担监理责任。

（二）法律责任

第五十七条 违反本条例的规定，工程监理单位有下列行为之一的，责令限期改正；逾期未改正的，责令停业整顿，并处10万元以上30万元以下的罚款；情节严重的，降低资质等级，直至吊销资质证书；造成重大安全事故，构成犯罪的，对直接责任人员，依照刑法有关规定追究刑事责任；造成损失的，依法承担赔偿责任：

（一）未对施工组织设计中的安全技术措施或者专项施工方案进行审查的；

（二）发现安全事故隐患未及时要求施工单位整改或者暂时停止施工的；

（三）施工单位拒不整改或者不停止施工，未及时向有关主管部门报告的；

（四）未依照法律、法规和工程建设强制性标准实施监理的。

五、注册执业人员的法律责任

第五十八条 注册执业人员未执行法律、法规和工程建设强制性标准的，责令停止执业3个月以上1年以下；情节严重的，吊销执业资格证书，5年内不予注册；造成重大安全事故的，终身不予注册；构成犯罪的，依照刑法有关规定追究刑事责任。

六、提供、出租、安装收拆卸机械设备单位的安全责任与法律责任

(一) 提供机械设备和配件单位

1. 安全责任

第十五条 为建设工程提供机械设备和配件的单位，应当按照安全施工的要求配备齐全有效的保险、限位等安全设施和装置。

2. 法律责任

第五十九条 违反本条例的规定，为建设工程提供机械设备和配件的单位，未按照安全施工的要求配备齐全有效的保险、限位等安全设施和装置的，责令限期改正，处合同价款1倍以上3倍以下的罚款；造成损失的，依法承担赔偿责任。

(二) 出租的机械设备和施工机具及配件单位安全责任与法律责任

1. 安全责任

第十六条 出租的机械设备和施工机具及配件，应当具有生产（制造）许可证、产品合格证。

出租单位应当对出租的机械设备和施工机具及配件的安全性能进行检测，在签订租赁协议时，应当出具检测合格证明。

禁止出租检测不合格的机械设备和施工机具及配件。

2. 法律责任

第六十条 违反本条例的规定，出租单位出租未经安全性能检测或者经检测不合格的机械设备和施工机具及配件的，责令停业整顿，并处5万元以上10万元以下的罚款；造成损失的，依法承担赔偿责任。

(三) 施工起重机械和整体提升脚手架、模板等自升式架设设施安装、拆卸单位安全责任与法律责任

1. 安全责任

第十七条 在施工现场安装、拆卸施工起重机械和整体提升脚手架、模板等自升式架设设施，必须由具有相应资质的单位承担。

安装、拆卸施工起重机械和整体提升脚手架、模板等自升式架设设施，应当编制拆装方案、制定安全施工措施，并由专业技术人员现场监督。

施工起重机械和整体提升脚手架、模板等自升式架设设施安装完毕后，安装单位应当自检，出具自检合格证明，并向施工单位进行安全使用说明，办理验收手续并签字。

第十八条 施工起重机械和整体提升脚手架、模板等自升式架设设施的使用达到国家规定的检验检测期限的，必须经具有专业资质的检验检测机构检测。经检测不合格的，不得继续使用。

第十九条 检验检测机构对检测合格的施工起重机械和整体提升脚手架、模板等自升式架设设施，应当出具安全合格证明文件，并对检测结果负责。

2. 法律责任

第六十一条 违反本条例的规定，施工起重机械和整体提升脚手架、模板等自升式架设设施安装、拆卸单位有下列行为之一的，责令限期改正，处5万元以上10万元以下的罚款；情节严重的，责令停业整顿，降低资质等级，直至吊销资质证书；造成损失的，依法承担赔

偿责任：

（一）未编制拆装方案、制定安全施工措施的；
（二）未由专业技术人员现场监督的；
（三）未出具自检合格证明或者出具虚假证明的；
（四）未向施工单位进行安全使用说明，办理移交手续的。

施工起重机械和整体提升脚手架、模板等自升式架设设施安装、拆卸单位有前款规定的第（一）项、第（三）项行为，经有关部门或者单位职工提出后，对事故隐患仍不采取措施，因而发生重大伤亡事故或者造成其他严重后果，构成犯罪的，对直接责任人员，依照刑法有关规定追究刑事责任。

七、施工单位安全责任与法律责任

（一）安全责任

第二十条 施工单位从事建设工程的新建、扩建、改建和拆除等活动，应当具备国家规定的注册资本、专业技术人员、技术装备和安全生产等条件，依法取得相应等级的资质证书，并在其资质等级许可的范围内承揽工程。

第二十一条 施工单位主要负责人依法对本单位的安全生产工作全面负责。施工单位应当建立健全安全生产责任制度和安全生产教育培训制度，制定安全生产规章制度和操作规程，保证本单位安全生产条件所需资金的投入，对所承担的建设工程进行定期和专项安全检查，并做好安全检查记录。

施工单位的项目负责人应当由取得相应执业资格的人员担任，对建设工程项目的安全施工负责，落实安全生产责任制度、安全生产规章制度和操作规程，确保安全生产费用的有效使用，并根据工程的特点组织制定安全施工措施，消除安全事故隐患，及时、如实报告生产安全事故。

第二十二条 施工单位对列入建设工程概算的安全作业环境及安全施工措施所需费用，应当用于施工安全防护用具及设施的采购和更新、安全施工措施的落实、安全生产条件的改善，不得挪作他用。

第二十三条 施工单位应当设立安全生产管理机构，配备专职安全生产管理人员。

专职安全生产管理人员负责对安全生产进行现场监督检查。发现安全事故隐患，应当及时向项目负责人和安全生产管理机构报告；对违章指挥、违章操作的，应当立即制止。

专职安全生产管理人员的配备办法由国务院建设行政主管部门会同国务院其他有关部门制定。

第二十四条 建设工程实行施工总承包的，由总承包单位对施工现场的安全生产负总责。

总承包单位应当自行完成建设工程主体结构的施工。

总承包单位依法将建设工程分包给其他单位的，分包合同中应当明确各自的安全生产方面的权利、义务。总承包单位和分包单位对分包工程的安全生产承担连带责任。

分包单位应当服从总承包单位的安全生产管理，分包单位不服从管理导致生产安全事故的，由分包单位承担主要责任。

第二十五条 垂直运输机械作业人员、安装拆卸工、爆破作业人员、起重信号工、登高架设作业人员等特种作业人员，必须按照国家有关规定经过专门的安全作业培训，并取得特种作业操作资格证书后，方可上岗作业。

第二十六条 施工单位应当在施工组织设计中编制安全技术措施和施工现场临时用电方案，对下列达到一定规模的危险性较大的分部分项工程编制专项施工方案，并附具安全验算结果，经施工单位技术负责人、总监理工程师签字后实施，由专职安全生产管理人员进行现场监督：

（一）基坑支护与降水工程；

（二）土方开挖工程；

（三）模板工程；

（四）起重吊装工程；

（五）脚手架工程；

（六）拆除、爆破工程；

（七）国务院建设行政主管部门或者其他有关部门规定的其他危险性较大的工程。

对前款所列工程中涉及深基坑、地下暗挖工程、高大模板工程的专项施工方案，施工单位还应当组织专家进行论证、审查。

本条第一款规定的达到一定规模的危险性较大工程的标准，由国务院建设行政主管部门会同国务院其他有关部门制定。

第二十七条 建设工程施工前，施工单位负责项目管理的技术人员应当对有关安全施工的技术要求向施工作业班组、作业人员作出详细说明，并由双方签字确认。

第二十八条 施工单位应当在施工现场入口处、施工起重机械、临时用电设施、脚手架、出入通道口、楼梯口、电梯井口、孔洞口、桥梁口、隧道口、基坑边沿、爆破物及有害危险气体和液体存放处等危险部位，设置明显的安全警示标志。安全警示标志必须符合国家标准。

施工单位应当根据不同施工阶段和周围环境及季节、气候的变化，在施工现场采取相应的安全施工措施。施工现场暂时停止施工的，施工单位应当做好现场防护，所需费用由责任方承担，或者按照合同约定执行。

第二十九条 施工单位应当将施工现场的办公、生活区与作业区分开设置，并保持安全距离；办公、生活区的选址应当符合安全性要求。职工的膳食、饮水、休息场所等应当符合卫生标准。施工单位不得在尚未竣工的建筑物内设置员工集体宿舍。

施工现场临时搭建的建筑物应当符合安全使用要求。施工现场使用的装配式活动房屋应当具有产品合格证。

第三十条 施工单位对因建设工程施工可能造成损害的毗邻建筑物、构筑物和地下管线等，应当采取专项防护措施。

施工单位应当遵守有关环境保护法律、法规的规定，在施工现场采取措施，防止或者减少粉尘、废气、废水、固体废物、噪声、振动和施工照明对人和环境的危害和污染。

在城市市区内的建设工程，施工单位应当对施工现场实行封闭围挡。

第三十一条 施工单位应当在施工现场建立消防安全责任制度，确定消防安全责任人，制定用火、用电、使用易燃易爆材料等各项消防安全管理制度和操作规程，设置消防通道、消防水源，配备消防设施和灭火器材，并在施工现场入口处设置明显标志。

第三十二条 施工单位应当向作业人员提供安全防护用具和安全防护服装，并书面告知危险岗位的操作规程和违章操作的危害。

作业人员有权对施工现场的作业条件、作业程序和作业方式中存在的安全问题提出批评、检举和控告，有权拒绝违章指挥和强令冒险作业。

在施工中发生危及人身安全的紧急情况时，作业人员有权立即停止作业或者在采取必要的应急措施后撤离危险区域。

第三十三条 作业人员应当遵守安全施工的强制性标准、规章制度和操作规程，正确使用安全防护用具、机械设备等。

第三十四条 施工单位采购、租赁的安全防护用具、机械设备、施工机具及配件，应当具有生产（制造）许可证、产品合格证，并在进入施工现场前进行查验。

施工现场的安全防护用具、机械设备、施工机具及配件必须由专人管理，定期进行检查、维修和保养，建立相应的资料档案，并按照国家有关规定及时报废。

第三十五条 施工单位在使用施工起重机械和整体提升脚手架、模板等自升式架设设施前，应当组织有关单位进行验收，也可以委托具有相应资质的检验检测机构进行验收；使用承租的机械设备和施工机具及配件的，由施工总承包单位、分包单位、出租单位和安装单位共同进行验收。验收合格的方可使用。

《特种设备安全监察条例》规定的施工起重机械，在验收前应当经有相应资质的检验检测机构监督检验合格。

施工单位应当自施工起重机械和整体提升脚手架、模板等自升式架设设施验收合格之日起30日内，向建设行政主管部门或者其他有关部门登记。登记标志应当置于或者附着于该设备的显著位置。

第三十六条 施工单位的主要负责人、项目负责人、专职安全生产管理人员应当经建设行政主管部门或者其他有关部门考核合格后方可任职。

施工单位应当对管理人员和作业人员每年至少进行一次安全生产教育培训，其教育培训情况记入个人工作档案。安全生产教育培训考核不合格的人员，不得上岗。

第三十七条 作业人员进入新的岗位或者新的施工现场前，应当接受安全生产教育培训。未经教育培训或者教育培训考核不合格的人员，不得上岗作业。

施工单位在采用新技术、新工艺、新设备、新材料时，应当对作业人员进行相应的安全生产教育培训。

第三十八条 施工单位应当为施工现场从事危险作业的人员办理意外伤害保险。

意外伤害保险费由施工单位支付。实行施工总承包的，由总承包单位支付意外伤害保险费。意外伤害保险期限自建设工程开工之日起至竣工验收合格止。

第四十八条 施工单位应当制定本单位生产安全事故应急救援预案，建立应急救援组织或者配备应急救援人员，配备必要的应急救援器材、设备，并定期组织演练。

第四十九条 施工单位应当根据建设工程施工的特点、范围，对施工现场易发生重大事故的部位、环节进行监控，制定施工现场生产安全事故应急救援预案。实行施工总承包的，由总承包单位统一组织编制建设工程生产安全事故应急救援预案，工程总承包单位和分包单位按照应急救援预案，各自建立应急救援组织或者配备应急救援人员，配备救援器材、设备，并定期组织演练。

第五十条 施工单位发生生产安全事故，应当按照国家有关伤亡事故报告和调查处理的规定，及时、如实地向负责安全生产监督管理的部门、建设行政主管部门或者其他有关部门报告；特种设备发生事故的，还应当同时向特种设备安全监督管理部门报告。接到报告的部门应当按照国家有关规定，如实上报。

实行施工总承包的建设工程，由总承包单位负责上报事故。

第五十一条　发生生产安全事故后，施工单位应当采取措施防止事故扩大，保护事故现场。需要移动现场物品时，应当做出标记和书面记录，妥善保管有关证物。

(二) 法律责任

第六十二条　违反本条例的规定，施工单位有下列行为之一的，责令限期改正；逾期未改正的，责令停业整顿，依照《中华人民共和国安全生产法》的有关规定处以罚款；造成重大安全事故，构成犯罪的，对直接责任人员，依照刑法有关规定追究刑事责任：

(一) 未设立安全生产管理机构、配备专职安全生产管理人员或者分部分项工程施工时无专职安全生产管理人员现场监督的；

(二) 施工单位的主要负责人、项目负责人、专职安全生产管理人员、作业人员或者特种作业人员，未经安全教育培训或者经考核不合格即从事相关工作的；

(三) 未在施工现场的危险部位设置明显的安全警示标志，或者未按照国家有关规定在施工现场设置消防通道、消防水源、配备消防设施和灭火器材的；

(四) 未向作业人员提供安全防护用具和安全防护服装的；

(五) 未按照规定在施工起重机械和整体提升脚手架、模板等自升式架设设施验收合格后登记的；

(六) 使用国家明令淘汰、禁止使用的危及施工安全的工艺、设备、材料的。

第六十三条　违反本条例的规定，施工单位挪用列入建设工程概算的安全生产作业环境及安全施工措施所需费用的，责令限期改正，处挪用费用20%以上50%以下的罚款；造成损失的，依法承担赔偿责任。

第六十四条　违反本条例的规定，施工单位有下列行为之一的，责令限期改正；逾期未改正的，责令停业整顿，并处5万元以上10万元以下的罚款；造成重大安全事故，构成犯罪的，对直接责任人员，依照刑法有关规定追究刑事责任：

(一) 施工前未对有关安全施工的技术要求作出详细说明的；

(二) 未根据不同施工阶段和周围环境及季节、气候的变化，在施工现场采取相应的安全施工措施，或者在城市市区内的建设工程的施工现场未实行封闭围挡的；

(三) 在尚未竣工的建筑物内设置员工集体宿舍的；

(四) 施工现场临时搭建的建筑物不符合安全使用要求的；

(五) 未对因建设工程施工可能造成损害的毗邻建筑物、构筑物和地下管线等采取专项防护措施的。

施工单位有前款规定第（四）项、第（五）项行为，造成损失的，依法承担赔偿责任。

第六十五条　违反本条例的规定，施工单位有下列行为之一的，责令限期改正；逾期未改正的，责令停业整顿，并处10万元以上30万元以下的罚款；情节严重的，降低资质等级，直至吊销资质证书；造成重大安全事故，构成犯罪的，对直接责任人员，依照刑法有关规定追究刑事责任；造成损失的，依法承担赔偿责任：

(一) 安全防护用具、机械设备、施工机具及配件在进入施工现场前未经查验或者查验不合格即投入使用的；

（二）使用未经验收或者验收不合格的施工起重机械和整体提升脚手架、模板等自升式架设设施的；

（三）委托不具有相应资质的单位承担施工现场安装、拆卸施工起重机械和整体提升脚手架、模板等自升式架设设施的；

（四）在施工组织设计中未编制安全技术措施、施工现场临时用电方案或者专项施工方案的。

第六十六条 违反本条例的规定，施工单位的主要负责人、项目负责人未履行安全生产管理职责的，责令限期改正；逾期未改正的，责令施工单位停业整顿；造成重大安全事故、重大伤亡事故或者其他严重后果，构成犯罪的，依照刑法有关规定追究刑事责任。

作业人员不服管理、违反规章制度和操作规程冒险作业造成重大伤亡事故或者其他严重后果，构成犯罪的，依照刑法有关规定追究刑事责任。

施工单位的主要负责人、项目负责人有前款违法行为，尚不够刑事处罚的，处 2 万元以上 20 万元以下的罚款或者按照管理权限给予撤职处分；自刑罚执行完毕或受处分之日起，5 年内不得担任任何施工单位的主要负责人、项目负责人。

第六十七条 施工单位取得资质证书后，降低安全生产条件的，责令限期改正；经整改仍未达到与其资质等级相适应的安全生产条件的，责令停业整顿，降低其资质等级直至吊销资质证书。

第三章　施工安全生产许可证管理制度

一、安全生产条件

《建筑施工企业安全生产许可证管理规定》（建设命令第 128 号）规定：

第四条 建筑施工企业取得安全生产许可证，应当具备下列安全生产条件：

（一）建立、健全安全生产责任制，制定完备的安全生产规章制度和操作规程。

（二）保证本单位安全生产条件所需资金的投入。

（三）设置安全生产管理机构，按照国家有关规定配备专职安全生产管理人员。

（四）主要负责人、项目负责人、专职安全生产管理人员经建设主管部门或者其他有关部门考核合格。

（五）特种作业人员经有关业务主管部门考核合格，取得特种作业操作资格证书。

（六）管理人员和作业人员每年至少进行一次安全生产教育培训并考核合格。

（七）依法参加工伤保险，依法为施工现场从事危险作业的人员办理意外伤害保险，为从业人员缴纳保险费。

（八）施工现场的办公、生活区及作业场所和安全防护用具、机械设备、施工机具及配件符合有关安全生产法律、法规、标准和规程的要求。

（九）有职业危害防治措施，并为作业人员配备符合国家标准或者行业标准的安全防护用具和安全防护服装。

（十）有对危险性较大的分部分项工程及施工现场易发生重大事故的部位、环节的预防、监控措施和应急预案。

（十一）有生产安全事故应急救援预案、应急救援组织或者应急救援人员，配备必要的应急救援器材、设备。

（十二）法律、法规规定的其他条件。

二、罚则

第二十二条 取得安全生产许可证的建筑施工企业，发生重大安全事故的，暂扣安全生产许可证并限期整改。

第二十三条 建筑施工企业不再具备安全生产条件的，暂扣安全生产许可证并限期整改；情节严重的，吊销安全生产许可证。

第二十四条 违反本规定，建筑施工企业未取得安全生产许可证擅自从事建筑施工活动的，责令其在建项目停止施工，没收违法所得，并处10万元以上50万元以下的罚款；造成重大安全事故或者其他严重后果，构成犯罪的，依法追究刑事责任。

第二十五条 违反本规定，安全生产许可证有效期满未办理延期手续，继续从事建筑施工活动的，责令其在建项目停止施工，限期补办延期手续，没收违法所得，并处5万元以上10万元以下的罚款；逾期仍不办理延期手续，继续从事建筑施工活动的，依照本规定第二十四条的规定处罚。

第二十六条 违反本规定，建筑施工企业转让安全生产许可证的，没收违法所得，处10万元以上50万元以下的罚款，并吊销安全生产许可证；构成犯罪的，依法追究刑事责任；接受转让的，依照本规定第二十四条的规定处罚。

冒用安全生产许可证或者使用伪造的安全生产许可证的，依照本规定第二十四条的规定处罚。

第二十七条 违反本规定，建筑施工企业隐瞒有关情况或者提供虚假材料申请安全生产许可证的，不予受理或者不予颁发安全生产许可证，并给予警告，1年内不得申请安全生产许可证。

建筑施工企业以欺骗、贿赂等不正当手段取得安全生产许可证的，撤销安全生产许可证，3年内不得再次申请安全生产许可证；构成犯罪的，依法追究刑事责任。

第二十八条 本规定的暂扣、吊销安全生产许可证的行政处罚，由安全生产许可证的颁发管理机关决定；其他行政处罚，由县级以上地方人民政府建设主管部门决定。

三、申请材料

《建筑施工企业安全生产许可证管理规定实施意见》规定以下简称《实施意见》。

申请人申请安全生产许可证时，应当按照《规定》第六条的要求，向安全生产许可证颁发管理机关提供下列材料（括号里为材料的具体要求）：

1. 建筑施工企业安全生产许可证申请表。
2. 企业法人营业执照（复印件）。
3. 各级安全生产责任制和安全生产规章制度目录及文件，操作规程目录。
4. 保证安全生产投入的证明文件（包括企业保证安全生产投入的管理办法或规章制度、年度安全资金投入计划及实施情况）。

5. 设置安全生产管理机构和配备专职安全生产管理人员的文件（包括企业设置安全管理机构的文件、安全管理机构的工作职责、安全机构负责人的任命文件、安全管理机构组成人员明细表）。

6. 主要负责人、项目负责人、专职安全生产管理人员安全生产考核合格名单及证书（复印件）。

7. 本企业特种作业人员名单及操作资格证书（复印件）。

8. 本企业管理人员和作业人员年度安全培训教育材料（包括企业培训计划、培训考核记录）。

9. 从业人员参加工伤保险以及施工现场从事危险作业人员参加意外伤害保险有关证明。

10. 施工起重机械设备检测合格证明。

11. 职业危害防治措施（要针对本企业业务特点可能会导致的职业病种类制定相应的预防措施）。

12. 危险性较大分部分项工程及施工现场易发生重大事故的部位、环节的预防监控措施和应急预案（根据本企业业务特点，详细列出危险性较大分部分项工程和事故易发部位、环节及有针对性和可操作性的控制措施和应急预案）。

13. 生产安全事故应急救援预案（应本着事故发生后有效救援原则，列出救援组织人员详细名单、救援器材、设备清单和救援演练记录）。

其中，第 2 项～第 13 项统一装订成册。企业在申请安全生产许可证时，需要交验所有证件、凭证原件。

四、安全生产许可证申请的受理和颁发

《实施意见》规定：

（一）安全生产许可证颁发管理机关对申请人提交的申请，应当按照下列规定分别处理：

1. 对申请事项不属于本机关职权范围的申请，应当及时作出不予受理的决定，并告知申请人向有关安全生产许可证颁发管理机关申请。

2. 对申请材料存在可以当场更正的错误的，应当允许申请人当场更正。

3. 申请材料不齐全或者不符合要求的，应当当场或者在 5 个工作日内书面一次告知申请人需要补正的全部内容，逾期不告知的，自收到申请材料之日起即为受理。

4. 申请材料齐全、符合要求或者按照要求全部补正的，自收到申请材料或者全部补正之日起为受理。

（二）对于隐瞒有关情况或者提供虚假材料申请安全生产许可证的，安全生产许可证颁发管理机关不予受理，该企业 1 年之内不得再次申请安全生产许可证。

（三）对已经受理的申请，安全生产许可证颁发管理机关对申请材料进行审查，必要时应到企业施工现场进行抽查。安全生产许可证颁发管理机关在受理申请之日起 45 个工作日内应作出颁发或者不予颁发安全生产许可证的决定。

安全生产许可证颁发管理机关作出准予颁发申请人安全生产许可证决定的，应当自决定之日起 10 个工作日内向申请人颁发、送达安全生产许可证；对作出不予颁发决定的，应当在 10 个工作日内书面通知申请人并说明理由。

（四）安全生产许可证有效期为 3 年。安全生产许可证有效期满需要延期的，企业应当于期满前 3 个月向原安全生产许可证颁发管理机关提出延期申请，并提交本意见第 6 条规定

的文件、资料以及原安全生产许可证。

建筑施工企业在安全生产许可证有效期内，严格遵守有关安全生产法律、法规和规章，未发生死亡事故的，安全生产许可证有效期届满时，经原安全生产许可证颁发管理机关同意，不再审查，直接办理延期手续。

安全生产许可证颁发管理机关根据下级建设主管部门报告或者其他省级人民政府建设主管部门抄告的违法事实、处理建议和处理结果，按照《规定》对企业进行相应处罚，并将处理结果通告原报告或抄告部门。

五、对取得安全生产许可证单位的行政处罚

（一）安全生产许可证颁发管理机关或市、县级人民政府建设主管部门发现取得安全生产许可证的建筑施工企业不再具备《规定》第四条规定安全生产条件的，责令限期改正；经整改仍未达到规定安全生产条件的，处以暂扣安全生产许可证 7 日至 30 日的处罚；安全生产许可证暂扣期间，拒不整改或经整改仍未达到规定安全生产条件的，处以延长暂扣期 7~15 天直至吊销安全生产许可证的处罚。

（二）企业发生死亡事故的，安全生产许可证颁发管理机关应当立即对企业安全生产条件进行复查，发现企业不再具备《规定》第四条规定安全生产条件的，处以暂扣安全生产许可证 30~90 日的处罚；安全生产许可证暂扣期间，拒不整改或经整改仍未达到规定安全生产条件的，处以延长暂扣期 30~60 日直至吊销安全生产许可证的处罚。

（三）企业安全生产许可证被暂扣期间，不得承揽新的工程项目，发生问题的在建项目停工整改，整改合格后方可继续施工；企业安全生产许可证被吊销后，该企业不得进行任何施工活动，且 1 年之内不得重新申请安全生产许可证。

六、安全生产许可证的暂扣与吊销

《建筑施工企业安全生产许可证动态监管暂行办法》（建质〔2008〕121 号）中规定：

第十四条 依据本办法第十三条进行复核，对企业降低安全生产条件的，颁发管理机关应当依法给予企业暂扣安全生产许可证的处罚；属情节特别严重的或者发生特别重大事故的，依法吊销安全生产许可证。

暂扣安全生产许可证处罚视事故发生级别和安全生产条件降低情况，按下列标准执行：

（一）发生一般事故的，暂扣安全生产许可证 30~60 日。
（二）发生较大事故的，暂扣安全生产许可证 60~90 日。
（三）发生重大事故的，暂扣安全生产许可证 90~120 日。

第十五条 建筑施工企业在 12 个月内第二次发生生产安全事故的，视事故级别和安全生产条件降低情况，分别按下列标准进行处罚：

（一）发生一般事故的，暂扣时限为在上一次暂扣时限的基础上再增加 30 日。
（二）发生较大事故的，暂扣时限为在上一次暂扣时限的基础上再增加 60 日。
（三）发生重大事故的，或按本条（一）、（二）处罚暂扣时限超过 120 日的，吊销安全生产许可证。

12 个月内同一企业连续发生三次生产安全事故的，吊销安全生产许可证。

第十六条 建筑施工企业瞒报、谎报、迟报或漏报事故的，在本办法第十四条、第十五

条处罚的基础上，再处延长暂扣期30～60日的处罚。暂扣时限超过120日的，吊销安全生产许可证。

第十七条 建筑施工企业在安全生产许可证暂扣期内，拒不整改的，吊销其安全生产许可证。

第十八条 建筑施工企业安全生产许可证被暂扣期间，企业在全国范围内不得承揽新的工程项目。发生问题或事故的工程项目停工整改，经工程所在地有关建设主管部门核查合格后方可继续施工。

第十九条 建筑施工企业安全生产许可证被吊销后，自吊销决定作出之日起一年内不得重新申请安全生产许可证。

第二十条 建筑施工企业安全生产许可证暂扣期满前10个工作日，企业需向颁发管理机关提出发还安全生产许可证申请。颁发管理机关接到申请后，应当对被暂扣企业安全生产条件进行复查，复查合格的，应当在暂扣期满时发还安全生产许可证；复查不合格的，增加暂扣期限直至吊销安全生产许可证。

第四章 安全事故应急救援预案编制

一、基本规定

《建设工程安全生产管理条例》明确规定：

第四十七条 县级以上地方人民政府建设行政主管部门应当根据本级人民政府的要求，制定本行政区域内建设工程特大生产安全事故应急救援预案。

第四十八条 施工单位应当制定本单位生产安全事故应急救援预案，建立应急救援组织或者配备应急救援人员，配备必要的应急救援器材、设备，并定期组织演练。

第四十九条 施工单位应当根据建设工程施工的特点、范围，对施工现场易发生重大事故的部位、环节进行监控，制定施工现场生产安全事故应急救援预案。实行施工总承包的，由总承包单位统一组织编制建设工程生产安全事故应急救援预案，工程总承包单位和分包单位按照应急救援预案，各自建立应急救援组织或者配备应急救援人员，配备救援器材、设备，并定期组织演练。

《安全生产法》明确规定：

第十八条 生产经营单位的主要负责人员有组织制定并实施本单位的生产安全事故应急预案的职责。

第三十七条 生产经营单位对重大危险源应当登记建档，进行定期检测、评估、监控，并制定应急预案，告知从业人员和相关人员在紧急情况下应当采取的应急措施。

《职业病防治法》明确规定：

用人单位应当建立、健全职业病危害事故应急救援预案。

《消防法》明确规定：

消防安全重点单位应当制定灭火和应急疏散预案，定期组织消防演练。

《特种设备安全监察条例》明确规定：

特种设备使用单位应当制定特种设备的事故应急措施和救援预案。

《使用有毒物品场所劳动保护条例》明确规定：

从事使用有毒物品作业的用人单位，应当配备应急救援预案人员和必要的应急救援器材、设备，制定事故应急救援预案，并根据实际情况变化对应急救援预案适时进行修订，定期组织演练。事故应急救援预案和演练记录应当报当地卫生行政部门、安全生产监督管理部门和公安部门备案。

二、建筑施工公司应急救援预案编制案例

为了贯彻落实《中华人民共和国安全生产法》、《安全生产许可证条例》（中华人民共和国国务院令第397号）、《国务院关于特大安全事故行政责任追究的规定》（国务院令第302号）、《中华人民共和国建筑法》、《中华人民共和国职业病防治法》、《中华人民共和国消防法》、《危险化学品安全管理条例》、《特种设备安全监察条例》（国务院令第373号）、《建筑设计防火规范》、《使用有毒物品作业场所劳动保护条例》和集团《应急准备和响应控制程序》，指导子公司、项目部开展本区域内重特大安全生产事故应急救援工作，在集团内建立应急救援体系，努力减少重特大事故造成的人员伤亡和财产损失及对环境产生的不利影响，特制定本预案。

（一）危险源的识别评价和重特大危险源的调查

根据集团有关规定和标准对集团内的危险源进行辨识评价，集团内重大危险源和可能的突发事件如下：

1. 房建项目

（1）火灾

易发生地点：仓库、职工宿舍、防水作业区、木材加工存储区、总配电箱等。

火灾类型：含碳固体可燃物，甲、乙、丙类液体（如汽油、煤油、柴油、甲醇等）燃烧的火灾，带电物体燃烧的火灾。

（2）高处坠落

易发生地点：脚手架施工区、外墙施工区、塔吊安拆区等。

事故后果：人员外伤、骨折等。

（3）物体打击

易发生地点：无安全通道建筑物进出入口、脚手架施工区、塔吊安拆区等。

事故后果：人员外伤、颅骨损扭等。

（4）触电

易发生地点：整个施工区域。

事故后果：人员电击伤。

（5）机械事故

易发生地点：钢筋加工区、木工加工区、搅拌站等。

事故后果：人员外伤、肢体缺失。

（6）起重设备倾覆事故

易发生地点：吊车活动区内。

事故后果：设备严重损坏、人员外伤。

（7）坍塌事故

易发生地点：基础施工区、脚手架周边等。

事故后果：人员窒息等。

2. 路桥项目

与房建项目重大危险源相同，但重点是架桥机倾覆、机械伤害、触电等。

3. 隧道项目

主要危险源是坍塌、机械伤害、触电、火灾等。

其中坍塌事故主要原因：隧道穿过不良地层时，隧道开挖引起重要建筑物不均匀沉降；竖井或明挖基坑开挖时引起周边建筑物倾斜、裂缝；爆破施工对临近建筑物的影响；明挖基坑（桩）因涌砂流出引起支护开裂等。

4. 其他突发事件

夏季露天作业发生中暑；食用变质或受污染食品；食堂工作人员渎职，发生群体食物中毒；工地内环境卫生条件恶化，发生传染疾病；季节周期性所特有的传染疾病传入工地等原因，施工现场可能突发疫情、食物中毒、中暑等情况。

由于施工的地理位查原因、其他可能的突发事件还有台风、洪水等。

各子公司、项目部在编制事故应急救援预案前，应按集团有关规定和标准，对本单位内的重特大危险源进行辨识和评价，应明确以下重特大危险源的信息：

（1）危险源的基本情况。重特大危险源存在的具体部位，发生事故时可能的时期。

（2）危险源周围环境的基本情况。考虑危险源一旦发生事故对周围环境的影响，以及周边环境中危险因素对危险源的影响程度。

（3）危险源周边环境情况。包括可能灾害形式、最大危险区域面积等。

（4）周边情况对危险源的影响。主要考虑的危险因素是：火源、输配电装置、交通及其他。

（二）建立应急救援组织

1. 成立应急救援的独立领导小组（指挥中心）

应急预案领导小组及其人员组成（图1-4-1）：

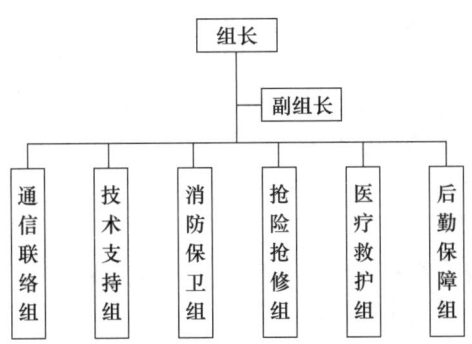

图1-4-1 应急预案领导小组及其人员组成

集团应急领导小组成员：

组长：×××（集团总经理）

副组长：×××（集团生产经理）

通信联络组：×××，……×××（综合办公室相关人员及各子公司相应组织的负

责人）

技术支持组：×××，……×××（技术质量科相关人员，各子公司相应组织的负责人）

消防保卫组：×××，……×××（义务消防队，后勤保卫相关人员，各子公司相应组织的负责人）

抢险抢修组：×××，……×××（施工生产管理相关人员，各子公司相应组织的负责人）

医疗救护组：×××，……×××（后勤保卫及经过医疗救护知识培训合格人员，各子公司相应组织的负责人）

后勤保障组：×××……，×××（材料管理相关人员，各子公司相应组织的负责人）

2. 应急组织的分工职责

（1）组长职责

①决定是否存在或可能存在重大紧急事故，要求应急服务机构提供帮助，并实施场外应急计划，在不受事故影响的地方进行直接操作控制。

②复查和评估事故（事件）可能发展的方向，确定其可能的发展过程。

③指导设施的部分停工，并与领导小组成员的关键人员配合指挥现场人员撤离，并确保任何伤害者都能得到足够的重视。

④与场外应急机构取得联系及对紧急情况的记录作业安排。

⑤在场（设施）内实行交通管制，协助场外应急机构开展服务工作。

⑥在紧急状态结束后，控制受影响地点的恢复，并组织人员参加事故的分析和处理。

（2）副组长（即现场管理者）职责

①评估事故的规模和发展态势，建立应急步骤，确保员工的安全和减少设施和财产损失。

②如有必要，在救援服务机构来之前直接参与救护活动。

③安排寻找受伤者及安排非重要人员撤离到集中地带。

④设立与应急中心的通信联络，为应急服务机构提供建议和信息。

（3）通信联络组职责

①确保与最高管理者和外部联系畅通、内外信息反馈迅速。

②保持通信设施和设备处于良好状态。

③负责应急过程的记录与整理及对外联络。

（4）技术支持组职责

①提出抢险抢修及避免事故扩大的临时应急方案和措施。

②指导抢险抢修组实施应急方案和措施。

③修补实施中的应急方案和措施存在的缺陷。

④绘制事故现场平面图，标明重点部位，向外部救援机构提供准确的抢险救援信息资料。

（5）消防保卫组职责

①事故引发火灾，执行防火方案中应急预案程序。

②设置事故现场警戒线、岗，维持项目部内抢险救护的正常运作。

③保持抢险救援通道的通畅，引导抢险救援人员及车辆的进入。
④保护受害人财产。
⑤抢救救援结束后，封闭事故现场，直到收到明确解除指令。
（6）抢险抢修组职责
①实施抢险抢修的应急方案和措施，并不断加以改进。
②寻找受害者并转移至安全地带。
③在事故有可能扩大的情况下进行抢险抢修或救援时，高度注意避免意外伤害。
④抢险抢修或救援结束后，报告组长并对结果进行复查和评估。
（7）医疗救护组职责
①在外部救援机构未到达前，对受害者进行必要的抢救（如人工呼吸、包扎止血、防止受伤部位受污染等）。
②使重度受害者优先得到外部救援机构的救护。
③协助外部救援机构转送受害者至医疗机构，并指定人员护理受害者。
（8）后勤保障组职责
①保障系统内各组人员必需的防护、救护用品及生活物质的供给。
②提供合格的抢险抢修或救援的物质及设备。

3. 子公司和项目部应急救援组织成员

根据集团组织结构，一般可采用以下应急救援组织机构，子公司、项目部也可根据其实际情况对下列人员进行调整。
（1）子公司应急救援组织成员
组长：子公司经理
副组长：子公司生产经理
通信联络组：综合办公室相关人员及各下属项目相应组织的负责人
技术支持组：技术质量科相关人员，各下属项目相应组织的负责人
消防保卫组：义务消防队，后勤保卫相关人员，各下属项目相应组织的负责人
抢险抢修组：施工生产管理相关人员，各下属项目相应组织的负责人
医疗救护组：后勤保卫及经过医疗救护知识培训合格人员，各下属项目相应组织的负责人
后勤保障组：材料管理相关人员，各下属项目相应组织的负责人
（2）项目部应急救援组织成员
组长：项目经理
副组长：项目副经理或主管工长
技术支持组：项目部技术人员
消防保卫组：项目部义务消防队、保卫等相关人员
抢险抢修组：项目工长及相应抢险抢修队
后勤保障组：项目部材料人员
通信联络组、医疗救护组：由项目部具有相应能力的人员担任
（3）生产安全事故应急救援程序
集团、子公司及项目部建立安全值班制度，设值班电话并保证24小时轮流值班

集团值班电话：××××—××××××××
××子公司值班电话：
子公司：××××—××××××××
第一项目部：××××—××××××××
……
××子公司值班电话：
子公司：××××—××××××××
第一项目部：××××—××××××××
……
××子公司值班电话：
子公司：××××—××××××××
第一项目部：××××—××××××××
……

如发生生产安全事故立即上报，具体上报程序如图1-4-2所示：

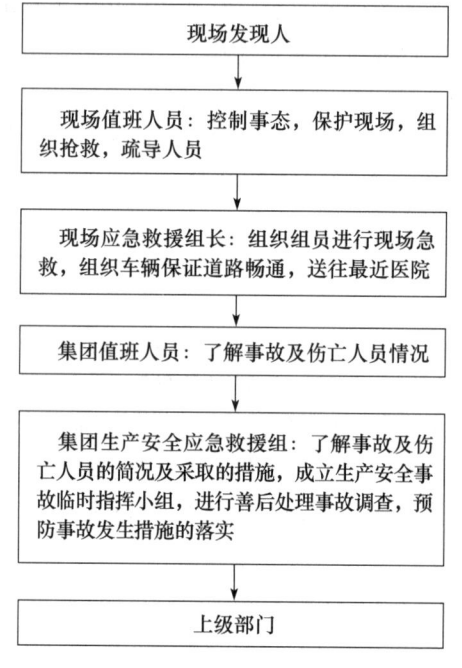

图1-4-2 上报程序框图

（4）施工现场的应急处理

①应急电话的正确使用。为合理安排施工，事先应掌握近期和中长期气候，以便采取针对性措施组织施工，既有利于生产，又有利于工程的质量和安全。工伤事故现场，重病人抢救应拨打120救护电话，请医疗单位急救。火警、火灾事故应拨打119火警电话，请消防部门急救。发生抢劫、偷盗、斗殴等情况应拨打报警电话110，向公安部门报警。煤气管道设备急修，自来水报修、供电报修，以及向上级单位汇报情况争取支持，都可以通过应急电话，达到方便快捷的目的。在施工过程中保证通信的畅通，以及正确利用好电话通信工具，

可以为现场事故应急处理发挥很大作用。

②拨打电话时要尽量说清楚以下几件事：

a. 说明伤情（病情、火情、案情）和已经采取了什么措施，以便让救护人员事先做好急救的准备；

b. 讲清楚伤者（事故）发生在什么地方，什么路、几号、靠近什么路口、附近有什么特征；

c. 说明报救者单位、姓名（或事故地）、电话或传呼电话号码，以便救护车（消防车、警车）找不到所报地方时，随时通过电话联系。打完报救电话后，应问接报人员还有什么问题不清楚，如无问题才能挂断电话。通完电话后，应派人在现场外等候接应救护车，同时把救护车进施工现场路上的障碍及时予以清除，以利救护车到达后，能及时进行抢救。

（三）制定相应的应急救援技术措施

根据重特大危险源和突发事件调查的结果，由技术部门制定相应的应急救援技术措施和步骤，技术措施要结合危险源所在部位的实际特点，具有针对性和可操作性。相应的技术措施应编入施工组织设计和专项方案中。

第五章 安全事故管理

一、安全事故的分类

根据生产安全事故（以下简称事故）造成的人员伤亡或者直接经济损失，事故一般分为以下等级：

1. 特别重大事故，是指造成 30 人以上死亡，或者 100 人以上重伤（包括急性工业中毒，下同），或者 1 亿元以上直接经济损失的事故；

2. 重大事故，是指造成 10 人以上 30 人以下死亡，或者 50 人以上 100 人以下重伤，或者 5000 万元以上 1 亿元以下直接经济损失的事故；

3. 较大事故，是指造成 3 人以上 10 人以下死亡，或者 10 人以上 50 人以下重伤，或者 1000 万元以上 5000 万元以下直接经济损失的事故；

4. 一般事故，是指造成 3 人以下死亡，或者 10 人以下重伤，或者 1000 万元以下直接经济损失的事故。

二、安全事故的报告

（一）安全事故的上报程序

1. 事故发生后，事故现场有关人员应当立即向本单位负责人报告；单位负责人接到报告后，应当于 1 小时内向事故发生地县级以上人民政府安全生产监督管理部门和负有安全生产监督管理职责的有关部门报告。

2. 情况紧急时，事故现场有关人员可以直接向事故发生地县级以上人民政府安全生产监督管理部门和负有安全生产监督管理职责的有关部门报告。

3. 安全生产监督管理部门和负有安全生产监督管理职责的有关部门接到事故报告后，应当依照下列规定上报事故情况，并通知公安机关、劳动保障行政部门、工会和人民检察院：

（1）特别重大事故、重大事故逐级上报至国务院安全生产监督管理部门和负有安全生产监督管理职责的有关部门。

（2）较大事故逐级上报至省、自治区、直辖市人民政府安全生产监督管理部门和负有安全生产监督管理职责的有关部门。

（3）一般事故上报至设区的市级人民政府安全生产监督管理部门和负有安全生产监督管理职责的有关部门。

（4）安全生产监督管理部门和负有安全生产监督管理职责的有关部门逐级上报事故情况，每级上报的时间不得超过2小时。

（二）事故报告内容

报告事故应当包括下列内容：

1. 事故发生单位概况。
2. 事故发生的时间、地点以及事故现场情况。
3. 事故的简要经过。
4. 事故已经造成或者可能造成的伤亡人数（包括下落不明的人数）和初步估计的直接经济损失。
5. 已经采取的措施及初步原因。
6. 其他应当报告的情况。
7. 事故报告后出现新情况的，应当及时补报。

自事故发生之日起30日内，事故造成的伤亡人数发生变化的，应当及时补报。道路交通事故、火灾事故自发生之日起7日内，事故造成的伤亡人数发生变化的，应当及时补报。

8. 事故报告单位或报告人员。

三、安全事故调查

（一）事故调查组的组成

1. 特别重大事故由国务院或者国务院授权有关部门组织事故调查组进行调查。
2. 重大事故、较大事故、一般事故分别由事故发生地省级人民政府、设区的市级人民政府、县级人民政府负责调查。省级人民政府、设区的市级人民政府、县级人民政府可以直接组织事故调查组进行调查，也可以授权或者委托有关部门组织事故调查组进行调查。
3. 未造成人员伤亡的一般事故，县级人民政府也可以委托事故发生单位组织事故调查组进行调查。
4. 自事故发生之日起30日内（道路交通事故、火灾事故自发生之日起7日内），因事故伤亡人数变化导致事故等级发生变化，依照本条例规定应当由上级人民政府负责调查的，上级人民政府可以另行组织事故调查组进行调查。
5. 特别重大事故以下等级事故，事故发生地与事故发生单位不在同一个县级以上行政区域的，由事故发生地人民政府负责调查，事故发生单位所在地人民政府应当派人参加。
6. 根据事故的具体情况，事故调查组由有关人民政府、安全生产监督管理部门、负有安全生产监督管理职责的有关部门、监察机关、公安机关以及工会派人组成，并应当邀请人民检察院派人参加。

（二）事故调查报告内容

事故调查报告应当包括下列内容：

1. 事故发生单位概况。
2. 事故发生经过和事故救援情况。
3. 事故造成的人员伤亡和直接经济损失。
4. 事故发生的原因和事故性质。
5. 事故责任的认定以及对事故责任者的处理建议。
6. 事故防范和整改措施。

四、法律责任

《生产安全事故报告和调查处理条例》（国务院令第493号）规定：

第三十五条 事故发生单位主要负责人有下列行为之一的，处上一年年收入40%至80%的罚款；属于国家工作人员的，并依法给予处分；构成犯罪的，依法追究刑事责任：

（一）不立即组织事故抢救的；

（二）迟报或者漏报事故的；

（三）在事故调查处理期间擅离职守的。

第三十六条 事故发生单位及其有关人员有下列行为之一的，对事故发生单位处100万元以上500万元以下的罚款；对主要负责人、直接负责的主管人员和其他直接责任人员处上一年年收入60%至100%的罚款；属于国家工作人员的，并依法给予处分；构成违反治安管理行为的，由公安机关依法给予治安管理处罚；构成犯罪的，依法追究刑事责任：

（一）谎报或者瞒报事故的；

（二）伪造或者故意破坏事故现场的；

（三）转移、隐匿资金、财产，或者销毁有关证据、资料的；

（四）拒绝接受调查或者拒绝提供有关情况和资料的；

（五）在事故调查中作伪证或者指使他人作伪证的；

（六）事故发生后逃匿的。

第三十七条 事故发生单位对事故发生负有责任的，依照下列规定处以罚款：

（一）发生一般事故的，处10万元以上20万元以下的罚款；

（二）发生较大事故的，处20万元以上50万元以下的罚款；

（三）发生重大事故的，处50万元以上200万元以下的罚款；

（四）发生特别重大事故的，处200万元以上500万元以下的罚款。

第三十八条 事故发生单位主要负责人未依法履行安全生产管理职责，导致事故发生的，依照下列规定处以罚款；属于国家工作人员的，并依法给予处分；构成犯罪的，依法追究刑事责任：

（一）发生一般事故的，处上一年年收入30%的罚款；

（二）发生较大事故的，处上一年年收入40%的罚款；

（三）发生重大事故的，处上一年年收入60%的罚款；

（四）发生特别重大事故的，处上一年年收入80%的罚款。

第三十九条 有关地方人民政府、安全生产监督管理部门和负有安全生产监督管理职责

的有关部门有下列行为之一的,对直接负责的主管人员和其他直接责任人员依法给予处分;构成犯罪的,依法追究刑事责任:

(一)不立即组织事故抢救的;

(二)迟报、漏报、谎报或者瞒报事故的;

(三)阻碍、干涉事故调查工作的;

(四)在事故调查中作伪证或者指使他人作伪证的。

第四十条 事故发生单位对事故发生负有责任的,由有关部门依法暂扣或者吊销其有关证照;对事故发生单位负有事故责任的有关人员,依法暂停或者撤销其与安全生产有关的执业资格、岗位证书;事故发生单位主要负责人受到刑事处罚或者撤职处分的,自刑罚执行完毕或者受处分之日起,5年内不得担任任何生产经营单位的主要负责人。

为发生事故的单位提供虚假证明的中介机构,由有关部门依法暂扣或者吊销其有关证照及其相关人员的执业资格;构成犯罪的,依法追究刑事责任。

《〈生产安全事故报告和调查处理条件〉罚款处罚暂行规定》(国家安全生产监督总局第77号令)规定:

第十一条 事故发生单位主要负责人有《中华人民共和国安全生产法》第一百零六条、《条例》第三十五条规定的下列行为之一的,依照下列规定处以罚款:

(一)事故发生单位主要负责人在事故发生后不立即组织事故抢救的,处上一年年收入100%的罚款;

(二)事故发生单位主要负责人迟报事故的,处上一年年收入60%~80%的罚款;漏报事故的,处上一年年收入40%~60%的罚款;

(三)事故发生单位主要负责人在事故调查处理期间擅离职守的,处上一年年收入80%~100%的罚款。

第十二条 事故发生单位有《条例》第三十六条规定行为之一的,依照《国家安全监管总局关于印发〈安全生产行政处罚自由裁量标准〉的通知》(安监总政法〔2010〕137号)等规定给予罚款。

第十三条 事故发生单位的主要负责人、直接负责的主管人员和其他直接责任人员有《中华人民共和国安全生产法》第一百零六条,《条例》第三十六条规定的行为之一的,依照下列规定处以罚款:

(一)伪造、故意破坏事故现场,或者转移、隐匿资金、财产、销毁有关证据、资料,或者拒绝接受调查,或者拒绝提供有关情况和资料,或者在事故调查中作伪证,或者指使他人作伪证的,处上一年年收入80%~90%的罚款;

(二)谎报、瞒报事故或者事故发生后逃匿的,处上一年年收入100%的罚款。

第十四条 事故发生单位对造成3人以下死亡,或者3人以上10人以下重伤(包括急性工业中毒,下同),或者300万元以上1000万元以下直接经济损失的一般事故负有责任的,处20万元以上50万元以下的罚款。

事故发生单位有本条第一款规定的行为且有谎报或者瞒报事故情节的,处50万元的罚款。

第十五条 事故发生单位对较大事故发生负有责任的,依照下列规定处以罚款:

(一)造成3人以上6人以下死亡,或者10人以上30人以下重伤,或者1000万元以上

3000 万元以下直接经济损失的，处 50 万元以上 70 万元以下的罚款；

（二）造成 6 人以上 10 人以下死亡，或者 30 人以上 50 人以下重伤，或者 3000 万元以上 5000 万元以下直接经济损失的，处 70 万元以上 100 万元以下的罚款。

事故发生单位对较大事故发生负有责任且有谎报或者瞒报情节的，处 100 万元的罚款。

第十六条　事故发生单位对重大事故发生负有责任的，依照下列规定处以罚款：

（一）造成 10 人以上 15 人以下死亡，或者 50 人以上 70 人以下重伤，或者 5000 万元以上 7000 万元以下直接经济损失的，处 100 万元以上 300 万元以下的罚款；

（二）造成 15 人以上 30 人以下死亡，或者 70 人以上 100 人以下重伤，或者 7000 万元以上 1 亿元以下直接经济损失的，处 300 万元以上 500 万元以下的罚款。

事故发生单位对重大事故发生负有责任且有谎报或者瞒报情节的，处 500 万元的罚款。

第十七条　事故发生单位对特别重大事故发生负有责任的，依照下列规定处以罚款：

（一）造成 30 人以上 40 人以下死亡，或者 100 人以上 120 人以下重伤，或者 1 亿元以上 1.2 亿元以下直接经济损失的，处 500 万元以上 1000 万元以下的罚款；

（二）造成 40 人以上 50 人以下死亡，或者 120 人以上 150 人以下重伤，或者 1.2 亿元以上 1.5 亿元以下直接经济损失的，处 1000 万元以上 1500 万元以下的罚款；

（三）造成 50 人以上死亡，或者 150 人以上重伤，或者 1.5 亿元以上直接经济损失的，处 1500 万元以上 2000 万元以下的罚款。

事故发生单位对特别重大事故负有责任且有下列情形之一的，处 2000 万元的罚款：

（1）谎报特别重大事故的；

（2）瞒报特别重大事故的；

（3）未依法取得有关行政审批或者证照擅自从事生产经营活动的；

（4）拒绝、阻碍行政执法的；

（5）拒不执行有关停产停业、停止施工、停止使用相关设备或者设施的行政执法指令的；

（6）明知存在事故隐患，仍然进行生产经营活动的；

（7）一年内已经发生 2 起以上较大事故，或者 1 起重大以上事故，再次发生特别重大事故的。

第十七条　事故发生单位对特别重大事故发生负有责任的，处 200 万元以上 500 万元以下的罚款。

事故发生单位有本条第一款规定的行为且谎报或者瞒报事故的，处 500 万元的罚款。

第十八条　事故发生单位主要负责人未依法履行安全生产管理职责，导致事故发生的，依照下列规定处以罚款：

（一）发生一般事故的，处上一年年收入 30% 的罚款；

（二）发生较大事故的，处上一年年收入 40% 的罚款；

（三）发生重大事故的，处上一年年收入 60% 的罚款；

（四）发生特别重大事故的，处上一年年收入 80% 的罚款。

第十九条　个人经营的投资人未依照《中华人民共和国安全生产法》的规定保证安全生产所必需的资金投入单位不具备安全生产条件，导致发生生产安全事故的，依照下列规定对个人经营的投资人处以罚款：

（一）发生一般事故的，处 2 万元以上 5 万元以下的罚款；

（二）发生较大事故的，处 5 万元以上 10 万元以下的罚款；

（三）发生重大事故的，处 10 万元以上 15 万元以下的罚款；

（四）发生特别重大事故的，处 15 万元以上 20 万元以下的罚款。

第六章　安全事故案例

一、河北省新乐市"4·11"模板支撑系统较大坍塌事故调查报告（2015）

1. 事故简介

2015 年 4 月 11 日 23 时 10 分左右，某国际市场 A 区 13 号商业楼在浇筑三层柱、屋顶梁板结构混凝土过程中，发生模板支撑系统坍塌事故，造成 5 人死亡，4 人受伤。

2015 年 4 月 11 日 13 时左右，混凝土工开始浇筑 13 号楼三层柱、屋顶梁板结构混凝土（采用商品预拌混凝土），混凝土泵车进行泵送混凝土浇筑，泵车位于 13 号楼南侧地面 8-11 轴中间部位。浇筑由西向东（8-11 轴方向）分段进行，段内南北方向往返循环浇筑，按先柱后梁板的顺序浇筑。连续浇筑 4 搅拌车混凝土（搅拌车容量 12m³，4 车约 48m³）后现场停电。作业人员撤离工作面休息。当日 18 时，施工现场恢复供电，混凝土工吃过晚饭后继续浇筑作业。21 时 30 分开始下雨，因雨量较大，作业人员避雨 10 分钟左右，穿上雨衣继续混凝土浇筑作业。23 时刚过，田治国离开屋顶作业面去安排工人的夜餐。4、5 分钟后，约 23 时 10 分，当浇筑至东距 11 轴 5.7m 处时，天井部位模板支撑系统瞬间发生整体失稳坍塌（7-8 轴以北部位未浇筑，现场共浇筑 17 车，最后的第 17 车浇筑量约 3m³，混凝土浇筑总量约 195m³）。

坍塌时，施工现场共有 12 名工人在作业。其中在混凝土浇筑作业面上（屋顶标高 16.2m 位置）混凝土工 9 人；在三层室内看护模板支撑系统变形情况的木工 2 人；在建筑物南侧室外地面上操作混凝土搅拌车的力工 1 人。

事故发生时混凝土浇筑作业面 9 人情况：7 名混凝土作业人员直接坠落至首层室内地面，7 人浇筑作业分工为：负责混凝土布料管 1 人；负责混凝土布料车遥控操作 1 人；负责混凝土摊平 2 人；负责混凝土振捣 1 人；负责移动振捣棒电机 1 人；负责混凝土浇筑面细部抹平 1 人，以上 7 人分布于 P-N 轴跨中东距 11 轴约 7m 位置进行混凝土浇筑作业。另外 2 名混凝土工情况为：负责混凝土浇筑面整平工作，事发时位于 8-11 轴南侧弧顶位置，沿坍塌的屋面梁钢筋骨架下滑，坠落 2m 左右腿部被夹住，后自行攀爬到三楼东侧平台上；其中 1 人负责对混凝土浇筑面覆盖塑料薄膜，事发时准备到相邻的 10 号楼（主体结构已完成）取塑料薄膜，行走至未浇筑混凝土的东侧屋面板与 10 号楼交接处时发生坍塌，其被钢筋绊倒，后跑至 10 号楼屋顶。另外 2 人受轻伤。事故发生后及时送往医院抢救，经过 5 个小时全力抢救最终造成 5 人死亡，4 人受伤。

2. 事故原因

1）直接原因

模板支撑系统的搭设严重违反相关规定，施工时荷载超过模板支撑系统的最大承载能力，模板支撑系统整体失稳坍塌，是该起事故发生的直接原因。

2）间接原因

（1）施工现场管理混乱，建设工程各方责任主体未建立齐全有效的安全保证体系，未落实安全生产法律法规、标准规范及安全生产责任制度。

（2）模板支撑系统未编制专项施工方案，未进行专家论证，违反相关规范要求，盲目施工。

（3）模板支撑系统施工人员，无证上岗。施工作业前工程技术人员未按规定对施工作业人员开展班组安全技术交底；未落实安全施工技术措施，施工现场安全管理不到位。

（4）安全教育不到位，未对现场作业人员进行安全生产教育和培训

（5）施工现场违反规定，该工程项目无监理单位，监理管理体系缺失。

（6）该工程在未办理建设工程规划许可证、施工许可证等相关审批手续的情况下，未依法履行工程项目建设程序，提前开工建设。

（7）工程项目所在地综合执法、建设等行政主管部门及街道办事处，未认真履行安全生产行业监管和属地管理职责，对项目监督管理和日常检查不到位。

3. 事故处理

1）对事故相关人员的处理

（1）建议移送司法机关人员：

① 施工方项目总负责人钱某（实际控制人）涉嫌伪造公司印章罪，检察机关批准逮捕。

② 施工现场项目经理，负责施工现场全面管理工作，未取得建造师资格证书，不具备担任项目经理的资格。未认真履行施工现场安全管理职责，对事故发生负有直接管理责任，移送司法机关依法处理。

③ 施工分包负责人，对事故发生负有直接管理责任移送司法机关依法处理。

④ 脚手架、模板支撑系统搭设班组负责人，对事故发生负有直接管理责任，移送司法机关依法处理。

⑤ 施工方项目部技术负责人，送司法机关依法处理。

⑥ 建设单位项目负责人，未认真履行建设单位项目负责人职责，对施工方资质、资格情况审核把关不严，移送司法机关依法处理。

⑦ 建设单位法定代表人，未认真履行建设单位主要负责人安全生产管理职责，对事故发生负有重要领导责任，其行为涉嫌犯罪，移送司法机关依法处理。

（2）对事故有关责任人的行政处罚建议。

① 建设单位派驻施工现场项目安全负责人，未认真履行监督、协调和管理职责，由市安全监管局对其处 0.8 万元的罚款。

② 建设单位派驻金施工现场项目技术负责人，未督促施工方编制专项施工方案，市安全监管局对其处 0.8 万元的罚款。

③ 建设单位法定代表人，未认真履行主要负责人安全生产管理职责，由市安全监管局对其处人民币 1.8 万元的罚款。

（3）对事故有关责任方的行政处罚建议。

① 钱某作为施工方不具备建设工程施工资质、资格，现场作业不具备安全生产条件，对事故发生负有主要责任，由市安全监管局对其处 133 万元的罚款，两项合并处罚 198 万元。

② 李某作为工程分包方负责人，未编制模板支撑系统搭设及混凝土浇筑作业专项施工方案，由新乐市安全监管局对其处上一年年收入100%的罚款。

③ 建设单位，未认真落实安全生产法律法规，未依法履行安全生产主体责任，对事故发生负有责任。依据《中华人民共和国安全生产法》第一百条第（一）款之规定，由市安全监管局对其处人民币18万元的罚款。

二、北京市"12·29"筏板基础钢筋体系坍塌事故（2014）

1. 事故简介

2014年12月29日8时20分许，某大学附属中学体育馆及宿舍楼工程工地，作业人员在基坑内绑扎钢筋过程中，筏板基础钢筋体系发生坍塌，造成10人死亡、4人受伤。

事发部位基坑深约13m、宽约42.2m、长约58.3m。底板为平板式筏板基础，上下两层双排双向钢筋网，上层钢筋网用马凳支承。马凳采用直径25mm或28mm的带肋钢筋焊制，安放间距为0.9~2.1m；马凳横梁与基础底板上层钢筋网大多数未固定；马凳脚筋与基础底板下层钢筋网少数未固定；上层钢筋网上多处存有堆放钢筋物料的现象。事发时，上层钢筋整体向东侧位移并坍塌，坍塌面积2000余平方米。

2. 事故原因

1）直接原因

未按照方案要求堆放物料、制作和布置马凳，马凳与钢筋未形成完整的结构体系，致使基础底板钢筋整体坍塌，是导致事故发生的直接原因。

（1）未按照方案要求堆放物料。

（2）未按照方案要求制作和布置马凳，导致马凳承载力下降。

（3）马凳及马凳间无有效的支撑，马凳与基础底板上、下层钢筋网未形成完整的结构体系，抗侧移能力很差，不能承担过多的堆料载荷。

2）间接原因

施工现场管理缺失、备案项目经理长期不在岗、专职安全员配备不足、经营管理混乱、项目监理不到位是导致事故发生的间接原因。

（1）施工现场管理缺失。一是技术交底缺失；二是安全培训教育不到位，施工现场钢筋作业人员存在未经培训上岗作业的现象；三是对劳务分包单位管理不到位，未及时发现其为抢赶工期、盲目吊运钢筋材料集中码放在上层钢筋网上的隐患，导致载荷集中。

（2）备案项目经理长期不在岗、专职安全员配备不足。

（3）经营管理混乱。

（4）监理不到位。

（5）行业管理部门监督检查不到位。

3. 事故处理

1）对事故相关人员的处理

（1）对于施工单位总经理、副总经理、总经理助理兼分公司总经理、分公司副经理、项目实际负责人兼商务经理、项目部执行经理、项目部生产经理、工程项目部技术负责人、均由人民检察院以涉嫌重大责任事故罪批准逮捕。

（2）劳务公司法定代表人、劳务公司队长、劳务公司技术负责人、劳务公司钢筋班长、均由人民检察院以涉嫌重大责任事故罪批准逮捕。

（3）项目总监理工程师、项目执行总监、项目土建兼安全监理工程师均由人民检察院以涉嫌重大责任事故罪批准逮捕。

对于上述人员中的中共党员和行政监察对象，待司法机关查清其犯罪事实后，由有关部门按照干部管理权限和程序及时给予相应的党纪、政纪处分。

2) 对相关单位的处理

（1）对于工程项目总包单位由安全生产监督管理部门给予其360万元的罚款。同时，由市住房城乡建设委吊销其安全生产许可证，并提请住房城乡建设部吊销其房屋建筑工程施工总承包一级资质。

（2）对于工程项目监理单位由安全生产监督管理部门给予其200万元的罚款。同时，由市住房城乡建设委提请住房城乡建设部吊销其房屋建筑工程监理甲级资质。

（3）对于劳务有限公司由市住房城乡建设委通报河南省住房城乡建设主管部门吊销其施工劳务资质和安全生产许可证。

3) 建议给予党纪、政纪处分的人员

（1）集团董事长、总经理、党委书记，给予其行政警告处分。

（2）集团副总经理，分管施工和安全工作，给予其行政记过处分。

（3）集团安全监管部部长，给予其记大过处分。

（4）集团经营部部长，予其记大过处分。

（5）公司常务副总经理（负责公司经营发展、工程招投标、项目经理调配工作），给予其撤职处分。

（6）公司安全总监兼安全施工管理部部长（负责公司安全监督检查工作），给予其撤职处分。

（7）公司和创分公司安全施工管理部部长（负责分公司安全生产工作），给予其开除处分。

（8）公司和创分公司质量技术部部长（负责施工方案制定及落实情况的监督检查工作），给予其开除处分。

（9）工程项目部安全员，给予其开除处分。

（10）大学基建规划处处长（负责该项目施工组织协调工作），给予其记过处分。

（11）大学基建规划处规划设计科科长兼工程项目建设单位负责人，给予其撤职处分。

4) 建议给予行政处罚的人员和单位

（1）公司法定代表人，作为公司的主要负责人，由安全生产监督管理部门给予其上一年度收入60%的罚款，撤职处分并终身不得担任本行业生产经营单位的主要负责人。

（2）公司董事、总会计师，由安全生产监督管理部门给予其上一年度收入100%的罚款。

（3）工程项目备案项目经理，由市住房城乡建设委提请住房城乡建设部给予其吊销一级建造师注册证书，终身不予注册的行政处罚。

（4）工程项目监理公司总经理。作为公司主要负责人，由安全生产监督管理部门给予其上一年度收入60%的罚款，撤职处分并终身不得担任本行业生产经营单位的主要负责人。

（5）工程项目总包单位，由安全生产监督管理部门给予其360万元的罚款，同时，由市住房城乡建设委吊销其安全生产许可证，并提请住房城乡建设部吊销其房屋建筑工程施工总承包一级资质。

（6）工程项目监理单位，由安全生产监督管理部门给予其 200 万元的罚款，同时，由市住房城乡建设委提请住房城乡建设部吊销其房屋建筑工程监理甲级资质。

（7）劳务有限公司，作为该工程项目筏板基础钢筋作业的劳务分包单位，由市住房城乡建设委通报河南省住房城乡建设主管部门吊销其施工劳务资质和安全生产许可证。

5）建议由相关部门另案处理的情形

（1）针对该工程项目投标、合同订立期间，施工单位涉嫌允许杨某以本企业名义承揽工程及其他涉嫌以内部承包经营的形式出借资质、转包等违法行为，由市住房城乡建设主管部门另行立案调查处理。

（2）针对事故调查中发现的相关人员涉嫌收受贿赂的线索，由检察、监察机关依法调查处理。

三、湖北省武汉市"9·13"施工升降机坠落事故（2012）

1. 事故简介

2012 年 9 月 13 日 13 时 10 分许，武汉市东湖生态旅游风景区东湖景园还建楼（以下称"东湖景园"）C 区 7-1 号楼建筑工地，发生一起施工升降机坠落事故，造成 19 人死亡，直接经济损失 1800 万元。

9 月 13 日 11 时 30 分许，升降机司机将东湖景园 C7-1 号楼施工升降机左侧吊笼停在下终端站，按往常一样锁上电锁拔出钥匙，关上护栏门后下班，并按正常作息时间（11 时 30 分~13 时 30 分）到宿舍午休。当日 13 时 10 分许，19 名工人提前上班，准备到该楼顶楼进行装修施工，由于电梯司机尚未提前到岗，这部分急于上班的工人擅自将停在下终端站的 C7-1 号楼施工升降机左侧吊笼打开，携带施工物件进入左侧吊笼，然后在没有钥匙的情况下强行操作施工升降机上升。该吊笼运行至 33 层顶楼平台附近时突然倾翻，连同顶部 4 节标准节一起坠落地面，造成吊笼内 19 名工人当场死亡。

2. 事故原因

1）直接原因

事故发生时，事故施工升降机导轨架第 66 和第 67 标准节连接处的 4 个连接螺母脱落，无法受力。在此工况下，事故升降机左侧吊笼超过备案额定承载人数（12 人），承载 19 人和约 245kg 的物件，上升到第 66 标准节上部（33 楼顶部）接近平台位置时，产生的倾翻力矩大于对重体、导轨架等固有的平衡力矩，造成事故施工升降机左侧吊笼顷刻倾翻，并连同第 67~70 标准节坠落地面。

2）间接原因

（1）总承包单位管理混乱：该单位将施工总承包一级资质出借给其他单位和个人承接工程；总包单位使用非公司人员的资质证书，安全生产责任制不落实，未与项目部签订安全生产责任书；安全生产管理制度不健全、不完善；培训教育制度不落实，未建立安全隐患排查整治制度；安全生产检查和隐患排查流于形式，未能及时发现和整改事故施工升降机存在的重大安全隐患。

（2）东湖景园 C 区施工项目部安全责任未落实：该项目部现场负责人和主要管理人员

非总包公司人员，现场负责人及大部分安全人员不具备岗位执业资格；安全生产管理制度不健全、不落实，违规进场施工，施工过程中忽视安全管理，现场管理混乱，并存在转包行为。

（3）建设管理单位不具备工程建设管理资质；违规组织施工单位、监理单位进场开工。违规组织虚假招标投标活动。该管理单位未落实企业安全生产主体责任，未与项目管理部签订安全生产责任书；安全生产管理制度不健全、不落实，未建立安全隐患排查整治制度。

（4）监理单位安全生产主体责任不落实；安全生产管理制度不健全，落实不到位；未督促分公司建立健全安全生产管理制度；使用非本公司人员的资格证书，安排不具备执业资格的人担任项目监理人员；安全管理制度不健全、不落实，违规进场监理；未依照相关规定督促相关单位对使用升降机进行加节验收和使用管理，也未参加验收；未认真贯彻相关文件精神，对项目安全生产检查和隐患排查流于形式，未能及时发现和督促整改事故施工升降机存在的重大安全隐患。

（5）建设单位违反有关规定：该项目建设单位选择无资质的项目建设管理单位；对项目建设管理单位、施工单位、监理单位落实安全生产工作监督不到位。

（6）建设主管部门监督检查不到位。

3. 事故处理

1）相关责任人的处理

（1）对施工项目部现场负责人、内外墙粉刷施工负责人、安全负责人、安全员，设备产权安装维护单位总经理、施工升降机维修负责人，建设管理单位项目部负责人，监理公司监理部总监代表，武汉市人民检察院以涉嫌重大责任事故罪予以批捕。

（2）对施工单位董事长，给予其罢免区人大代表资格，留党察看一年的处分。

（3）对施工单位总经理，给予其留党察看一年的处分。

（4）对武汉市新洲区人大代表，施工公司股东、党委书记，工程实际承包人，罢免其区人大代表资格，移送司法机关处理。

（5）对设备租赁公司副总工程师（履行总工程师职责），给予其党内严重警告处分。

（6）对建设管理单位董事长、总经理，区建筑管理站和平分站安全监管员，移送司法机关处理。

（7）对区建筑管理站和平分站副站长、总工程师（原分站站长），依法予以行政撤职，留党察看一年的处分。

四、广东省信宜市"8·28"深基坑坍塌事故（2011）

1. 事故简介

2011年8月28日9时20分左右，广东省信宜市"金津名苑"工程施工现场发生一起深基坑坍塌事故，造成6人死亡，3人受伤。

"金津名苑"工程为框架结构，地下两层。在完成东、北、西三面支护工程后，2011年8月25日，建设单位负责人找来挖掘机老板等人对南侧边坡土体进行开挖。8月28日上午，负责人指挥挖掘机司机在基坑南侧挖沟槽，同时请来9名扎筋工人（除1人外其余8人均是第一次到工地）准备绑扎护壁钢筋，现场还有一个施工队正在进行桩机作业，制作钢筋笼。

7时30分开始作业,扎筋工人先从仓库将钢筋搬到工地上,半个小时后,挖掘机司机开挖的沟槽已经形成(宽1.5m,深约2m)。此时,沟槽底部距离坡顶5~6m,坑壁已呈近直立状态,坡顶上临时办公室距坑边仅0.6m,项目负责人指挥9名扎筋工人下到沟槽绑扎钢筋。9时20分左右,基坑南边的边坡土体突然失稳,连同坑边临时房屋大半坍塌滑落坑内,掩埋坑下扎筋作业的9名工人,造成6人死亡、3人受伤。

2. 事故原因

1)直接原因

施工现场存在重大安全隐患,即在砂质软土坑边未做任何支护情况下,违章指挥挖掘机垂直开挖南侧砂质土坑边深度达5.0~5.3m,基坑自重和上部建筑物荷载共同作用下发生剪切破坏失稳坍塌。

2)间接原因

(1)建设单位在没有取得施工许可证的情况下,非法组织施工,对施工工人没有进行上岗前安全培训,对曾经出现的泥土下滑事故隐患未及时整改,强令工人冒险作业,终酿成事故。

(2)施工单位在合同履行期间(2011年7月10日~2012年7月5日),曾协助建设单位办理施工许可证,公司副经理等人参与施工现场定桩放线和隐蔽工程验收工作,明知建设单位无证非法开工,既不制止也不向市住房和城乡建设局报告,致使建设单位非法施工行为未得到有效制止。

(3)市建筑设计院超出资质等级进行设计,设计时没有考虑施工安全操作和防护需要,未对涉及施工安全的重点部位和环节在文件中注明,未对防范生产安全事故提出指导意见,是造成事故发生的间接原因之一。

(4)市住房和城乡建设局发现本工程违法施工后,多次向建设单位发出《停工通知书》,停工理由:施工存在安全隐患等。发出停工通知后,建设单位仍未整改,住房和城乡建设局没有采取进一步的执法措施和手段,以致建设单位负责人有恃无恐,继续实施违法建设行为,最终酿成事故。

3. 事故处理

1)对事故相关人员的处理意见

(1)对施工单位法定代表人,由相关部门处以相应的经济处罚。

(2)对建设单位法定代表人、现场管理人员,由司法机关依法追究其刑事责任,并由相关部门处以相应的经济处罚。

(3)对信宜市住房和城乡建设局局长、副局长、城建监察股股长;信宜市城建管理监察大队大队长、副大队长、第三中队队长,由信宜市纪委监察局按照有关规定,给予撤职、降级或记过等行政处分。

2)对事故单位的处理意见

(1)对施工单位,由省住房和城乡建设厅依法暂扣该企业安全生产许可证。

(2)监理单位,多次派人在施工现场指导,曾向建设方和施工方发出隐患整改通知并多次向建设主管部门报告施工现场安全隐患情况,基本履行监理义务,尽到监理职责,免于追究责任。

(3)对建设单位,由相关部门处以相应的经济处罚。

五、浙江省湖州市"6·16"高处坠落事故（2012）

1. 事故简介

2012年6月16日，浙江省湖州市东吴国际广场Ⅱ标段施工现场，发生一起高处坠落事故，造成3人死亡。

2012年6月16日8时许，项目架子工班组负责人安排4名施工人员拆除电梯井道内水平防护架。8时30分，4人在未携带高空作业防护用具的情况下先到14层电梯井道，发现该部位水平防护架不牢固，便转移到12层消防电梯井道。当时消防电梯井道12层水平防护架目测已基本呈水平状态（根据施工实际，水平防护架按一定倾斜度架设），上面堆积有20cm厚的混凝土和木板等建筑垃圾，纵向受力的钢管只有两根。施工人员首先拆除了电梯井道北段12~14层的垂直脚手架。9时许，4人进入消防电梯井道内的水平防护架上开始清理垃圾，为下一步拆除水平防护架作准备。9时30分许，一名施工人员走出井道喝水，离开数秒后，井道内的水平防护架发生局部坍塌，其余3人随即坠落至井道地下2层，2人当场死亡，1人经医院抢救无效死亡。

2. 事故原因

1) 直接原因

（1）项目架子工班组实际负责人在未实地查看施工现场、未交待安全事项、未提供安全带、安全绳等个人防护用具的情况下，安排无特种作业资格的人员作业。

（2）事发电梯井道内所采取的安全防护措施不符合《安全施工组织设计》要求，该水平防护架的纵向受力钢管只有两根，间距过大，导致防护架承受力达不到设计要求。且建筑垃圾堆积过多，没有得到及时清理，致使纵向受力钢管因压力过大而弯曲变形，存在重大安全隐患。

2) 间接原因

（1）施工单位及项目部对安全生产工作不重视，内部安全管理混乱，未有效履行安全生产职责，降低安全生产条件。

（2）监理单位未检查施工现场安全防护措施是否符合安全组织设计方案要求，日常检查中发现安全隐患未及时要求施工方处置到位，未严格审查"三类人员"资格。

（3）建设主管部门未有效督促项目对存在的安全隐患整改到位，未严格督促企业开展日常安全检查和事故隐患治理，对该项目安全监管职责落实不到位。

3. 事故处理

1) 相关责任人员

（1）对项目负责人、项目架子工班组实际负责人、项目安全组组长移送司法机关依法追究刑事责任。

（2）对施工单位总经理，由相关部门给予相应的行政处罚；项目分公司经理安全生产考核合格证书予以暂扣，对项目负责人及3名专职安全员收回安全生产考核合格证书。

（3）对市建筑安全监督站分管副站长给予行政处分。

2) 相关单位

对施工单位、监理单位处以相应的行政处罚，并由建设主管部门暂扣施工单位安全生产许可证。

第二部分　施工企业安全管理

第一章　安全生产组织保障体系

一、安全生产组织与责任体系

（一）组织体系

1. 施工企业必须建立安全生产组织体系，明确企业安全生产的决策、管理、实施的机构或岗位。

2. 施工企业安全生产组织体系应包括各管理层的主要负责人，各相关职能部门及专职安全生产管理机构，相关岗位及专兼职安全管理人员。

3. 施工企业应建立和健全与企业安全生产组织相对应的安全生产责任体系，并应明确各管理层、职能部门、岗位的安全生产责任。

（二）责任体系

1. 施工企业安全生产责任体系应符合下列要求：

1）企业主要负责人应领导企业安全管理工作，组织制定企业中长期安全管理目标和制度，审议、决策重大安全事项。

2）各管理层主要负责人应明确并组织落实本管理层各职能部门和岗位的安全生产职责，实现本管理层的安全管理目标。

3）各管理层的职能部门及岗位应承担职能范围内与安全生产相关的职责，互相配合，实现相关安全管理目标，应包括下列主要职责：

（1）技术管理部门（或岗位）负责安全生产的技术保障和改进。

（2）施工管理部门（或岗位）负责生产计划、布置、实施的安全管理。

（3）材料管理部门（或岗位）负责安全生产物资及劳动防护用品的安全管理。

（4）动力设备管理部门（或岗位）负责施工临时用电及机具设备的安全管理。

（5）专职安全生产管理机构（或岗位）负责安全管理的检查、处理。

（6）其他管理部门（或岗位）分别负责人员配备、资金、教育培训、卫生防疫、消防等安全管理。

2. 施工企业应依据职责落实各管理层、职能部门、岗位的安全生产责任。

3. 施工企业各管理层、职能部门、岗位的安全生产责任应形成责任书，并应经责任部门或责任人确认。责任书的内容应包括安全生产职责、目标、考核奖惩标准等。

二、施工企业安全生产管理机构的设置

（一）组成

根据《中华人民共和国安全生产法》、《建设工程安全生产管理条例》、《安全生产许可证条例》及《建筑施工企业安全生产许可证管理规定》，各级企业必须建立健全安全生产管理机构。

主任由企业安全生产第一责任人担任，副主任由主管生产负责人担任，成员由企业内部与安全生产有关联的职能部门负责人和下属企业主要负责人组成。

在企业主要负责人的领导下开展本企业的安全生产管理工作。

（二）职责

1. 建筑施工企业安全生产管理机构具有以下职责

（1）宣传和贯彻国家有关安全生产法律法规和标准。
（2）编制并适时更新安全生产管理制度并监督实施。
（3）组织或参与企业生产安全事故应急救援预案的编制及演练。
（4）组织开展安全教育培训与交流。
（5）协调配备项目专职安全生产管理人员。
（6）制定企业安全生产检查计划并组织实施。
（7）监督在建项目安全生产费用的使用。
（8）参与危险性较大工程安全专项施工方案专家论证会。
（9）通报在建项目违规违章查处情况。
（10）组织开展安全生产评优评先表彰工作。
（11）建立企业在建项目安全生产管理档案。
（12）考核评价分包企业安全生产业绩及项目安全生产管理情况。
（13）参加生产安全事故的调查和处理工作。
（14）企业明确的其他安全生产管理职责。

2. 建筑施工企业安全生产管理机构专职安全生产管理人员在施工现场检查过程中具有以下职责

（1）查阅在建项目安全生产有关资料、核实有关情况。
（2）检查危险性较大工程安全专项施工方案落实情况。
（3）监督项目专职安全生产管理人员履责情况。
（4）监督作业人员安全防护用品的配备及使用情况。
（5）对发现的安全生产违章违规行为或安全隐患，有权当场予以纠正或作出处理决定。
（6）对不符合安全生产条件的设施、设备、器材，有权当场作出查封的处理决定。
（7）对施工现场存在的重大安全隐患有权越级报告或直接向建设主管部门报告。
（8）企业明确的其他安全生产管理职责。

（三）专职安全员的配备要求

建筑施工企业安全生产管理机构专职安全生产管理人员的配备应满足下列要求，并应根据企业经营规模、设备管理和生产需要予以增加：

1. 建筑施工总承包资质序列企业：特级资质不少于 6 人；一级资质不少于 4 人；二级和二级以下资质企业不少于 3 人。

2. 建筑施工专业承包资质序列企业：一级资质不少于 3 人；二级和二级以下资质企业不少于 2 人。

3. 建筑施工劳务分包资质序列企业：不少于 2 人。

4. 建筑施工企业的分公司、区域公司等较大的分支机构（以下简称分支机构）：应依据实际生产情况配备不少于 2 人的专职安全生产管理人员。

三、项目部安全领导小组

（一）组成

建筑施工企业应当在建设工程项目组建安全生产领导小组，建设工程实行施工总承包的，安全生产领导小组由总承包企业、专业承包企业和劳务分包企业项目经理、技术负责人和专职安全生产管理人员组成。

（二）职责

1. 安全生产领导小组的主要职责

（1）贯彻落实国家有关安全生产法律法规和标准。
（2）组织制定项目安全生产管理制度并监督实施。
（3）编制项目生产安全事故应急救援预案并组织演练。
（4）保证项目安全生产费用的有效使用。
（5）组织编制危险性较大工程安全专项施工方案。
（6）开展项目安全教育培训。
（7）组织实施项目安全检查和隐患排查。
（8）建立项目安全生产管理档案。
（9）及时、如实报告安全生产事故。

2. 项目专职安全生产管理人员具有以下主要职责

（1）负责施工现场安全生产日常检查并做好检查记录。
（2）现场监督危险性较大工程安全专项施工方案实施情况。
（3）对作业人员违规违章行为有权予以纠正或查处。
（4）对施工现场存在的安全隐患有权责令立即整改。
（5）对于发现的重大安全隐患，有权向企业安全生产管理机构报告。
（6）依法报告生产安全事故情况。

（三）专职安全员的配备条件（图 2-1-1）

1. 总承包单位配备项目专职安全生产管理人员应当满足下列要求

1）建筑工程、装修工程按照建筑面积配备：
（1）1 万平方米以下的工程不少于 1 人。
（2）1 万~5 万平方米的工程不少于 2 人。
（3）5 万平方米及以上的工程不少于 3 人，且按专业配备专职安全生产管理人员。

2）土木工程、线路管道、设备安装工程按照工程合同价配备：
（1）5000 万元以下的工程不少于 1 人。
（2）5000 万~1 亿元的工程不少于 2 人。
（3）1 亿元及以上的工程不少于 3 人，且按专业配备专职安全生产管理人员。

2. 分包单位配备项目专职安全生产管理人员应当满足下列要求

（1）专业承包单位应当配置至少 1 人，并根据所承担的分部分项工程的工程量和施工危险程度增加。

（2）劳务分包单位施工人员在 50 人以下的，应当配备 1 名专职安全生产管理人员；50～200 人的，应当配备 2 名专职安全生产管理人员；200 人及以上的，应当配备 3 名及以上专职安全生产管理人员，并根据所承担的分部分项工程施工危险实际情况增加，不得少于工程施工人员总人数的 50‰。

图 2-1-1 专职安全生产管理人员配备标准一览表

单位			配备标准（人）
施工总承包	特级资质企业		≥6
	一级资质企业		≥4
	二级及以下资质企业		≥3
施工专业承包	一级资质企业		≥3
	二级及以下资质企业		≥2
总承包项目经理部	建筑工程、装修工程按建筑面积配备	1 万平方米以下	≥1
		1～5 万平方米	≥2
		5 万平方米及以上	≥3（并按专业配备）
	土木工程、线路管道、设备安装按合同价	5000 万元以下	≥1
		5000 万～1 亿元	≥2
		1 亿元及以上	≥3（并按专业配备）
劳务分包单位项目经理部施工人员（人）	≤50		≥1
	50～200		≥2
	≥200		≥3

第二章 安全生产责任制度

一、各级管理人员安全责任

建筑施工企业应按照国家有关安全生产的法律、法规，建立和健全各级安全生产责任制度，明确各岗位的责任人员、责任内容和考核要求。并在责任制中说明对责任落实情况的检查办法和对各级各岗位执行情况的考核奖罚规定。

（一）企业安全生产工作的第一责任人（对本企业安全生产负全面领导责任）的安全生产职责

1. 贯彻执行国家和地方有关安全生产的方针政策和法规、规范。
2. 掌握本企业安全生产动态，定期研究安全工作。
3. 组织制定安全工作目标、规划实施计划。
4. 组织制定和完善各项安全生产规章制度及奖惩办法。
5. 建立、健全安全生产责任制，并领导、组织考核工作。
6. 建立、健全安全生产管理体系，保证安全生产投入。
7. 督促、检查安全生产工作，及时消除生产安全事故隐患。
8. 组织制定并实施生产安全事故应急救援预案。
9. 及时、如实报告生产安全事故；在事故调查组的指导下，领导、组织有关部门或人员,配合事故调查处理工作,监督防范措施的制定和落实,防止事故重复发生。

(二)企业主管安全生产负责人的安全生产职责

1. 组织落实安全生产责任制和安全生产管理制度,对安全生产工作负直接领导责任。
2. 组织实施安全工作规划及实施计划,实现安全目标。
3. 领导、组织安全生产宣传教育工作。
4. 确定安全生产考核指标。
5. 领导、组织安全生产检查。
6. 领导、组织对分包(供)方的安全生产主体资格考核与审查。
7. 认真听取、采纳安全生产的合理化建议,保证安全生产管理体系的正常运转。
8. 发生生产安全事故时,组织实施生产安全事故应急救援。

(三)企业技术负责人的安全生产职责

1. 贯彻执行国家和上级的安全生产方针、政策,在本企业施工安全生产中负技术领导责任。
2. 审批施工组织设计和专项施工方案(措施)时,审查其安全技术措施,并作出决定性意见。
3. 领导开展安全技术攻关活动,并组织技术鉴定和验收。
4. 新材料、新技术、新工艺、新设备使用前,组织审查其使用和实施过程中的安全性,组织编制或审定相应的操作规程。
5. 参加生产安全事故的调查和分析,从技术上分析事故原因,制定整改防范措施。

(四)企业总会计师的安全生产职责

1. 组织落实本企业财务工作的安全生产责任制,认真执行安全生产奖惩规定。
2. 组织编制年度财务计划的同时,编制安全生产费用投入计划,保证经费到位和合理开支。
3. 监督、检查安全生产费用的使用情况。

(五)项目经理安全生产职责

1. 对承包项目工程生产经营过程中的安全生产负全面领导责任。
2. 贯彻落实安全生产方针、政策、法规和各项规章制度,结合项目工程特点及施工全过程的情况,制定本项目工程各项安全生产管理办法或提出要求,并监督其实施。
3. 在组织项目工程业务承包,聘用业务人员时,必须本着安全工作只能加强的原则,根据工程特点确定安全工作的管理体制和人员,并明确各业务承包人的安全责任和考核指标,支持、指导安全管理人员的工作。
4. 健全和完善用工管理手续,录用外包队必须及时向有关部门申报,严格执行用工制度与管理,适时组织上岗安全教育,要对外包队的健康与安全负责,加强劳动保护工作。
5. 组织落实施工组织设计中的安全技术措施,组织并监督项目工程施工中安全技术交底制度和设备、设施验收制度的实施。
6. 领导、组织施工现场定期的安全生产检查,发现施工生产中不安全问题,组织制定措施,及时解决。对上级提出的安全生产与管理方面的问题,要定时、定人、定措施予以解决。
7. 发生事故,要做好现场保护与抢救工作,及时上报。组织、配合事故的调查,认真落实制定的防范措施，吸取事故教训。

(六) 项目技术负责人安全生产职责

1. 对项目工程生产经营中的安全生产负技术责任。
2. 贯彻、落实安全生产方针、政策、严格执行安全技术规程、规范、标准，结合项目工程特点，主持项目工程的安全技术交底。
3. 参加或组织编制施工组织设计。编制、审查施工方案时，要制定、审查安全技术措施，保证其可行性与针对性，并随时检查、监督、落实。
4. 主持制定技术措施计划和季节性施工方案的同时，制定相应的安全技术措施并监督执行，及时解决执行中出现的问题。
5. 项目工程采用新材料、新技术、新工艺，要及时上报，经批准后方可实施，同时要组织上岗人员的安全技术培训、教育，认真执行相应的安全技术措施与安全操作工艺、要求，预防施工中因化学物品引起的火灾、中毒或其他新工艺实施中可能造成的事故。
6. 主持安全防护设施和设备的验收，发现设备、设施的不正常情况后及时采取措施，严格控制不符合标准要求的防护设备、设施投入使用。
7. 参加安全生产检查，对施工中存在的不安全因素，从技术方面提出整改意见和办法并予以消除。
8. 参加、配合因工伤亡及重大未遂事故的调查，从技术上分析事故原因，提出防范措施、意见。

(七) 分包单位负责人安全生产职责

1. 认真执行安全生产的各项法规、规定、规章制度及安全操作规程，合理安排班组人员工作，对本队人员在生产中的安全和健康负责。
2. 按制度严格履行各项劳务用工手续，做好本队人员的岗位安全培训。经常组织学习安全操作规程，监督本队人员遵守劳动、安全纪律，做到不违章指挥，制止违章作业。
3. 必须保持本队人员的相对稳定。人员变更，须事先向有关部门申报，批准后新来人员应按规定办理各种手续，并经入场和上岗安全教育后方准上岗。
4. 根据上级的交底向本队各工种进行详细的书面安全交底，针对当天任务、作业环境等情况，做好班前安全讲话，监督其执行情况，发现问题，及时纠正、解决。
5. 定期和不定期组织，检查本队人员作业现场安全生产状况，发现问题，及时纠正，重大隐患应立即上报有关领导。
6. 发生因工伤亡及未遂事故，保护好现场，做好伤者抢救工作，并立即上报有关部门。

(八) 项目专职安全生产管理人员安全生产职责

1. 负责施工现场安全生产日常检查并做好检查记录。
2. 现场监督危险性较大工程安全专项施工方案实施情况。
3. 对作业人员违规违章行为有权予以纠正或查处。
4. 对施工现场存在的安全隐患有权责令立即整改。
5. 对于发现的重大安全隐患，有权向企业安全生产管理机构报告。
6. 依法报告生产安全事故情况。

二、职能部门安全生产责任

（一）工程管理部门安全生产职责

1. 在计划、布置、检查、总结、评比生产工作的同时进行计划、布置、检查、总结、评比安全工作，对改善劳动条件、预防伤亡事故的项目必须视同生产任务，纳入生产计划时应优先安排。
2. 在检查生产计划实施情况同时，要检查安全措施项目的执行情况，对施工中重要安全防护设施、设备的实施工作要纳入计划，列为正式工序，给予时间保证。
3. 协调配置安全生产所需的各项资源。
4. 在生产任务与安全保障发生矛盾时，必须优先解决安全工作的实施。
5. 参加安全生产检查和生产安全事故的调查、处理。

（二）技术管理部门安全生产职责

1. 贯彻执行国家和上级有关安全技术及安全操作规程或规定，保证施工生产中安全技术措施的制定和实施。
2. 在编制和审查施工组织设计和专项施工方案的过程中，要在每个环节中贯穿安全技术措施，对确定后的方案，若有变更，应及时组织修订。
3. 检查施工组织设计和施工方案中安全措施的实施情况，对施工中涉及安全方面的技术性问题，提出解决办法。
4. 按规定组织危险性较大的分部分项工程专项施工方案编制及专家论证工作。
5. 组织安全防护设备、设施的安全验收。
6. 新技术、新材料、新工艺使用前，制定相应的安全技术措施和安全操作规程；对改善劳动条件、减轻笨重体力劳动、消除噪声等方面的治理进行研究解决。
7. 参加生产安全事故和重大未遂事故中技术性问题的调查，分析事故技术原因，从技术上提出防范措施。

（三）机械动力管理部门安全生产职责

1. 负责本企业机械动力设备的安全管理，监督检查。
2. 对相关特种作业人员定期培训、考核。
3. 参与组织编制机械设备施工组织设计，参与机械设备施工方案的会审。
4. 分析生产安全事故涉及设备原因，提出防范措施。

（四）劳务管理安全生产职责

1. 对职工（含外包队工）进行定期的教育考核，将安全技术知识列为工人培训、考工、评级内容之一，对招收新工人（含外包队工）要组织入厂教育和资格审查，保证提供的人员具有一定的安全生产素质。
2. 严格执行国家、地方特种作业人员上岗位作业的有关规定，适时组织特种作业人员的培训工作，并向安全部门或主管领导通报情况。
3. 认真落实国家和地方有关劳动保护的法规，严格执行有关人员的劳动保护待遇，并监督实施情况。
4. 参加生产安全事故的调查，从用工方面分析事故原因，认真执行对事故责任者的处理意见。

（五）物资管理部门安全生产职责

1. 贯彻执行国家或有关行业的技术标准、规范，制定物资管理制度和易燃、易爆、剧毒物品的采购、发放、使用、管理制度，并监督执行。
2. 确保购置（租赁）的各类安全物资、劳动保护用品符合国家或有关行业的技术标准、规范的要求。
3. 组织开展安全物资抽样试验、检修工作。
4. 参加安全生产检查。

（六）人力资源部门安全生产职责

1. 审查安全管理人员资格，足额配备安全管理人员，开发、培养安全管理力量。
2. 将安全教育纳入职工培训教育计划，配合开展安全教育培训。
3. 落实特殊岗位人员的劳动保护待遇。
4. 负责职工和建设工程施工人员的工伤保险工作。
5. 依法实行工时、休息、休假制度，对女职工和未成年工实行特殊劳动保护。
6. 参加工伤生产安全事故的调查，认真执行对事故责任者的处理。

（七）财务管理部门安全生产职责

1. 及时提取安全技术措施经费、劳动保护经费及其他安全生产所需经费，保证专款专用。
2. 协助安全主管部门办理安全奖、罚款手续。

（八）保卫消防部门安全生产职责

1. 贯彻执行国家及地方有关消防保卫的法规、规定。
2. 制定消防保卫工作计划和消防安全管理制度，并监督检查执行情况。
3. 参加施工组织设计、方案的审核，提出具体建议并监督实施。
4. 组织开展消防安全教育，会同有关部门对特种作业人员进行消防安全考核。
5. 组织开展消防安全检查，排除火灾隐患。
6. 负责调查火灾事故的原因，提出处理意见。

（九）行政卫生部门安全生产职责

1. 对职工进行体格普查和对特种作业人员身体定期检查。
2. 监测有毒有害作业场所的尘毒浓度，做好职业病预防工作。
3. 正确使用防暑降温费用，保证清凉饮料的供应与卫生。
4. 负责本企业食堂（含现场临时食堂）的饮食卫生工作。
5. 督促施工现场救护队组建，组织救护队成员的业务培训工作。
6. 负责流行性疾病和食物中毒事故的调查与处理，提出防范措施。

（十）安全管理部门的安全生产职责

1. 宣传和贯彻国家有关安全生产法律法规和标准。
2. 编制并适时更新安全生产管理制度并监督实施。
3. 组织或参与企业生产安全事故应急救援预案的编制及演练。
4. 组织开展安全教育培训与交流。
5. 协调配备项目专职安全生产管理人员。
6. 制定企业安全生产检查计划并组织实施。
7. 监督在建项目安全生产费用的使用。

8. 参与危险性较大工程安全专项施工方案专家论证会。
9. 通报在建项目违规违章查处情况。
10. 组织开展安全生产评优评先表彰工作。
11. 建立企业在建项目安全生产管理档案。
12. 考核评价分包企业安全生产业绩及项目安全生产管理情况。
13. 参加生产安全事故的调查和处理工作。

第三章 安全生产资金保障

一、基本规定

1. 安全生产费用管理应包括资金的提取、申请、审核审批、支付、使用、统计、分析、审计检查等工作内容。

2. 施工企业应按规定提取安全生产所需的费用。安全生产费用应包括安全技术措施、安全教育培训、劳动保护、应急准备等，以及必要的安全评价、监测、检测、论证所需费用。

3. 施工企业各管理层应根据安全生产管理需要，编制安全生产费用使用计划，明确费用使用的项目、类别、额度、实施单位及责任者、完成期限等内容，并应经审核批准后执行。

4. 施工企业各管理层相关负责人必须在其管辖范围内，按专款专用、及时足额的要求，组织落实安全生产费用使用计划。

5. 施工企业各管理层应建立安全生产费用分类使用台账，应定期统计，并报上一级管理层。

6. 施工企业各管理层应定期对下一级管理层的安全生产费用使用计划的实施情况进行监督审查和考核。

7. 施工企业各管理层应对安全生产费用管理情况进行年度汇总分析，并应及时调整安全生产费用的比例。

二、企业安全生产费用提取和使用管理办法

（一）安全费用的提取标准[①]

建设工程施工企业以建筑安装工程造价为计提依据。各建设工程类别安全费用提取标准如下：

1. 房屋建筑工程、水利水电工程、电力工程、铁路工程、城市轨道交通工程为2.0%。
2. 市政公用工程、冶炼工程、机电安装工程、化工石油工程、港口与航道工程、公路工程、通信工程为1.5%。

建设工程施工企业提取的安全费用列入工程造价，在竞标时，不得删减，列入标外管理。国家对基本建设投资概算另有规定的，从其规定。

[①] 引自财企〔2012〕16号

总包单位应当将安全费用按比例直接支付分包单位并监督使用,分包单位不再重复提取。

(二) 安全费用的使用范围[①]

建设工程施工企业安全费用应当按照以下范围使用:

(1) 完善、改造和维护安全防护设施设备支出(不含"三同时"要求初期投入的安全设施),包括施工现场临时用电系统、洞口、临边、机械设备、高处作业防护、交叉作业防护、防火、防爆、防尘、防毒、防雷、防台风、防地质灾害、地下工程有害气体监测、通风、临时安全防护等设施设备支出。

(2) 配备、维护、保养应急救援器材、设备支出和应急演练支出。

(3) 开展重大危险源和事故隐患评估、监控和整改支出。

(4) 安全生产检查、评价(不包括新建、改建、扩建项目安全评价)、咨询和标准化建设支出。

(5) 配备和更新现场作业人员安全防护用品支出。

(6) 安全生产宣传、教育、培训支出。

(7) 安全生产适用的新技术、新标准、新工艺、新装备的推广应用支出。

(8) 安全设施及特种设备检测检验支出。

(9) 其他与安全生产直接相关的支出。

三、安全生产费用使用和监督

(一) 使用

1. 工程项目在开工前应按照项目施工组织设计或专项安全技术方案编制安全生产费用的投入计划,安全生产费用的投入应满足本项目的安全生产需要。

2. 安全生产费用应当优先用于满足安全生产隐患整改支出或达到安全生产标准所需支出。

3. 工程项目按照安全生产费用的投入计划进行相应的物资采购和实物调拨,并建立项目安全用品采购和实物调拨台账。

4. 安全生产费用专款专用。安全生产费用计划不能满足安全生产实际投入需要的部分,据实计入生产成本。

(二) 监督检查

1. 各级企业进行安全生产检查、评审和考核时,应把安全生产费用的投入和管理作为一项必查内容,检查安全生产费用投入计划、安全生产费用投入额度、安全用品实物台账和施工现场安全设施投入情况,不符合规定的应立即纠正。

2. 各企业应定期对项目经理部安全生产投入的执行情况进行监督检查,及时纠正由于安全投入不足,致使施工现场存在安全隐患的问题。

3. 施工项目对分包安全生产费用的投入必须进行认真检查,防止并纠正不按照安全生产技术措施的标准和数量进行安全投入、现场安全设施不到位及员工防护不达标现象。

[①] 引自财企〔2012〕16号

第四章 安全技术管理

一、基本要求

1. 施工企业安全技术管理应包括对安全生产技术措施的制定、实施、改进等管理。
2. 施工企业各管理层的技术负责人应对管理范围的安全技术管理负责。
3. 施工企业应定期进行技术分析,改造、淘汰落后的施工工艺、技术和设备,应推行先进、适用的工艺、技术和装备,并应完善安全生产作业条件。
4. 施工企业应依据工程规模、类别、难易程度等明确施工组织设计、专项施工方案(措施)的编制、审核和审批的内容、权限、程序及时限。
5. 施工企业应根据施工组织设计、专项施工方案(措施)的审核、审批权限,组织相关职能部门审核,技术负责人审批。审核、审批应有明确意见并签名盖章。编制、审批应在施工前完成。
6. 施工企业应根据施工组织设计、专项安全施工方案(措施)编制和审批权限的设置,分级进行安全技术交底,编制人员应参与安全技术交底、验收和检查。
7. 施工企业可结合生产实际制定企业内部安全技术标准和图集。

二、危险性较大工程专项方案编制

针对危险性较大的分部分项工程,需单独编制安全技术措施及方案,安全技术措施及方案必须有设计、有计算、有详图、有文字说明。

(一)危险性较大工程范围(略)

(二)超过一定规模的危险性较大的分部分项工程(表2-4-1)

表2-4-1 危险性较大的分部分项工程

分部分项工程	备注
基坑支护、降水工程	开挖深度超过3m或虽未超3m但地质条件和周边环境复杂
土方开挖工程	开挖深度超过3m的基坑(槽)
模板工程及支撑体系	包括大模板、滑模、爬模、飞模等;搭设高度5m及以上;搭设跨度10m及以上;施工总荷载10kN/m^2及以上;集中线荷载15kN/m^2及以上;高度大于支撑水平投影宽度且相对独立无联系构件的混凝土模板支撑工程;用于钢结构安装等满堂支撑体系
起重吊装及安装拆卸工程	采用非常规起重设备、方法,且单件起吊重量在10kN及以上;采用起重机械进行安装;起重机械设备自身的安装拆卸
脚手架工程	搭设高度24m及以上的落地式钢管脚手架;附着式整体和分片提升脚手架;悬挑式脚手架;吊篮脚手架;自制卸料平台、移动操作平台;新型及异型脚手架工程
拆除、爆破工程	建筑物、构筑物拆除;采用爆破拆除
其他	建筑幕墙安装;钢结构、网架和索膜结构安装;人工挖扩孔桩;地下暗挖、顶管及水下作业;预应力工程;采用新技术、新工艺、新材料、新设备及尚无相关技术标准的危险性较大的分部分项工程;达到一定规模的施工现场的消防安全管理

(三)危险性较大的分部分项工程安全技术措施及方案应包括的内容

(1)工程概况:分部分项工程概况、施工平面布置、施工要求和技术保证条件。

(2) 编制依据：相关法律、法规、规范性文件、标准、规范及图纸、施工组织设计等。
(3) 施工计划：包括施工进度计划、材料与设备计划。
(4) 施工工艺技术：技术参数、工艺流程、施工方法、检查验收等。
(5) 施工安全保证措施：组织保障、风险分析、技术措施、应急预案、监测监控等。
(6) 劳动力计划：专职安全生产管理人员、特种作业人员等。
(7) 计算书。
(8) 施工图及节点图。

（四）专项安全技术措施及方案的编制和审批（表2-4-2）

表2-4-2　专项安全技术措施及方案的编制和审批

安全技术措施及方案	编制	审核	审批
一般工程的安全技术措施及方案	项目技术人	项目技术负责人	项目总工
危险性较大工程的安全技术措施及方案	项目技术负责人（或企业技术管理部门）	企业技术、安全、质量等管理部门	企业总工程师（或总工授权）
超过一定规模的危险性较大工程的安全技术措施及方案	项目总工（或企业技术管理部门）	企业技术、安全、质量等管理部门审核并聘请有关专家进行论证	企业总工程师（或总工授权）

三、安全技术交底

1. 各项目经理部必须建立健全和落实安全技术交底制度。

2. 安全技术交底必须按工种分部分项交底。施工条件发生变化时，应有针对性的补充交底内容；冬雨季节施工应有针对季节气候特点的安全技术交底。工程因故停工，复工时应重新进行安全技术交底。

3. 安全技术交底必须在工序施工前进行，并且要保证交底逐级下达到施工作业班组全体作业人员。施工组织设计交底顺序为：项目总工程师 - 项目技术人员 - 责任工程师；分部分项施工方案交底顺序为：项目技术人员 - 责任工程师 - 班组长；分项施工方案（作业指导书）交底顺序为：责任工程师 - 班组长 - 作业人员。

4. 安全技术交底必须有针对性、指导性及可操作性，交底双方需要书面签字确认，并各持有一套书面资料。

5. 安全技术交底文字资料来源于施工组织设计和专项施工方案，交底资料应接受项目安全总监监督。安全总监应审核安全技术交底的准确性、全面性和针对性并存档。

四、施工现场危险源辨识及预案制定

（一）基本要求

1. 建筑施工项目应当制定具体应急预案，并对生产经营场所及周边环境开展隐患排查，及时采取措施消除隐患，防止发生突发事件。

2. 建筑施工项目对重大危险源应当登记建档，进行定期检测、评估、监控，并制定应急预案，告知从业人员和相关人员在紧急情况下应当采取的应急措施。

登记建档应当包括重大危险源的名称、地点、性质和可能造成的危害等内容。

(二) 危险源辨识

建筑施工项目应成立由项目经理任组长的危险源辨识评价小组，在工程开工前由危险源辨识评价小组对施工现场的主要和关键工序中的危险因素进行辨识。

1. 危险源分类

建筑施工项目的危险源大概可分为以下几类：高处坠落、物体打击、触电、坍塌、机械伤害、起重伤害、中毒和窒息、火灾和爆炸、车辆伤害、粉尘、噪声、灼烫、其他等。

施工现场内的危险源主要与施工部位、分部分项（工序）工程、施工装置（设施、机械）及物质有关。如：脚手架（包括落地架、悬挑架、爬架等）、模板支撑体系、起重吊装、物料提升机、施工电梯安装与运行，基坑（槽）施工，局部结构工程或临时建筑（工棚、围墙等）失稳，造成坍塌、倒塌意外；高度大于2m的作业面（包括高空、洞口、临边作业），因安全防护设施不符合或无防护设施、人员未配备劳动保护用品造成人员踏空、滑倒、失稳等意外；焊接、金属切割、冲击钻孔（凿岩）等施工及各种施工电器设备的安全保护（如：漏电保护、绝缘、接地保护等）不符合，造成人员触电、局部火灾等意外；工程材料、构件及设备的堆放与搬（吊）运等发生高空坠落、堆放散落、撞击人员等意外；人工挖孔桩（井）、室内涂料（油漆）及粘贴等因通风排气不畅造成人员窒息或气体中毒；施工用易燃易爆化学物品临时存放或使用不符合、防护不到位，造成火灾或人员中毒意外；工地饮食因卫生不符合，造成集体食物中毒或疾病。

2. 危险源识别

在对危险源进行识别时应充分考虑正常、异常、紧急三种状态以及过去、现在、将来三种时态。主要从以作业活动进行辨识；施工准备、施工阶段、关键工序、工地地址、工地内平面布局、建筑物构造、所使用的机械设备装置、有害作业部位（粉尘、毒物、噪声、振动、高低温）、各项制度（女工劳动保护、体力劳动强度等）、生活设施和应急、外出工作人员和外来工作人员。重点放在工程施工的基础、主体、装饰装修阶段及危险品的控制及影响上，并考虑国家法律、法规的要求，特种作业人员、危险设施、经常接触有毒有害物质的作业活动和情况；具有易燃、易爆特性的作业活动和情况；具有职业性健康伤害、损害的作业活动和情况；曾经发生或行业内经常发生事故的作业活动和情况。

3. 风险评价

风险评价是评估危险源所带来的风险大小及确定风险是否可容许的全过程，根据评价的结果对风险进行分级，按不同级别的风险有针对性地采取风险控制措施。

安全风险的大小可采用事故后果的严重程度与事故发生可能性的乘积来衡量，见表2-4-3。

表2-4-3　风险的评价分级确定表

可能性	后果				
	1	2	3	4	5
A	低	低	低	中	高
B	低	低	中	高	极高
C	低	中	高	极高	极高
D	中	高	高	极高	极高
E	高	高	极高	极高	极高

4. 风险控制

极高：作为重点的控制对象，制定方案实施控制。

高：直至风险降低后才能开始工作，为降低风险有时必须配备大量资源，当风险涉及正在进行中的工作时，应采取应急措施。在方案和规章制度中制定控制办法，并对其实施控制。

中：应努力降低风险，但应仔细测定并限定预防成本，在规章制度内进行预防和控制。

低：是指风险减低到合理可行的，最低水平不需要另外的控制措施，应考虑投资效果更佳的解决方案或不增加额外成本的改进措施，需要监测来确保控制措施得以维持。

建筑施工项目应当根据建设工程施工的特点、范围，对施工现场易发生重大事故的部位、环节进行监控，制定施工现场生产安全事故应急救援预案。实行施工总承包的，由总承包单位统一组织编制建设工程生产安全事故应急救援预案，工程总承包单位和分包单位按照应急救援预案，各自建立应急救援组织或者配备应急救援人员，配备救援器材、设备，并定期组织演练。主要预案应包括：生产安全事故应急救援预案；大模板工程专项应急预案；脚手架工程专项应急预案；深基础土方工程专项应急预案；起重机械专项应急预案；电动吊篮应急预案；消防安全应急预案；防汛应急预案；法定传染病暴发与流行事件应急预案；高温、低温作业应急预案；集体食堂食物中毒事故应急预案；急性职业中毒事故应急预案等。

第五章　安全检查

一、检查内容和要求

（一）检查内容

施工企业安全检查应包括下列内容：

1. 安全管理目标的实现程度。
2. 安全生产职责的履行情况。
3. 各项安全生产管理制度的执行情况。
4. 施工现场管理行为和实物状况。
5. 生产安全事故、未遂事故和其他违规违法事件的报告调查、处理情况。
6. 安全生产法律法规、标准规范和其他要求的执行情况。

（二）安全检查方式

1. 定期安全生产检查

（1）工程项目部每天应结合施工动态，实行安全巡查。

（2）总承包工程项目部应组织各分包单位每周进行安全检查。

（3）施工企业每月应对工程项目施工现场安全生产情况至少进行一次检查，并应针对检查中发现的倾向性问题、安全生产状况较差的工程项目，组织专项检查。

3. 专业性安全生产检查

专业性安全生产检查内容包括对深基坑物料提升机、脚手架、施工用电、塔吊等的安全生产问题和普遍性安全问题进行单项专业检查。这类检查专业性强，也可以结合单项评比进行，参加专业安全生产检查组的人员应由技术负责人、专业技术人员、专项作业负责人参加。

4. 季节性安全生产检查

季节性安全生产检查是针对施工所在地气候的特点，可能给施工带来危害而组织的安全生产检查。

5. 节假日前后安全生产检查

是针对节假日前后职工思想松懈而进行的安全生产检查。

6. 自检、互检和交接检查

（1）自检。班组作业前、后对自身所处的环境和工作程序要进行安全生产检查，可随时消除不安全隐患。

（2）互检。班组之间开展的安全生产检查。可以做到互相监督、共同遵章守纪。

（3）交接检查。上道工序完毕，交给下道工序使用或操作前，应由工地负责人组织工长、安全员、班组长及其他有关人员参加，进行安全生产检查和验收，确认无安全隐患，达到合格要求后，方能交给下道工序使用或操作。

二、安全隐患的处理

1. 对检查中存在的问题和隐患，应定人、定时间、定措施组织整改，并应跟踪复查直至整改完毕。

2. 施工企业对安全检查中发现的问题，宜按隐患类别分类记录，定期统计，并应分析确定多发和重大隐患类别，制定实施治理措施。

3. 安全检查应建立检查台账，将每次检查和整改的情况详细记录在案，便于一旦发生事故时追溯原因和责任。

4. 对凡是有即发性事故危险的隐患、违章指挥、违章作业行为，检查人员应责令立即停止该项作业，被查单位必须立即整改。

5. 对检查发现的重大安全隐患有可能立即导致人员伤亡或财产损失时，安全检查人员有权责令立即全部或局部停工，由项目经理组织制定并落实事故隐患合理整改方案，待整改验收合格后方可恢复施工。对由施工企业能力不能消除或超出其职责范围的隐患，要及时以书面形式报工程项目建设单位，由工程建设相关方进行共同研究整改方案。

6. 项目经理部根据检查的结果，对存在的问题进行分析研究，提出改进的措施和要求，并与目标管理、责任制考核及奖罚等相结合。

7. 施工企业应定期对安全生产管理的适宜性、符合性和有效性进行评估。应确定改进措施，并对其有效性进行跟踪验证和评价。发生下列情况时，企业应及时进行安全生产管理评估：

（1）适用法律法规发生变化。

（2）企业组织机构和体制发生重大变化。

（3）发生生产安全事故。

（4）其他影响安全生产管理的重大变化。

8. 施工企业应建立并保存安全检查和改进活动的资料与记录。

三、检查评定项目

（一）安全管理

1. 安全管理检查评定应符合国家现行有关安全生产的法律、法规、标准的规定。

2. 安全管理检查评定保证项目应包括：安全生产责任制、施工组织设计及专项施工方案、安全技术交底、安全检查、安全教育、应急救援。一般项目应包括：分包单位安全管理、持证上岗、生产安全事故处理、安全标志。

3. 安全管理保证项目的检查评定应符合下列规定：

1）安全生产责任制

（1）工程项目部应建立以项目经理为第一责任人的各级管理人员安全生产责任制。

（2）安全生产责任制应经责任人签字确认。

（3）工程项目部应有各工种安全技术操作规程。

（4）工程项目部应按规定配备专职安全员。

（5）对实行经济承包的工程项目，承包合同中应有安全生产考核指标。

（6）工程项目部应制定安全生产资金保障制度。

（7）按安全生产资金保障制度，应编制安全资金使用计划，并应按计划实施。

（8）工程项目部应制定以伤亡事故控制、现场安全达标、文明施工为主要内容的安全生产管理目标。

（9）按安全生产管理目标和项目管理人员的安全生产责任制，应进行安全生产责任目标分解。

（10）应建立对安全生产责任制和责任目标的考核制度。

（11）按考核制度，应对项目管理人员定期进行考核。

2）施工组织设计及专项施工方案

（1）工程项目部在施工前应编制施工组织设计，施工组织设计应针对工程特点、施工工艺制定安全技术措施。

（2）危险性较大的分部分项工程应按规定编制安全专项施工方案，专项施工方案应有针对性，并按有关规定进行设计计算。

（3）超过一定规模危险性较大的分部分项工程，施工单位应组织专家对专项施工方案进行论证。

（4）施工组织设计、专项施工方案，应由有关部门审核，施工单位技术负责人、监理单位项目总监批准。

（5）工程项目部应按施工组织设计、专项施工方案组织实施。

3）安全技术交底

（1）施工负责人在分派生产任务时，应对相关管理人员、施工作业人员进行书面安全技术交底。

（2）安全技术交底应按施工工序、施工部位、施工栋号分部分项进行。

（3）安全技术交底应结合施工作业场所状况、特点、工序，对危险因素、施工方案、规范标准、操作规程和应急措施进行交底。

（4）安全技术交底应由交底人、被交底人、专职安全员进行签字确认。

4）安全检查

（1）工程项目部应建立安全检查制度。

（2）安全检查应由项目负责人组织，专职安全员及相关专业人员参加，定期进行并填写检查记录。

（3）对检查中发现的事故隐患应下达隐患整改通知单，定人、定时间、定措施进行整改。重大事故隐患整改后，应由相关部门组织复查。

5）安全教育

（1）工程项目部应建立安全教育培训制度。

（2）当施工人员入场时，工程项目部应组织进行以国家安全法律法规、企业安全制度、施工现场安全管理规定及各工种安全技术操作规程为主要内容的三级安全教育培训和考核。

（3）当施工人员变换工种或采用新技术、新工艺、新设备、新材料施工时，应进行安全教育培训。

（4）施工管理人员、专职安全员每年度应进行安全教育培训和考核。

6）应急救援

（1）工程项目部应针对工程特点，进行重大危险源的辨识；应制定防触电、防坍塌、防高处坠落、防起重及机械伤害、防火灾、防物体打击等主要内容的专项应急救援预案，并对施工现场易发生重大安全事故的部位、环节进行监控。

（2）施工现场应建立应急救援组织，培训、配备应急救援人员，定期组织员工进行应急救援演练。

（3）按应急救援预案要求，应配备应急救援器材和设备。

4. 安全管理一般项目的检查评定应符合下列规定：

1）分包单位安全管理

（1）总包单位应对承揽分包工程的分包单位进行资质、安全生产许可证和相关人员安全生产资格的审查。

（2）当总包单位与分包单位签订分包合同时，应签订安全生产协议书，明确双方的安全责任。

（3）分包单位应按规定建立安全机构，配备专职安全员。

2）持证上岗

（1）从事建筑施工的项目经理、专职安全员和特种作业人员，必须经行业主管部门培训考核合格，取得相应资格证书，方可上岗作业。

（2）项目经理、专职安全员和特种作业人员应持证上岗。

3）生产安全事故处理

（1）当施工现场发生生产安全事故时，施工单位应按规定及时报告。

（2）施工单位应按规定对生产安全事故进行调查分析，制定防范措施。

（3）应依法为施工作业人员办理保险。

4）安全标志

（1）施工现场入口处及主要施工区域、危险部位应设置相应的安全警示标志牌。

（2）施工现场应绘制安全标志布置图。

（3）应根据工程部位和现场设施的变化，调整安全标志牌设置。

（4）施工现场应设置重大危险源公示牌。

（二）文明施工

1. 文明施工检查评定应符合现行国家标准《建设工程施工现场消防安全技术规范》（GB 50720）和《建筑施工现场环境与卫生标准》（JGJ 146）、《施工现场临时建筑物技术规范》(JGJ/T 188)的规定。

2. 文明施工检查评定保证项目应包括：现场围挡、封闭管理、施工场地、材料管理、现场办公与住宿、现场防火。一般项目应包括：综合治理、公示标牌、生活设施、社区服务。

3. 文明施工保证项目的检查评定应符合下列规定：

1）现场围挡

（1）市区主要路段的工地应设置高度不小于2.5m的封闭围挡。

（2）一般路段的工地应设置高度不小于1.8m的封闭围挡。

（3）围挡应坚固、稳定、整洁、美观。

2）封闭管理

（1）施工现场进出口应设置大门，并应设置门卫值班室。

（2）应建立门卫值守管理制度，并应配备门卫值守人员。

（3）施工人员进入施工现场应佩戴工作卡。

（4）施工现场出入口应标有企业名称或标识，并应设置车辆冲洗设备。

3）施工场地

（1）施工现场的主要道路及材料加工区地面应进行硬化处理。

（2）施工现场道路应畅通，路面应平整坚实。

（3）施工现场应有防止扬尘措施。

（4）施工现场应设置排水设施，且排水通畅无积水。

（5）施工现场应有防止泥浆、污水、废水污染环境的措施。

（6）施工现场应设置专门的吸烟处，严禁随意吸烟。

（7）温暖季节应有绿化布置。

4）材料管理

（1）建筑材料、构件、料具应按总平面布局进行码放。

（2）材料应码放整齐，并应标明名称、规格等。

（3）施工现场材料码放应采取防火、防锈蚀、防雨等措施。

（4）建筑物内施工垃圾的清运，应采用器具或管道运输，严禁随意抛掷。

（5）易燃易爆物品应分类储藏在专用库房内，并应制定防火措施。

5）现场办公与住宿

（1）施工作业、材料存放区与办公、生活区应划分清晰，并应采取相应的隔离措施。

（2）在施工程，伙房、库房不得兼做宿舍。

（3）宿舍、办公用房的防火等级应符合规范要求。

（4）宿舍应设置可开启式窗户，床铺不得超过2层，通道宽度不应小于0.9m。

（5）宿舍内住宿人员人均面积不应小于2.5m^2，且不得超过16人。

（6）冬季宿舍内应有采暖和防一氧化碳中毒措施。

（7）夏季宿舍内应有防暑降温和防蚊蝇措施。

（8）生活用品应摆放整齐，环境卫生应良好。

6）现场防火

（1）施工现场应建立消防安全管理制度、制定消防措施。

（2）施工现场临时用房和作业场所的防火设计应符合规范要求。
（3）施工现场应设置消防通道、消防水源，并应符合规范要求。
（4）施工现场灭火器材应保证可靠有效，布局配置应符合规范要求。
（5）明火作业应履行动火审批手续，配备动火监护人员。

4. 文明施工一般项目的检查评定应符合下列规定：

1）综合治理

（1）生活区内应设置供作业人员学习和娱乐的场所。
（2）施工现场应建立治安保卫制度、责任分解落实到人。
（3）施工现场应制定治安防范措施。

2）公示标牌

（1）大门口处应设置公示标牌，主要内容应包括：工程概况牌、消防保卫牌、安全生产牌、文明施工牌、管理人员名单及监督电话牌、施工现场总平面图。
（2）标牌应规范、整齐、统一。
（3）施工现场应有安全标语。
（4）应有宣传栏、读报栏、黑板报。

3）生活设施

（1）应建立卫生责任制度并落实到人。
（2）食堂与厕所、垃圾站、有毒有害场所等污染源的距离应符合规范要求。
（3）食堂必须有卫生许可证，炊事人员必须持身体健康证上岗。
（4）食堂使用的燃气罐应单独设置存放间，存放间应通风良好，并严禁存放其他物品。
（5）食堂的卫生环境应良好，且应配备必要的排风、冷藏、消毒、防鼠、防蚊蝇等设施。
（6）厕所内的设施数量和布局应符合规范要求。
（7）厕所必须符合卫生要求。
（8）必须保证现场人员卫生饮水。
（9）应设置淋浴室，且能满足现场人员需求。
（10）生活垃圾应装入密闭式容器内，并应及时清理。

4）社区服务

（1）夜间施工前，必须经批准后方可进行施工。
（2）施工现场严禁焚烧各类废弃物。
（3）施工现场应制定防粉尘、防噪声、防光污染等措施。
（4）应制定施工不扰民措施。

（三）扣件式钢管脚手架

1. 扣件式钢管脚手架检查评定应符合现行行业标准《建筑施工扣件式钢管脚手架安全技术规范》（JGJ 130）的规定。

2. 扣件式钢管脚手架检查评定保证项目应包括：施工方案、立杆基础、架体与建筑结构拉结、杆件间距与剪刀撑、脚手板与防护栏杆、交底与验收。一般项目应包括：横向水平杆设置、杆件连接、层间防护、构配件材质、通道。

(四）门式钢管脚手架

1. 门式钢管脚手架检查评定应符合现行行业标准《建筑施工门式钢管脚手架安全技术规范》（JGJ 128）的规定。

2. 门式钢管脚手架检查评定保证项目应包括：施工方案、架体基础、架体稳定、杆件锁臂、脚手板、交底与验收。一般项目应包括：架体防护、构配件材质、荷载、通道。

（五）碗扣式钢管脚手架

1. 碗扣式钢管脚手架检查评定应符合现行行业标准《建筑施工碗扣式钢管脚手架安全技术规范》（JGJ 166）的规定。

2. 碗扣式钢管脚手架检查评定保证项目应包括：施工方案、架体基础、架体稳定、杆件锁件、脚手板、交底与验收。一般项目应包括：架体防护、构配件材质、荷载、通道。

（六）承插型盘扣式钢管脚手架

1. 承插型盘扣式钢管脚手架检查评定应符合现行行业标准《建筑施工承插型盘扣式钢管支架安全技术规程》（JGJ 231）的规定。

2. 承插型盘扣式钢管脚手架检查评定保证项目包括：施工方案、架体基础、架体稳定、杆件设置、脚手板、交底与验收。一般项目包括：架体防护、杆件连接、构配件材质、通道。

（七）悬挑式脚手架

1. 悬挑式脚手架检查评定应符合现行行业标准《建筑施工扣件式钢管脚手架安全技术规范》（JGJ 130）、《建筑施工门式钢管脚手架安全技术规范》（JGJ 128）、《建筑施工碗扣式钢管脚手架安全技术规范》（JGJ 166）和《建筑施工承插型盘扣式钢管支架安全技术规程》（JGJ 231）的规定。

2. 悬挑式脚手架检查评定保证项目应包括：施工方案、悬挑钢梁、架体稳定、脚手板、荷载、交底与验收。一般项目应包括：杆件间距、架体防护、层间防护、构配件材质。

（八）附着式升降脚手架

1. 附着式升降脚手架检查评定应符合现行行业标准《建筑施工工具式脚手架安全技术规范》（JGJ 202）的规定。

2. 附着式升降脚手架检查评定保证项目包括：施工方案、安全装置、架体构造、附着支座、架体安装、架体升降。一般项目应包括：检查验收、脚手板、架体防护、安全作业。

（九）高处作业吊篮

1. 高处作业吊篮检查评定应符合现行行业标准《建筑施工工具式脚手架安全技术规范》（JGJ 202）的规定。

2. 高处作业吊篮检查评定保证项目应包括：施工方案、安全装置、悬挂机构、钢丝绳、安装作业、升降作业。一般项目应包括：交底与验收、安全防护、吊篮稳定、荷载。

（十）基坑工程

1. 基坑工程安全检查评定应符合现行国家标准《建筑基坑工程监测技术规范》（GB 50497）和现行行业标准《建筑基坑支护技术规程》（JGJ 120）、《建筑施工土石方工程安全技术规范》（JGJ 180）的规定。

2. 基坑工程检查评定保证项目应包括：施工方案、基坑支护、降排水、基坑开挖、坑边荷载、安全防护。一般项目应包括：基坑监测、支撑拆除、作业环境、应急预案。

（十一）模板支架

1. 模板支架安全检查评定应符合现行行业标准《建筑施工模板安全技术规范》（JGJ 162）、《建筑施工扣件式钢管脚手架安全技术规范》（JGJ 130）、《建筑施工门式钢管脚手架安全技术规范》（JGJ 128）、《建筑施工碗扣式钢管脚手架安全技术规范》（JGJ 166）和《建筑施工承插型盘扣式钢管支架安全技术规程》（JGJ 231）的规定。

2. 模板支架检查评定保证项目应包括：施工方案、支架基础、支架构造、支架稳定、施工荷载、交底与验收。一般项目应包括：杆件连接、底座与托撑、构配件材质、支架拆除。

（十二）高处作业

1. 高处作业检查评定应符合现行国家标准《安全网》（CB 5725）、《安全帽》（GB 2118）、《安全带》（GB 6095）和现行行业标准《建筑施工高处作业安全技术规范》（JGJ 80）的规定。

2. 高处作业检查评定项目应包括：安全帽、安全网、安全带、临边防护、洞口防护、通道口防护、攀登作业、悬空作业、移动式操作平台、悬挑式物料钢平台。

（十三）施工用电

1. 施工用电检查评定应符合现行国家标准《建设工程施工现场供用电安全规范》（GB 50194）和现行行业标准《施工现场临时用电安全技术规范》（JGJ 46）的规定。

2. 施工用电检查评定的保证项目应包括：外电防护、接地与接零保护系统、配电线路、配电箱与开关箱。一般项目应包括：配电室与配电装置、现场照明、用电档案。

（十四）物料提升机

1. 物料提升机检查评定应符合现行行业标准《龙门架及井架物料提升机安全技术规范》（JGJ 88）的规定。

2. 物料提升机检查评定保证项目应包括：安全装置、防护设施、附墙架与缆风绳、钢丝绳、安拆、验收与使用。一般项目应包括：基础与导轨架、动力与传动、通信装置、卷扬机操作棚、避雷装置。

（十五）施工升降机

1. 施工升降机检查评定应符合现行国家标准《施工升降机安全规程》（GB 10055）和现行行业标准《建筑施工升降机安装、使用、拆卸安全技术规程》（JGJ 215）的规定。

2. 施工升降机检查评定保证项目应包括：安全装置、限位装置、防护设施、附墙架、钢丝绳、滑轮与对重、安拆、验收与使用。一般项目应包括：导轨架、基础、电气安全、通信装置。

（十六）塔式起重机

1. 塔式起重机检查评定应符合现行国家标准《塔式起重机安全规程》（GB 5144）和现行行业标准《建筑施工塔式起重机安装、使用、拆卸安全技术规程》（JGJ 196）的规定。

2. 塔式起重机检查评定保证项目应包括：载荷限定装置、行程限位装置、保护装置、吊钩、滑轮、卷筒与钢丝绳、多塔作业、安拆、验收与使用。一般项目应包括：附着、基础与轨道、结构设施、电气安全。

（十七）施工机具

1. 施工机具检查评定应符合现行行业标准《建筑机械使用安全技术规程》（JGJ 33）和

《施工现场机械设备检查技术规程》（JGJ 160）的规定。

2. 施工机具检查评定项目应包括：平刨、圆盘锯、手持电动工具、钢筋机械、电焊机、搅拌机、气瓶、翻斗车、潜水泵、振捣器、桩工机械。

第六章　安全生产评价[①]

一、评价内容

（一）安全生产管理评价

1. 施工企业安全生产条件应按安全生产管理、安全技术管理、设备和设施管理、企业市场行为和施工现场安全管理等5项内容进行考核，并应按本标准附录A中的内容具体实施考核评价。

2. 每项考核内容应以评分表的形式和量化的方式，根据其评定项目的量化评分标准及其重要程度进行评定。

3. 安全生产管理评价应为对企业安全管理制度建立和落实情况的考核，其内容应包括安全生产责任制度、安全文明资金保障制度、安全教育培训制度、安全检查及隐患排查制度、生产安全事故报告处理制度、安全生产应急救援制度的6个评定项目。

4. 施工企业安全生产责任制度的考核评价应符合下列要求：

（1）未建立以企业法人为核心分级负责的各部门及各类人员的安全生产责任制，则该评定项目不应得分。

（2）未建立各部门、各级人员安全生产责任落实情况考核的制度及未对落实情况进行检查的，则该评定项目不应得分。

（3）未实行安全生产的目标管理、制定年度安全生产目标计划、落实责任和责任人及未落实考核的，则该评定项目不应得分。

（4）对责任制和目标管理等的内容和实施，应根据具体情况评定折减分数。

5. 施工企业安全文明资金保障制度的考核评价应符合下列要求：

（1）制度未建立且每年未对与本企业施工规模相适应的资金进行预算和决算，未"专款专用"，则该评定项目不应得分。

（2）未明确安全生产、文明施工资金使用、监督及考核的责任部门或责任人，应根据具体情况评定折减分数。

6. 施工企业安全教育培训制度的考核评价应符合下列要求：

（1）未建立制度且每年未组织对企业主要负责人、项目经理、安全专职人员及其他管理人员的继续教育的，则该评定项目不应得分。

（2）企业年度安全教育计划的编制、职工培训教育的档案管理、各类人员的安全教育，应根据具体情况评定折减分数。

7. 施工企业安全检查及隐患排查制度的考核评价应符合下列要求：

（1）未建立制度且未对所属的施工现场、后方场站、基地等组织定期和不定期安全检

[①] 本章内容引自 JGJ/T 77—2010

查的,则该评定项目不应得分。

（2）隐患的整改、排查及治理,应根据具体情况评定折减分数。

8. 施工企业生产安全事故报告处理制度的考核评价应符合下列要求:

（1）未建立制度且未及时、如实上报施工生产中发生伤亡事故的,则该评定项目不应得分。

（2）对已发生的和未遂事故,未按照"四不放过"原则进行处理的,则该评定项目不应得分。

（3）未建立生产安全事故发生及处理情况事故档案的,则该评定项目不应得分。

9. 施工企业安全生产应急救援制度的考核评价应符合下列要求:

（1）未建立制度且未按照本企业经营范围,并结合本企业的施工特点,制定易发、多发事故部位、工序、分部、分项工程的应急救援预案,未对各项应急预案组织实施演练的,则该评定项目不应得分。

（2）应急救援预案的组织、机构、人员和物资的落实,应根据具体情况评定折减分数。

（二）安全技术管理评价

1. 安全技术管理评价应为对企业安全技术管理工作的考核,其内容应包括法规、标准和操作规程配置,施工组织设计,专项施工方案（措施）,安全技术交底,危险源控制等5个评定项目。

2. 施工企业法规、标准和操作规程配置及实施情况的考核评价应符合下列要求:

（1）未配置与企业生产经营内容相适应的、现行的有关安全生产方面的法规、标准,以及各工种安全技术操作规程,并未及时组织学习和贯彻的,则该评定项目不应得分。

（2）配置不齐全,应根据具体情况评定折减分数。

3. 施工企业施工组织设计编制和实施情况的考核评价应符合下列要求:

（1）未建立施工组织设计编制、审核、批准制度的,则该评定项目不应得分。

（2）安全技术措施的针对性及审核、审批程序的实施情况等,应根据具体情况评定折减分数。

4. 施工企业专项施工方案（措施）编制和实施情况的考核评价应符合下列要求:

（1）未建立对危险性较大的分部、分项工程专项施工方案编制、审核、批准制度的,则该评定项目不应得分。

（2）制度的执行,应根据具体情况评定折减分数。

5. 施工企业安全技术交底制定和实施情况的考核评价应符合下列要求:

（1）未制定安全技术交底规定的,则该评定项目不应得分。

（2）安全技术交底资料的内容、编制方法及交底程序的执行,应根据具体情况评定折减分数。

6. 施工企业危险源控制制度的建立和实施情况的考核评价应符合下列要求:

（1）未根据本企业的施工特点,建立危险源监管制度的,则该评定项目不应得分。

（2）危险源公示、告知及相应的应急预案编制和实施,应根据具体情况评定折减分数。

（三）设备和设施管理评价

1. 设备和设施管理评价应为对企业设备和设施安全管理工作的考核,其内容应包括设备安全管理、设施和防护用品、安全标志、安全检查测试工具等4个评定项目。

2. 施工企业设备安全管理制度的建立和实施情况的考核评价应符合下列要求：

（1）未建立机械、设备（包括应急救援器材）采购、租赁、安装、拆除、验收、检测、使用、检查、保养、维修、改造和报废制度的，则该评定项目不应得分。

（2）设备的管理台账、技术档案、人员配备及制度落实，应根据具体情况评定折减分数。

3. 施工企业设施和防护用品制度的建立及实施情况的考核评价应符合下列要求：

（1）未建立安全设施及个人劳保用品的发放、使用管理制度的，则该评定项目不应得分；

（2）安全设施及个人劳保用品管理的实施及监管，应根据具体情况评定折减分数。

4. 施工企业安全标志管理规定的制定和实施情况的考核评价应符合下列要求：

（1）未制定施工现场安全警示、警告标识、标志使用管理规定的，则该评定项目不应得分。

（2）管理规定的实施、监督和指导，应根据具体情况评定折减分数。

5. 施工企业安全检查测试工具配备制度的建立和实施情况的考核评价应符合下列要求：

（1）未建立安全检查检验仪器、仪表及工具配备制度的，则该评定项目不应得分。

（2）配备及使用，应根据具体情况评定折减分数。

（四）企业市场行为评价

1. 企业市场行为评价应为对企业安全管理市场行为的考核，其内容包括安全生产许可证、安全生产文明施工、安全质量标准化达标、资质机构与人员管理制度等4个评定项目。

2. 施工企业安全生产许可证许可状况的考核评价应符合下列要求：

（1）未取得安全生产许可证而承接施工任务的、在安全生产许可证暂扣期间承接工程的、企业承发包工程项目的规模和施工范围与本企业资质不相符的，则该评定项目不应得分。

（2）企业主要负责人、项目负责人和专职安全管理人员的配备和考核，应根据具体情况评定折减分数。

3. 施工企业安全生产文明施工动态管理行为的考核评价应符合下列要求：

（1）企业资质因安全生产、文明施工受到降级处罚的，则该评定项目不应得分。

（2）其他不良行为，视其影响程度、处理结果等，应根据具体情况评定折减分数。

4. 施工企业安全质量标准化达标情况的考核评价应符合下列要求：

（1）本企业所属的施工现场安全质量标准化年度达标合格率低于国家或地方规定的，则该评定项目不应得分。

（2）安全质量标准化年度达标优良率低于国家或地方规定的，应根据具体情况评定折减分数。

5. 施工企业资质、机构与人员管理制度的建立和人员配备情况的考核评价应符合下列要求：

（1）未建立安全生产管理组织体系、未制定人员资格管理制度、未按规定设置专职安全管理机构、未配备足够的安全生产专管人员的，则该评定项目不应得分。

（2）实行分包的，总承包单位未制定对分包单位资质和人员资格管理制度并监督落实的，则该评定项目不应得分。

（五）施工现场安全管理评价

1. 施工现场安全管理评价应为对企业所属施工现场安全状况的考核，其内容应包括施工现场安全达标、安全文明资金保障、资质和资格管理、生产安全事故控制、设备设施工艺选用、保险等6个评定项目。

2. 施工现场安全达标考核,企业应对所属的施工现场按现行规范标准进行检查,有一个工地未达到合格标准的,则该评定项目不应得分。

3. 施工现场安全文明资金保障,应对企业按规定落实其所属施工现场安全生产、文明施工资金的情况进行考核,有一个施工现场未将施工现场安全生产、文明施工所需资金编制计划并实施、未做到专款专用的,则该评定项目不应得分。

4. 施工现场分包资质和资格管理规定的制定以及施工现场控制情况的考核评价应符合下列要求:

(1) 未制定对分包单位安全生产许可证、资质、资格管理及施工现场控制的要求和规定,且在总包与分包合同中未明确参建各方的安全生产责任,分包单位承接的施工任务不符合其所具有的安全资质,作业人员不符合相应的安全资格,未按规定配备项目经理、专职或兼职安全生产管理人员的,则该评定项目不应得分。

(2) 对分包单位的监督管理,应根据具体情况评定折减分数。

5. 施工现场生产安全事故控制的隐患防治、应急预案的编制和实施情况的考核评价应符合下列要求:

(1) 未针对施工现场实际情况制定事故应急救援预案的,则该评定项目不应得分。

(2) 对现场常见、多发或重大隐患的排查及防治措施的实施,应急救援组织和救援物资的落实,应根据具体情况评定折减分数。

6. 施工现场设备、设施、工艺管理的考核评价应符合下列要求:

(1) 使用国家明令淘汰的设备或工艺,则该评定项目不应得分。

(2) 使用不符合国家现行标准的且存在严重安全隐患的设施,则该评定项目不应得分;

(3) 使用超过使用年限或存在严重隐患的机械、设备、设施、工艺的,则该评定项目不应得分。

(4) 对其余机械、设备、设施以及安全标识的使用情况,应根据具体情况评定折减分数;

(5) 对职业病的防治,应根据具体情况评定折减分数。

7. 施工现场保险办理情况的考核评价应符合下列要求:

(1) 未按规定办理意外伤害保险的,则该评定项目不应得分。

(2) 意外伤害保险的办理实施,应根据具体情况评定折减分数。

二、评价方法

1. 施工企业每年度应至少进行一次自我考核评价。发生下列情况之一时,企业应再进行复核评价。

(1) 适用法律、法规发生变化时。
(2) 企业组织机构和体制发生重大变化后。
(3) 发生生产安全事故后。
(4) 其他影响安全生产管理的重大变化。

2. 施工企业考核自评应由企业负责人组织,各相关管理部门均应参与。

3. 评价人员应具备企业安全管理及相关专业能力,每次评价不应少于3人。

4. 对施工企业安全生产条件的量化评价应符合下列要求:

（1）当施工企业无施工现场时，应采用本标准附录 A 中表 A-1～表 A-4 进行评价。

（2）当施工企业有施工现场时，应采用本标准附录 A 中表 A-1～表 A-5 进行评价。

（3）施工企业的安全生产情况应依据自评价之月起前 12 个月以来的情况，施工现场应依据自开工日起至评价时的安全管理情况。

（4）施工现场评价结论，应取抽查及核验的施工现场评价结果的平均值，且其中不得有一个施工现场评价结果为不合格。

5. 抽查及核验企业在建施工现场，应符合下列要求：

（1）抽查在建工程实体数量，对特级资质企业不应少于 8 个施工现场；对一级资质企业不应少于 5 个施工现场；对一级资质以下企业不应小于 3 个施工现场；企业在建工程实体少于上述规定数量的，则应全数检查。

（2）核验企业所属其他在建施工现场安全管理状况，核验总数不应少于企业在建工程项目总数的 50%。

6. 抽查发生因工死亡事故的企业在建施工现场，应按事故等级或情节轻重程度，在本标准第 4.0.5 条规定的基础上分别增加 2～4 个在建工程项目；应增加核验企业在建工程项目总数的 10%～30%。

7. 对评价时无在建工程项目的企业，应在企业有在建工程项目时，再次进行跟踪评价。

8. 安全生产条件和能力评分应符合下列要求：

（1）施工企业安全生产评价应按评定项目、评分标准和评分方法进行，并应符合本标准附录 A 的规定，满分分值均应为 100 分。

（2）在评价施工企业安全生产条件能力时，应采用加权法计算，权重系数应符合表 2-6-1 的规定，并应按本标准附录 B 进行评价。

表 2-6-1 权重系数

评价内容			权重系数
无施工项目	①	安全生产管理	0.3
	②	安全技术管理	0.2
	③	设备和设施管理	0.2
	④	企业市场行为	0.3
有施工项目	①②③④加权值		0.6
	⑤	施工现场安全管理	0.4

9. 各评分表的评分应符合下列要求：

（1）评分表的实得分数应为各评定项目实得分数之和。

（2）评分表中的各个评定项目应采用扣减分数的方法，扣减分数总和不得超过该项目的应得分数。

（3）项目遇有缺项的，其评分的实得分应为可评分项目的实得分之和与可评分项目的应得分之和比值的百分数。

三、评价等级

1. 施工企业安全生产考核评定应分为合格、基本合格、不合格三个等级，并宜符合下列要求：

（1）对有在建工程的企业，安全生产考核评定宜分为合格、不合格 2 个等级。

（2）对无在建工程的企业，安全生产考核评定宜分为基本合格、不合格 2 个等级。

2. 考核评价等级划分应按表 2-6-2 核定。

表 2-6-2 施工企业安全生产考核评价等级划分

考核评价等级	考核内容		
	各项评分表中的实得分数为零的项目数（个）	各评分表实得分数（分）	汇总分数（分）
合格	0	≥70 且其中不得有一个施工现场评定结果为不合格	≥75
基本合格	0	≥70	≥75
不合格	出现不满足基本合格条件的任意一项时		

第七章 安全生产教育管理

一、基本规定

1. 施工企业安全生产教育培训应贯穿于生产经营的全过程，教育培训应包括计划编制、组织实施和人员持证审核等工作内容。

2. 施工企业安全生产教育培训计划应依据类型、对象、内容、时间安排、形式等需求进行编制。

3. 安全教育和培训的类型应包括各类上岗证书的初审、复审培训，三级教育（企业、项目、班组）、岗前教育、日常教育、年度继续教育。

4. 安全生产教育培训的对象应包括企业各管理层的负责人、管理人员、特殊工种以及新上岗、待岗复工、转岗、换岗的作业人员。

5. 施工企业的从业人员上岗应符合下列要求：

（1）企业主要负责人、项目负责人和专职安全生产管理人员必须经安全生产知识和管理能力考核合格，依法取得安全生产考核合格证书。

（2）企业的各类管理人员必须具备与岗位相适应的安全生产知识和管理能力，依法取得必要的岗位资格证书。

（3）特殊工种作业人员必须经安全技术理论和操作技能考核合格，依法取得建筑施工特种作业人员操作资格证书。

6. 施工企业新上岗操作工人必须进行岗前教育培训，教育培训应包括下列内容：

（1）安全生产法律法规和规章制度。

（2）安全操作规程。

（3）针对性的安全防范措施。

（4）违章指挥、违章作业、违反劳动纪律产生的后果。

（5）预防、减少安全风险以及紧急情况下应急救援的基本知识、方法和措施。

7. 施工企业应结合季节施工要求及安全生产形势对从业人员进行日常安全生产教育培训。

8. 施工企业每年应按规定对所有从业人员进行安全生产继续教育，教育培训应包括下列内容：

（1）新颁布的安全生产法律法规、安全技术标准规范和规范性文件。

（2）先进的安全生产技术和管理经验。

（3）典型事故案例分析。

9. 施工企业应定期对从业人员持证上岗情况进行审核、检查，并应及时统计、汇总从业人员的安全教育培训和资格认定等相关记录。

二、培训对象和培训时间

1. 安全类证书上岗培训（表2-7-1）

表2-7-1 安全类证书上岗培训

培训对象		理论培训时间	发证单位	有效期限
安全生产考核三类人员	建筑施工企业主要负责人	32学时	建设行业行政主管部门	3年
	建筑施工企业项目负责人			
	机械类专职安全生产管理人员 C1	40学时		
	土建类专职安全生产管理人员 C2			
	综合类专职安全生产管理人员 C3			
特种作业人员	建筑电工	32学时	建设行业行政主管部门	2年
	建筑架子工（P）			
	建筑起重司机（T）			
	建筑起重司机（S）			
	建筑起重司机（W）			
	起重设备拆装工			
	吊篮安装拆卸工			
	建筑起重信号指挥工			
	架子工	32学时	安全生产监督管理部门	3年
	电工			
	焊工			

2. 三级安全教育（表2-7-2）

表2-7-2 三级安全教育

培训对象	培训内容	培训时间
公司级教育	①安全生产法律、法规。 ②事故发生的一般规律及典型事故案例。 ③预防事故的基本知识，急救措施	不少于15学时
工程项目（施工队）级教育	①各级管理部门有关安全生产的标准。 ②在施工程基本情况和必须遵守的安全事项。 ③施工用化工产品的用途，防毒、防火知识	同上
班组级教育	①本班组生产工作概况，工作性质及范围。 ②本人从事工作的性质，必要的安全知识，各种机具设备及其安全防护设施的性能和作用。 ③本工种的安全操作规程。 ④本工程容易发生事故的部位及劳动防护用品的使用要求	不少于20学时

3. 安全继续教育（表2-7-3）

表2-7-3 安全继续教育

人员类别	培训教育内容	培训时间
企业主要负责人	国家安全生产方针、政策和有关安全生产的法律、法规、规章及标准；安全生产管理基本知识、安全生产技术、安全生产专业知识；国内外先进的安全生产管理经验；典型事故和应急救援案例分析；其他需要培训的内容	不少于12学时
项目负责人	国家安全生产方针、政策和有关安全生产的法律、法规、规章及标准；安全生产管理基本知识、安全生产技术、安全生产专业知识；重大危险源管理、重大事故防范、应急管理、组织救援以及事故调查处理的有关规定；职业危害及其预防措施；国内外先进的安全生产管理经验；典型事故和应急救援案例分析；其他需要培训的内容	不少于16学时
专职安全生产管理人员	国家安全生产方针、政策和有关安全生产的法律、法规、规章及标准；安全生产管理、安全生产技术、职业卫生等知识；伤亡事故统计、报告及职业危害的调查处理方法；应急管理、应急预案编制以及应急处置的内容和要求；国内外先进的安全生产管理经验；典型事故和应急救援案例分析；其他需要培训的内容	不少于20学时
关键岗位管理人员	安全生产有关法律法规、安全生产方针和目标；安全生产基本知识；安全生产规章制度和劳动纪律；施工现场危险因素及危险源，危害后果及防范对策；个人防护用品的使用和维护；自救互救、急救方法和现场紧急情况的处理；岗位安全知识；有关事故案例；其他需要培训的内容	不少于20学时
特种作业人员	①安全生产有关法律法规本岗位安全操作规程。 ②安全生产规章制度、危险源辨识。 ③个人防护技能。 ④相关事故案例	不少于24学时
转场人员	①本工程项目安全生产状况及施工条件。 ②施工现场中危险部位的防护措施及典型事故案例。 ③本工程项目的安全管理体系、规定及制度	不少于20学时

续表

人员类别	培训教育内容	培训时间
变换工种人员	①新工作岗位或生产班组安全生产概况、工作性质和职责。 ②新工作岗位必要的安全知识，各种机具设备及安全防护设施的性能和作用。 ③新工作岗位、新工种的安全技术操作规程。 ④新工作岗位容易发生事故及有毒有害的地方。 ⑤新工作岗位个人防护用品的使用和保管	不少于20学时

4. 教育形式

安全教育形式可分为以下几种：

（1）广告宣传式。包括安全广告、标语、宣传画、标志、展览、黑板报等形式。

（2）演讲式。包括教学、讲座、讲演、经验介绍、现身说法、演讲比赛等形式。

（3）会议讨论式。包括事故现场分析会、班前班后会、专题座谈会等。

（4）竞赛式。包括口头、笔头知识竞赛，安全、消防技能竞赛，其他各种安全教育活动评比等。

（5）声像式。用电影、录像等现代手段，使安全教育寓教于乐。主要有安全方面的广播、电影、电视、录像等。

（6）文艺演出式。以安全为题材编写和演出的相声、小品、话剧等文艺演出的教育形式。

5. 教育计划

安全教育计划分为以下几种：

（1）结合企业实际情况，编制企业年度安全教育计划，每个季度应有教育重点，每月要有教育内容。

（2）严格按制度进行教育对象的登记、培训、考核、发证、资料存档等工作。考试不合格者，不准上岗工作。

（3）要有相对的教育培训大纲、培训教材和培训师资，确保教育时间和质量。

（4）经常监督检查，认真查处未经培训就上岗操作和特种作业人员无证操作的责任单位和责任人员。

三、安全教育档案管理

（一）建立"职工安全教育卡"

职工的安全教育档案管理应由企业安全管理部门统一规范，为每位在职员工建立"职工安全教育卡"。

（二）教育卡的管理

1. 分级管理

"职工安全教育卡"由职工所属的安全管理部门负责保存和管理。班组人员的"职工安全教育卡"由所属项目负责保存和管理；机关人员的"职工安全教育卡"由企业安全管理部门负责保存和管理。

2. 跟踪管理

"职工安全教育卡"实行跟踪管理，职工调动单位或变换工种时，交由职工本人带到新单位，由新单位的安全管理人员保存和管理。

3. 职工日常安全教育

职工的日常安全教育由公司安全管理部门负责组织实施，日常安全教育结束后，安全管理部门负责在职工的"职工安全教育卡"中作出相应的记录。

4. 新入厂职工安全教育规定

新入厂职工必须按规定经公司、项目、班组三级安全教育，分别由公司安全部门、项目安全部门、班组安全员在"职工安全教育卡"中作出相应的记录并签名。

（三）考核规定

1. 公司安全管理部门每月抽查"职工安全教育卡"一次。
2. 对丢失"职工安全教育卡"的部门进行相应考核。
3. 对未按规定对本部门职工进行安全教育的进行相应考虑。
4. 对未按规定对本部门职工的安全教育情况进行登记的部门进行相应考核。

四、农民工夜校

（一）组织机构

1. 工程总承包部成立"农民工夜校"领导小组，由工程总承包部主要领导和相关业务系统主管领导组成。负责制定农民工培训的规章制度，确定教育培训计划，指导和监督各农民工夜校分校工作。

2. 建立农民工夜校管理办公室，管理办公室设在劳务管理部，由部门经理担任主任，主要负责：

（1）制定农民工夜校全年培训工作实施计划，确保培训课程落实。

（2）落实农民工教育培训的模式、对象、内容、形式、方法和教材，组织实施培训工作。

（3）建立农民工培训师资库。

（4）建立农民工夜校培训工作报表制度，考核各项目部实施情况。

3. 各项目部要建立农民工夜校分校，统一挂牌，统一管理。并成立由相关专业领导和管理人员组成的分校组织机构，负责制定农民工夜校分校全年培训计划，确保培训课程落实；确定分校农民工教育培训模式、对象、内容、形式、方法和教材，组织实施培训工作；确定分校农民工培训师资。

（二）培训内容与要求

1. 农民工培训课堂设立在项目部，培训重点应以安全知识、技术质量要求、工种技能知识的岗位培训为主，突出适应现场生产需要的技能和能力培养；同时要开展法律法规知识、城市文明生活知识等培训。

2. 培训内容应包括安全知识培训和应知应会培训。安全知识培训要把好"入场"关，作业人员100%进行入场"三级安全教育"和考核。应知应会培训要做好职业技能岗位（专业工种）专业知识培训并进行实际操作训练，作业人员基本达到初、中级技能岗位水平。

3. 各夜校应定期组织开展对农民工每人每月不少于2次，每次课时不少于2学时的农民工培训。培训可以采取集中讲课、观看教学光盘、现场观摩、各种班前教育、文艺演出等多种形式进行。

4. 各项目部要制定相应的夜校管理措施，确定夜校培训工作责任人，每次培训要有农民工本人签到的记录,并将培训情况及时做好记录,备案备查。

5. 各项目部应每半年统计一次业校培训情况,培训效果总结及相关统计报表以书面形式上报工程总承包部农民工夜校管理办公室。

6. 对农民工夜校教育培训,各项目部要设置专项教育经费。教育经费用于"农民工业校"的培训教学设施和培训教材的购置、授课教师的讲课费支付等开支。

五、《建筑施工企业主要负责人、项目负责人和专职安全生产管理人员安全生产管理规定》(建设部令第17号)相关规定

第一章 总 则

第三条 企业主要负责人,是指对本企业生产经营活动和安全生产工作具有决策权的领导人员。

项目负责人,是指取得相应注册执业资格,由企业法定代表人授权,负责具体工程项目管理的人员。

专职安全生产管理人员,是指在企业专职从事安全生产管理工作的人员,包括企业安全生产管理机构的人员和工程项目专职从事安全生产管理工作的人员。

第二章 考核发证

第五条 "安管人员"应当通过其受聘企业,向企业工商注册地的省、自治区、直辖市人民政府住房城乡建设主管部门(以下简称考核机关)申请安全生产考核,并取得安全生产考核合格证书。安全生产考核不得收费。

第六条 申请参加安全生产考核的"安管人员",应当具备相应文化程度、专业技术职称和一定安全生产工作经历,与企业确立劳动关系,并经企业年度安全生产教育培训合格。

第七条 安全生产考核包括安全生产知识考核和管理能力考核。

安全生产知识考核内容包括:建筑施工安全的法律法规、规章制度、标准规范,建筑施工安全管理基本理论等。

安全生产管理能力考核内容包括:建立和落实安全生产管理制度、辨识和监控危险性较大的分部分项工程、发现和消除安全事故隐患、报告和处置生产安全事故等方面的能力。

第九条 安全生产考核合格证书有效期为3年,证书在全国范围内有效。

证书式样由国务院住房城乡建设主管部门统一规定。

第十条 安全生产考核合格证书有效期届满需要延续的,"安管人员"应当在有效期届满前3个月内,由本人通过受聘企业向原考核机关申请证书延续。准予证书延续的,证书有效期延续3年。

对证书有效期内未因生产安全事故或者违反本规定受到行政处罚,信用档案中无不良行为记录,且已按规定参加企业和县级以上人民政府住房城乡建设主管部门组织的安全生产教育培训的,考核机关应当在受理延续申请之日起20个工作日内,准予证书延续。

第十一条 "安管人员"变更受聘企业的,应当与原聘用企业解除劳动关系,并通过新聘用企业到考核机关申请办理证书变更手续。考核机关应当在受理变更申请之日起5个工作日内办理完毕。

第十二条 "安管人员"遗失安全生产考核合格证书的,应当在公共媒体上声明作废,通过其受聘企业向原考核机关申请补办。考核机关应当在受理申请之日起5个工作日内办理完毕。

第十三条 "安管人员"不得涂改、倒卖、出租、出借或者以其他形式非法转让安全生产考核合格证书。

第三章 安全责任

第十四条 主要负责人对本企业安全生产工作全面负责,应当建立健全企业安全生产管理体系,设置安全生产管理机构,配备专职安全生产管理人员,保证安全生产投入,督促检查本企业安全生产工作,及时消除安全事故隐患,落实安全生产责任。

第十五条 主要负责人应当与项目负责人签订安全生产责任书,确定项目安全生产考核目标、奖惩措施,以及企业为项目提供的安全管理和技术保障措施。

工程项目实行总承包的,总承包企业应当与分包企业签订安全生产协议,明确双方安全生产责任。

第十六条 主要负责人应当按规定检查企业所承担的工程项目,考核项目负责人安全生产管理能力。发现项目负责人履职不到位的,应当责令其改正;必要时,调整项目负责人。检查情况应当记入企业和项目安全管理档案。

第十七条 项目负责人对本项目安全生产管理全面负责,应当建立项目安全生产管理体系,明确项目管理人员安全职责,落实安全生产管理制度,确保项目安全生产费用有效使用。

第十八条 项目负责人应当按规定实施项目安全生产管理,监控危险性较大分部分项工程,及时排查处理施工现场安全事故隐患,隐患排查处理情况应当记入项目安全管理档案;发生事故时,应当按规定及时报告并开展现场救援。

工程项目实行总承包的,总承包企业项目负责人应当定期考核分包企业安全生产管理情况。

第十九条 企业安全生产管理机构专职安全生产管理人员应当检查在建项目安全生产管理情况,重点检查项目负责人、项目专职安全生产管理人员履责情况,处理在建项目违规违章行为,并记入企业安全管理档案。

第二十条 项目专职安全生产管理人员应当每天在施工现场开展安全检查,现场监督危险性较大的分部分项工程安全专项施工方案实施。对检查中发现的安全事故隐患,应当立即处理;不能处理的,应当及时报告项目负责人和企业安全生产管理机构。项目负责人应当及时处理。检查及处理情况应当记入项目安全管理档案。

第二十一条 建筑施工企业应当建立安全生产教育培训制度,制定年度培训计划,每年对"安管人员"进行培训和考核,考核不合格的,不得上岗。培训情况应当记入企业安全生产教育培训档案。

第二十二条 建筑施工企业安全生产管理机构和工程项目应当按规定配备相应数量和相关专业的专职安全生产管理人员。危险性较大的分部分项工程施工时,应当安排专职安全生产管理人员现场监督。

第五章 法律责任

第二十七条 "安管人员"隐瞒有关情况或者提供虚假材料申请安全生产考核的,考核机关不予考核,并给予警告;"安管人员"1年内不得再次申请考核。

"安管人员"以欺骗、贿赂等不正当手段取得安全生产考核合格证书的,由原考核机关撤销安全生产考核合格证书;"安管人员"3年内不得再次申请考核。

第二十八条 "安管人员"涂改、倒卖、出租、出借或者以其他形式非法转让安全生产考核合格证书的,由县级以上地方人民政府住房城乡建设主管部门给予警告,并处1000元以上5000元以下的罚款。

第二十九条 建筑施工企业未按规定开展"安管人员"安全生产教育培训考核,或者未按规定如实将考核情况记入安全生产教育培训档案的,由县级以上地方人民政府住房城乡建设主管部门责令限期改正,并处2万元以下的罚款。

第三十条 建筑施工企业有下列行为之一的,由县级以上人民政府住房城乡建设主管部门责令限期改正;逾期未改正的,责令停业整顿,并处2万元以下的罚款;导致不具备《安全生产许可证条例》规定的安全生产条件的,应当依法暂扣或者吊销安全生产许可证:

(一)未按规定设立安全生产管理机构的;
(二)未按规定配备专职安全生产管理人员的;
(三)危险性较大的分部分项工程施工时未安排专职安全生产管理人员现场监督的;
(四)"安管人员"未取得安全生产考核合格证书的。

第三十一条 "安管人员"未按规定办理证书变更的,由县级以上地方人民政府住房城乡建设主管部门责令限期改正,并处1000元以上5000元以下的罚款。

第三十二条 主要负责人、项目负责人未按规定履行安全生产管理职责的,由县级以上人民政府住房城乡建设主管部门责令限期改正;逾期未改正的,责令建筑施工企业停业整顿;造成生产安全事故或者其他严重后果的,按照《生产安全事故报告和调查处理条例》的有关规定,依法暂扣或者吊销安全生产考核合格证书;构成犯罪的,依法追究刑事责任。

主要负责人、项目负责人有前款违法行为,尚不够刑事处罚的,处2万元以上20万元以下的罚款或者按照管理权限给予撤职处分;自刑罚执行完毕或者受处分之日起,5年内不得担任建筑施工企业的主要负责人、项目负责人。

第三十三条 专职安全生产管理人员未按规定履行安全生产管理职责的,由县级以上地方人民政府住房城乡建设主管部门责令限期改正,并处1000元以上5000元以下的罚款;造成生产安全事故或者其他严重后果的,按照《生产安全事故报告和调查处理条例》的有关规定,依法暂扣或者吊销安全生产考核合格证书;构成犯罪的,依法追究刑事责任。

六、《建筑施工企业主要负责人、项目负责人和专职安全生产管理人员安全生产管理规定实施意见》(建质〔2015〕206号)相关规定

一、企业主要负责人的范围

企业主要负责人包括法定代表人、总经理(总裁)、分管安全生产的副总经理(副总裁)、分管生产经营的副总经理(副总裁)、技术负责人、安全总监等。

二、专职安全生产管理人员的分类

(一)分类

专职安全生产管理人员分为机械、土建、综合三类。机械类专职安全生产管理人员可以从事起重机械、土石方机械、桩工机械等安全生产管理工作。土建类专职安全生产管理人员

可以从事除起重机械、上石方机械、桩工机械等安全生产管理工作以外的安全生产管理工作。综合类专职安全生产管理人员可以从事全部安全生产管理工作。

（二）考核要求

新申请专职安全生产管理人员安全生产考核只可以在机械、土建、综合三类中选择一类。机械类专职安全生产管理人员在参加土建类安全生产管理专业考试合格后，可以申请取得综合类专职安全生产管理人员安全生产考核合格证书。土建类专职安全生产管理人员在参加机械类安全生产管理专业考试合格后，可以申请取得综合类专职安全生产管理人员安全生产考核合格证书。

三、申请安全生产考核应具备的条件

（一）申请建筑施工企业主要负责人安全生产考核，应当具备下列条件：

1. 具有相应的文化程度、专业技术职称（法定代表人除外）；
2. 与所在企业确立劳动关系；
3. 经所在企业年度安全生产教育培训合格。

（二）申请建筑施工企业项目负责人安全生产考核，应当具备下列条件：

1. 取得相应注册执业资格；
2. 与所在企业确立劳动关系；
3. 经所在企业年度安全生产教育培训合格。

（三）申请专职安全生产管理人员安全生产考核，应当具备下列条件：

1. 年龄已满18周岁未满60周岁，身体健康；
2. 具有中专（含高中、中技、职高）及以上文化程度或初级及以上技术职称；
3. 与所在企业确立劳动关系，从事施工管理工作两年以上；
4. 经所在企业年度安全生产教育培训合格。

四、安全生产考核的内容与方式

安全生产考核包括安全生产知识考核和安全生产管理能力考核。

安全生产知识考核可采用书面或计算机答卷的方式；安全生产管理能力考核可采用现场实操考核或通过视频、图片等模拟现场考核方式。

机械类专职安全生产管理人员及综合类专职安全生产管理人员安全生产管理能力考核内容必须包括攀爬塔吊及起重机械隐患识别等。

七、安全生产考核合格证书的延续

建筑施工企业主要负责人、项目负责人和专职安全生产管理人员应当在安全生产考核合格证书有效期届满前3个月内，经所在企业向原考核机关申请证书延续，

符合下列条件的准予证书延续：

（一）在证书有效期内未因生产安全事故或者安全生产违法违规行为受到行政处罚；

（二）信用档案中无安全生产不良行为记录；

（三）企业年度安全生产教育培训合格，且在证书有效期内参加县级以上住房城乡建设主管部门组织的安全生产教育培训时间满24学时。

不符合证书延续条件的应当申请重新考核。不办理证书延续的，证书自动失效。

八、安全生产考核合格证书的换发

在本意见实施前已经取得专职安全生产管理人员安全生产考核合格证书且证书在有效期

内的人员，经所在企业向原考核机关提出换发证书申请，可以选择换发土建类专职安全生产管理人员安全生产考核合格证书或者机械类专职安全生产管理人员安全生产考核合格证书。

九、安全生产考核合格证书的跨省变更

建筑施工企业主要负责人、项目负责人和专职安全生产管理人员跨省更换受聘企业的，应到原考核发证机关办理证书转出手续。原考核发证机关应为其办理包含原证书有效期限等信息的证书转出证明。

建筑施工企业主要负责人、项目负责人和专职安全生产管理人员持相关证明通过新受聘企业到该企业工商注册所在地的考核发证机关办理新证书。新证书应延续原证书的有效期。

十、专职安全生产管理人员的配备

建筑施工企业应当按照《建筑施工企业安全生产管理机构设置及专职安全生产管理人员配备办法》（建质〔2008〕91号）的有关规定配备专职安全生产管理人员。建筑施工企业安全生产管理机构和建设工程项目中，应当既有可以从事起重机械、土石方机械、桩工机械等安全生产管理工作的专职安全生产管理人员，也有可以从事除起重机械、土石方机械、桩工机械等安全生产管理工作以外的安全生产管理工作的专职安全生产管理人员。

十一、安全生产考核合格证书的暂扣和撤销

建筑施工企业专职安全生产管理人员未按规定履行安全生产管理职责，导致发生一般生产安全事故的，考核机关应当暂扣其安全生产考核合格证书六个月以上一年以下。建筑施工企业主要负责人、项目负责人和专职安全生产管理人员未按规定履行安全生产管理职责，导致发生较大及以上生产安全事故的，考核机关应当撤销其安全生产考核合格证书。

安全生产考核要点

1 建筑施工企业主要负责人（A类）

1.1 安全生产知识考核要点

1.1.1 建筑施工安全生产的方针政策、法律法规和标准规范。

1.1.2 建筑施工安全生产管理的基本理论和基础知识。

1.1.3 工程建设各方主体的安全生产法律义务与法律责任。

1.1.4 企业安全生产责任制和安全生产管理制度。

1.1.5 安全生产保证体系、资质资格、费用保险、教育培训、机械设备、防护用品、评价考核等管理。

1.1.6 危险性较大的分部分项工程、危险源辨识、安全技术交底和安全技术资料等安全技术管理。

1.1.7 安全检查、隐患排查与安全生产标准化。

1.1.8 场地管理与文明施工。

1.1.9 模板支撑工程、脚手架工程、建筑起重与升降机械设备使用、临时用电、高处作业和现场防火等安全技术要点。

1.1.10 事故应急预案、事故救援和事故报告、调查与处理。

1.1.11 国内外安全生产管理经验。

1.1.12 典型事故案例分析。

1.2 安全生产管理能力考核要点

1.2.1 贯彻执行建筑施工安全生产的方针政策、法律法规和标准规范情况。

1.2.2 建立健全本单位安全管理体系，设置安全生产管理机构与配备专职安全生产管理人员，以及领导带班值班情况。

1.2.3 建立健全本单位安全生产责任制，组织制定本单位安全生产管理制度和贯彻执行情况。

1.2.4 保证本单位安全生产所需资金投入情况。

1.2.5 制定本单位操作规程情况和开展施工安全标准化情况。

1.2.6 组织本单位开展安全检查、隐患排查，及时消除生产安全事故隐患情况。

1.2.7 与项目负责人签订安全生产责任书与目标考核情况，对工程项目负责人安全生产管理能力考核情况。

1.2.8 组织本单位开展安全生产教育培训工作情况，建筑施工企业主要负责人、项目负责人和专职安全生产管理人员和特种作业人员持证上岗情况，项目工地农民工业余学校创建工作情况，本人参加企业年度安全生产教育培训情况。

第八章 施工现场环境与卫生管理

一、环境保护岗位责任制

（一）主要职能部门岗位职责

1. 工会

（1）负责公司环境、安全方针的宣传、教育，负责有关法律法规的宣传教育工作。

（2）每季度组织有关人员进行现场环境安全检查工作。

2. 项目经理部

（1）是公司环境保证体系的具体落实者，负责执行公司环境安全方针和相关的法律法规。

（2）对环境保证体系的实施进行连续监控。

（3）负责项目部环境因素、重大环境因素的识别、危险源、重大安全风险的识别与评定，建立项目部环境因素台账、重大环境因素清单，危险源台账和重大安全风险清单及控制计划。

（4）负责建立项目环境保证管理方案，作业指导书、应急响应预案及安全技术交底。

（5）负责配备满足要求的各类管理人员，建立健全项目各级人员环境职责分工，明确各级人员的责任。

（6）组织进行三级安全教育，进行环境安全交底，进行分包方环境管理的考核和评定。

（7）负责配备足够的工程项自施工管理过程的环境保证资源，进行生产进度、成本的管理，保证项目环境，保证体系的运行。

（8）负责组织项目每月进行环境管理体系的运行自检，进行内部沟通，负责纠正措施的制定、实施与跟踪验证。

3. 质量部

（1）负责公司环境保证体系的策划、建立与实施。

（2）组织编制公司环境保证体系文件。

（3）负责环境管理文件和记录的控制管理。

（4）负责公司环境管理体系的内、外部信息交流。

（5）负责每季度组织公司有关部门监督检查公司的体系运行情况。

（6）协助人力资源部组织举办环境保证体系标准、相关法律法规、专业知识和文件要求的培训或讲座。

（7）负责审核各部门下发的环境管理方面的文件。

4. 工程部

（1）负责施工全过程环境保证体系的控制。

（2）负责环境因素的识别、评价、更新管理。

（3）负责公司环境目标指标管理方案的制定与实施跟踪。

（4）负责公司环境管理的具体运作，负责施工场界噪声的监测和控制管理。

（5）负责公司安全监视和测量装置管理。

（6）参加质量管理部组织的体系运行季度考核，重点检查环境运行控制绩效。

5. 技术部

（1）负责获取、评价、更新公司适用的环境、安全法律法规与其他要求。

（2）负责组织环境、安全管理的数据收集与分析，指导进行统计技术的应用，建立和保持数据分析程序。

（3）负责组织环境、安全严重不合格的纠正与预防措施的制定，并跟踪验证其实施的结果。

（二）施工现场管理人员岗位

1. 项目经理

（1）负责贯彻执行国家环境方面的法律、法规、方针、政策。

（2）负责本项目部环境管理体系的建立、保持和实施。

（3）负责组织进行环境因素和危险源的识别，控制重大环境因素和安全风险。

（4）保障环境管理体系运行所需资源。

2. 技术负责人

（1）对项目经理负责，贯彻实施环境方针和环境目标，协助建立、完善环境管理体系，确保其有效运行。

（2）负责施工过程所涉及的有关环境的法律、法规及其他要求的识别与传递。

（3）负责运行程序和对有关环境人员的培训、意识和能力的评价。

（4）负责制定纠正和预防措施，并验证结果。

3. 环境管理员

（1）对项目经理负责，贯彻实施环境方针和环境目标，协助建立、完善环境管理体系，确保其有效运行。

（2）负责制定环境管理方案，并保存记录。

（3）负责环境管理体系文件收发工作，及时传递到有关人员手中，保证运行有效。

（4）负责与外部、本部门各层次之间的信息交流，并保持渠道畅通。
（5）负责收集整理有关记录，以备查阅。

4. 工长

（1）识别环境因素，并协助制定环境管理方案。
（2）负责对本专业人员及相关方的环境意识培训，并施加直接影响。
（3）保存有关活动记录以备查阅。
（4）及时反馈该专业所涉及的有关环保方面的信息，以便做出响应。

5. 质检员

（1）遵守有关环境方面的法律法规，贯彻执行总公司的环境方针，保证目标和指标的顺利实现。
（2）协助识别本工程的环境因素，制定环境管理方案。
（3）负责工程劳务分包方对环境管理协议的履行监督工作，并施加直接影响。
（4）协助做好体系运行控制工作。
（5）协助本部门各层次人员的工作并做出响应。

6. 试验员

（1）遵守有关环境方面的法律法规，贯彻执行总公司的环境方针，保证目标和指标的顺利实现。
（2）识别本岗位的环境因素并进行控制。
（3）协助本部门各层次人员的工作并做出响应。

7. 安全员

（1）对项目经理负责，贯彻实施环境方针和环境目标，协助建立、完善环境管理体系，确保其有效运行。
（2）负责对有关环境方面法律、法规及其他要求等的识别与传递。
（3）负责制定环境管理方案。
（4）负责制定纠正和预防措施。

8. 库管员

（1）遵守有关环境方面的法律法规，贯彻执行总公司的环境方针，保证目标和指标的顺利实现。
（2）负责对油漆类、化学危险品、油类等物资的妥善保存，并做好应急准备与响应。
（3）协助本部门各层次人员的工作，并做出响应。
（4）参加环境管理体系审核。

9. 班组长

（1）遵守工地各项有关环境方面的规章制度。
（2）负责向职工传达有关环保方面的知识，协助做好培训工作。
（3）协助各层次人员工作，对异常事件做出应急准备和响应，如火灾、地震等。

（三）施工现场环境保护管理网控制图

施工现场环境保护管理网控制图如图 2-8-1 所示。

（四）重大环境因素控制

重大环境因素控制如表 2-8-1 所示。

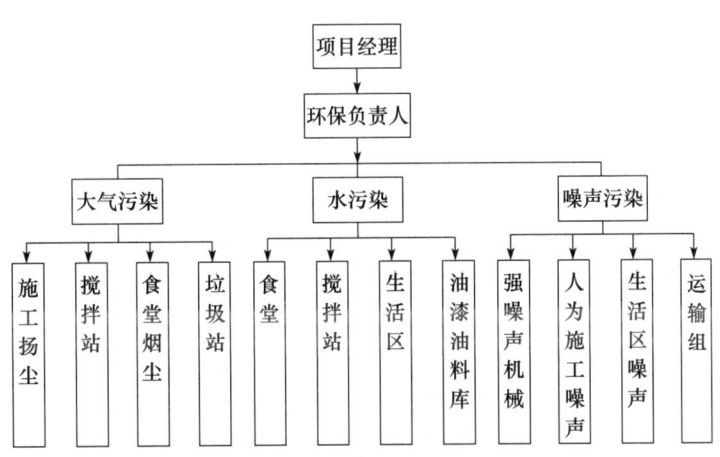

图 2-8-1 施工现场环境保护管理网控制图

表 2-8-1 重大环境因素控制表

环境因素	活动点/工序/部位	环境影响	控制方式
噪声的排放	施工机械：推土机、挖掘机、装载机、钻孔桩机、打夯机、混凝土输送泵；运输设备：翻斗车；电动工具：电锯、电刨、空压机、切割机、混凝土振捣棒、冲击钻	影响人体健康、社区居民休息	执行《环境管理方案》
	脚手架装卸、安装与拆除		
	模板支拆、清理与修复		
粉尘的排放	施工场地平整作业、土堆、砂堆、石灰、现场路面、进出车辆车轮带泥砂、水泥搬运、混凝土搅拌、木工房锯末、拆除作业	污染大气、影响居民身体健康	
甲醛、氨、放射性核素及各种有害物质的超量排放	各种室内建筑装饰材料、混凝土外加剂（氨）、建筑材料作业和使用	影响用户健康	
化学危险品的使用排放	装饰、防水、焊接作业现场	大气、土地、光污染	
运输的遗撒	运输渣土、商品混凝土、生活垃圾	污染路面、影响居民生活	
有毒有害废弃物的排放	施工现场（废化工材料及其包装物、容器等，废玻璃丝布，废铝箔纸，工业棉布，抽手套，含油棉纱棉布，漆刷，废旧测温计）	污染土地、水体	
	中心试验室有毒有害容器清洗液及废试液瓶、油布及油手套		
	现场清洗工具废渣、机械维修保养废渣		
	办公区废复写纸、复印机废墨盒和废粉、打印机废硒鼓、废色带、废电池、废磁盘、废计算器、废日光灯、废涂改液瓶		
火灾、爆炸的发生	油漆、易燃材料库房及作业面、木工房、电气焊作业点、氧气瓶（库）、乙炔气瓶（库）、液化气瓶、油库、建筑垃圾、冬季混凝土养护作业、施工现场配电室、试验室使用的乙醇、松节油、燃煤取暖	污染大气	
污水的排放	食堂、现场搅拌站、厕所、现场洗车处	污染水体	

二、《建设工程施工现场环境与卫生标准》(JGJ 146—2013)

(一) 基本规定

(1) 建设工程总承包单位应对施工现场的环境与卫生负总责,分包单位应服从总承包单位的管理。参建单位及现场人员应有维护施工现场环境与卫生的责任和义务。

(2) 建设工程的环境与卫生管理应纳入施工组织设计或编制专项方案,应明确环境与卫生管理的目标和措施。

(3) 施工现场应建立环境与卫生制度,落实管理责任制,应定期检查并记录。

(4) 建设工程的参与建设单位应根据法律的规定,针对可能发生的环境、卫生等突发事件建立应急管理体系,制定相应的应急预案并组织演练。

(5) 当施工现场发生有关环境、卫生等突发事件时,应按相关规定及时向施工现场所在地建设行政主管部门和相关部门报告,并应配合调查处置。

(6) 施工人员的教育培训、考核应包括环境与卫生等有关内容。

(7) 施工现场临时设施、临时道路的设置应科学合理,并应符合安全、消防、节能、环保等有关规定。施工区、材料加工及存放区应与办公区、生活区划分清楚,并应采取相应的隔离措施。

(8) 施工现场应实行封闭管理,并应采用硬质围挡。市区主要路段的施工现场围挡高度不应低于2.5m,一般路段围挡高度不应低于1.8m,围挡应牢固、稳定、整洁。距离交通路口20m范围内占据道路施工设置的围挡,其0.8m以上部分应采用通透性围挡,并应采取交通疏导和警示措施。

(9) 施工现场出入口应标有企业名称或企业标识。主要出入口明显处应设置工程概况牌,施工现场大门内应有施工现场总平面图和安全管理、环境保护与绿色施工、消防保卫等制度牌和宣传栏。

(10) 施工单位应采取有效的安全防护措施。参建单位必须为施工人员提供必备的劳动防护用品,施工人员应正确使用劳动防护用品。劳动防护用品应符合现行行业标准《建筑施工作业劳动防护用品配备及使用标准》(JGJ 184)的规定。

(11) 有毒有害作业场所应在醒目位置设置安全警示标识,并应符合现行国家标准《工作场所职业病危害警示标识》(GBZ 158)的规定,施工单位应依据有关规定对从事有职业病危害作业的人员定期进行体检和培训。

(12) 施工单位应根据季节气候特点,做好施工人员的饮食卫生和防暑降温、防寒保暖、防中毒、卫生防疫等工作。

(二) 绿色施工

1. 节约能源资源

(1) 施工总平面布置、临时设施的布置设计及材料选用应科学合理,节约能源。临时用电设备及器具应选用节能型产品。施工现场宜利用新能源和可再生能源。

(2) 施工现场宜利用拟建道路路基作为临时道路路基。临时设施应利用既有建筑物、构筑物和设施。土方施工应优化施工方案,减少土方开挖和回填量。

(3) 施工现场周转材料宜采用金属、化学合成材料等可回收再利用产品代替,并应加强保养维护,提高周转率。

（4）施工现场应合理安排材料进场计划，减少二次搬运，并应实行限额领料。
（5）施工现场办公应利用信息化管理，减少办公用品的使用及消耗。
（6）施工现场生产生活用水用电等资源能源的消耗应实行计量管理。
（7）施工现场应保护地下水资源。采取施工降水是应执行国家及当地有关水资源保护的规定，并应综合利用抽排出的地下水。
（8）施工现场应采用节水器具，并应设置节水标识。
（9）施工现场宜设置废水回收、循环再利用设施、宜对雨水进行收集利用。
（10）施工现场应对可回收再利用物资及时分拣、回收、再利用。

2. 大气污染防治

（1）施工现场的主要道路要进行硬化处理。裸露的场地和堆放的土方应采取覆盖、固化或绿化等措施。
（2）施工现场土方作业应采取防止扬尘措施，主要道路应定期清扫、洒水。
（3）拆除建筑物或者构筑物时，应采用隔离、洒水等降噪、降尘措施，并及时清理废弃物。
（4）土方和建筑垃圾的运输必须采用封闭式运输车辆或采取覆盖措施。施工现场出口处应设置车辆冲洗设施，并应对驶出的车辆进行清洗。
（5）建筑物内垃圾应采用容器或搭设专用封闭式垃圾道的方式清运，严禁凌空抛掷。
（6）施工现场严禁焚烧各类废弃物。
（7）在规定区域内的施工现场应使用预拌制混凝土及预拌砂浆。采用现场搅拌混凝土或砂浆的场所应采取封闭、降尘、降噪措施。水泥和其他易飞扬的细颗粒建筑材料应密闭存放或采取覆盖等措施。
（8）当市政道路施工进行铣刨、切割等作业时，应采取有效的防扬尘措施。灰土和无机料应采用预拌进场，碾压过程中应洒水降尘。
（9）城镇、旅游景点、重点文物保护区及人口密集区的施工现场应使用清洁能源。
（10）施工现场的机械设备、车辆的尾气排放应符合国家环保排放标准。
（11）当环境空气质量指数达到中度及以上的污染时，施工现场应增加洒水频次，加强覆盖措施，减少宜造成大气污染的施工作业。

3. 水土污染防治

（1）施工现场应设置排水管及沉淀池，施工污水应经沉淀处理达到排放标准后，方可排入市政污水管网。
（2）废弃的降水井应及时回填，并应封闭井口，防止污染地下水。
（3）施工现场临时厕所的化粪池应进行防渗漏处理。
（4）施工现场存放的油料和化学溶剂等物品应设置专用库房，地面应进行防渗漏处理。
（5）施工现场的危险废物应按国家有关规定处理，严禁填满。

4. 施工噪声及光污染防治

（1）施工现场场界噪声排放应符合现行国家标准《建筑施工场界环境噪声排放标准》（GB 12523）的规定。施工现场应对场界噪声排放进行监测、记录和控制，并应采取降低噪声的措施。
（2）施工现场宜选用低噪声、低振动的设备，强噪声设备宜设置在远离居民区的一侧，并应采用隔声、吸声材料搭设的防护棚或屏障。

（3）进入施工现场的车辆禁止鸣笛。装卸材料时应轻拿轻放。

（4）因生产工艺要求或其他特殊要求，确需进行夜间施工的，施工单位因加强噪声控制，并减少人为噪声。

（5）施工现场应对强光作业和照明灯具采取遮挡措施，减少对周边居民和环境的影响。

（三）环境卫生

1. 临时设施

（1）施工现场应设置办公室、宿舍、食堂、厕所、盥洗设施、淋浴房、开水间、文体活动室、职工夜校等临时设施。文体活动室应配备文体活动设施和用品。尚未竣工的建筑物内严禁设置宿舍。

（2）生活区、办公区的通道、楼梯处应设置应急疏散、逃生指示标识和应急照明灯。宿舍内宜设置烟感报警装置。

（3）施工现场应设置封闭式建筑垃圾站。办公区和生活区应设置封闭式垃圾容器。生活垃圾应分类存放，并应及时清运、消纳。

（4）施工现场应配备常用药及绷带、止血带、担架等急救器材。

（5）宿舍内应保证必要的生活空间，室内净高不得小于2.5m，通道宽度不得小于0.9m，宿舍人员人均面积不得小于$2.5m^2$，每间宿舍居住人员不得超过16人。宿舍应有专人负责管理，床头宜设置姓名卡。

（6）施工现场生活区宿舍、休息室必须设置可开启式外窗，床铺不得超过2层，不得使用通铺。

（7）施工现场宜采用集中供暖，使用炉火取暖时应采取防止一氧化碳中毒的措施。彩钢板活动房严禁使用炉火或明火取暖。

（8）宿舍内应有防暑降温措施。宿舍应设生活用品专柜、鞋柜或鞋架、垃圾桶等生活设施。生活区应提供晾晒衣物的场所和晾衣架。

（9）宿舍照明电源宜选用安全电压，采用强电照明的宜使用限流器。生活区宜单独设置手机充电柜或充电房间。

（10）食堂应设置在远离厕所、垃圾站、有毒有害场所等有污染源的地方。

（11）食堂应设置隔油池，并应定期清理。

（12）食堂应设置独立的制作间、储藏间，门扇下方应设不低于0.2m的防鼠挡板。制作间灶台及周边应采取宜清洁、耐擦洗措施，墙面处理高度大于1.5m，地面应做硬化和防滑处理，并保持墙面、地面整洁。

（13）食堂应配备必要的排风和冷藏设施，宜设置通风天窗和油烟净化装置，油烟净化装置应定期清理。

（14）食堂宜使用电炊具。使用燃气的食堂，燃气罐应单独设置存放间并应加装燃气报警装置，存放间应通风良好并严禁存放其他物品。供气单位资质应齐全，气源应有可追溯性。

（15）食堂制作间的炊具宜存放在封闭的橱柜内，刀、盆、案板等炊具应生熟分开。

（16）食堂制作间、锅炉房、可燃材料库房及易燃易爆危险品库房等应采用单层建筑，应与宿舍和办公用房分别设置，并应按相关规定保持安全距离。临时用房内设置的食堂、库房和会议室应设在首层。

(17) 易燃易爆危险品库房应使用不燃材料搭建，面积不应超过200m²。

(18) 施工现场应设置水冲式或移动式厕所，厕所地面应硬化，门窗应齐全并通风良好。侧位宜设置门及隔板，高度不应小于0.9m。

(19) 厕所面积应根据施工人员数量设置。厕所应设专人负责，定期清扫、消毒，化粪池应及时清掏。高层建筑施工超过8层时，宜每隔4层设置临时厕所。

(20) 淋浴间内应设置满足需要的淋浴喷头，并应设置储衣柜或挂衣架。

(21) 施工现场应设置满足施工人员使用的盥洗设施。盥洗设施的下水管口应设置过滤网，并应与市政污水管线连接，排水应畅通。

(22) 生活区应设置开水炉、点热水器或保温水桶，施工区应配备流动保温水桶。开水炉、电热水器、保温水桶应上锁由专人负责管理。

(23) 未经施工总承包单位批准，施工现场和生活区不得使用电热器具。

2. 卫生防疫

(1) 办公区和生活区应设专职或兼职保洁员，并应采取灭鼠、灭蚊蝇、灭蟑螂等措施。

(2) 食堂应取得相关部门颁发的许可证，并应悬挂在制作间醒目位置。炊事人员必须经体检合格并持证上岗。

(3) 炊事人员上岗应穿戴整洁的工作服、工作帽和口罩，并应保持个人卫生。非炊事人员不得随意进入食堂制作间。

(4) 食堂的炊具、餐具和公共饮水器具应及时清洗定期消毒。

(5) 施工现场应加强食品、原料的进货管理，建立食品、原料采购台账，保存原始采购单据。严禁购买无照、无证商贩的食品和原料。食堂应按许可范围经营，严禁制售易导致食物中毒食品和变质食品。

(6) 生熟食品应分开加工和保管，存放成品或半成品的器皿应有耐擦洗的生熟标识。成品或半成品应遮盖，遮盖物品应有正反面标识。各种佐料和副食应存放在密闭器皿内，并应有标识。

(7) 存放食品原料的储藏间或库房应有通风、防潮、防虫、防鼠等措施，库房不得兼作他用。粮食存放台距墙和地面应大于0.2m。

(8) 当事故现场遇突发疫情时，应及时上报，并应按卫生防疫部门的相关规定进行处理。

第九章　劳动保护管理

一、劳动防护用品管理制度

(一) 劳动防护用品的使用管理

基本要求：

1. 建立健全劳动防护用品的购买、验收、保管、发放、使用、更换、报废等管理制度，并应按照劳动防护用品的使用要求，在使用前对其防护功能进行必要的检查。

2. 购买的劳动防护用品须经本单位的安全技术部门验收。

3. 教育本单位劳动者按照劳动防护用品使用规则和防护要求正确使用劳动防护用品。

(二) 劳动防护用品选用规定

劳动防护用品选用规定如表2-9-1所示。

表2-9-1 劳动防护用品选用表

作业类别编号	作业类别名称	不可使用的品类	必须使用的护品	可考虑使用的护品
A01	易燃易爆场所作业	的确良、尼龙等着火焦结的衣物；聚氯乙烯塑料鞋；底面钉铁件的鞋	棉布工作服；防静电服；防静电鞋	
A02	可燃性粉尘场所作业	的确良、尼龙等着火焦结的衣物；底面钉铁件的鞋	棉布工作服；防毒口罩	防静电服；防静电鞋
A03	高温作业	的确良、尼龙等着火焦结的衣物；聚氯乙烯塑料鞋	白帆布类隔热服；耐高温鞋；防强光、紫外线、红外线护目镜或面罩	镀反射膜类隔热服；其他零星护品的披肩帽、鞋罩、围裙、袖套等
A04	低温作业	底面钉铁件的鞋	防寒服、防寒手套、防寒鞋	防寒帽、防寒工作鞋
A05	低压带电作业		绝缘手套、绝缘鞋	安全帽、防异物伤害护目镜
A06	高压带电作业		绝缘手套、绝缘鞋、安全帽	等电位工作服、防异物伤害护目镜
A07	吸入性气相毒物作业		防毒口罩	有相应滤毒罐的防毒面罩；供应空气的呼吸保护器
A08	吸入性气溶胶毒物作业		防毒口罩或防尘口罩、护发罩	防化学眼镜；有相应滤毒罐的防毒面罩；供应空气的呼吸保护器；防毒物渗透工作服
A09	沾染性毒物作业		防化学液眼镜、防毒口罩；防毒物渗透工作服、防毒物渗透手套；护发帽	有相应滤毒罐的防毒面罩；供应空气的呼吸保护器；相应的皮肤保护剂
A10	生物性毒物作业		防毒口罩、防毒物渗透工作服、护发帽、防毒物渗透手套、防异物伤害护目镜	有相应滤毒罐的防毒面罩；相应的皮肤保护剂
A11	腐蚀性作业		防化学液眼镜、防毒口罩、防酸（碱）工作服；耐酸（碱）手套、耐酸（碱）鞋、护发帽	供应空气的呼吸保护器

续表

作业类别编号	作业类别名称	不可使用的品类	必须使用的护品	可考虑使用的护品
A12	易污作业		防尘口罩、护发帽、一般性工作服；其他零星护品如披肩帽、鞋罩、围裙、袖套等	相应的皮肤保护剂
A13	恶味作业		一般性工作服	供应空气的呼吸保护器；相应的皮肤保护剂；护发帽
A14	密闭场所作业		供应空气的呼吸保护器	
A15	噪声作业			塞栓式耳塞；耳罩
A16	强光作业		防强光、紫外线、红外线护目镜或面罩	
A17	激光作业		防激光护目镜	
A18	荧光屏作业			荧光屏作业护目镜
A19	微波作业			防微波护目镜、屏蔽服
A20	射线作业		防射线护目镜、防射线服	
A21	高处作业	底面钉铁件的鞋	安全帽、安全带	防滑工作鞋
A22	存在物体坠落、撞击的作业		安全帽、防砸安全鞋	
A23	有碎屑飞溅的作业		防异物伤害护目镜；一般性工作服	
A24	操纵转动机械	手套	护发帽、防异物伤害护目镜；一般性的工作服	
A25	人工搬运	底面钉铁件的鞋	防滑手套	安全帽、防滑工作鞋；防砸安全鞋
A26	接触使用锋利器具		一般性的工作服	防割伤手套、防砸安全鞋、防刺穿鞋
A27	地面存在尖利器物的作业		防刺穿鞋	
A28	手持振动机械作业		防射线服	
A29	人承受全身震动的作业		减震鞋	
A30	野外作业		防水工作服（包括防水鞋）	防寒帽、防寒服、防寒手套、防寒鞋、防异物伤害护目镜、防滑工作鞋
A31	水上作业		防滑工作鞋、救生衣（服）	安全带、水上作业服

续表

作业类别编号	作业类别名称	不可使用的品类	必须使用的护品	可考虑使用的护品
A32	涉水作业		防水工作服（包括防水鞋）	
A33	潜水作业		潜水服	
A34	地下挖掘建筑作业		安全帽	防尘口罩、塞栓式耳塞、减震手套、防砸安全鞋、防水工作服（包括防水鞋）
A35	车辆驾驶		一般性的工作服	防强光、紫外线、红外线护目镜或面罩；防异物伤害护目镜；防冲击安全头盔
A36	铲、装、吊、推机械操纵		一般性的工作服	防尘口罩；防强光、紫外线、红外线护目镜或面罩；防异物伤害护目镜；防水工作服（包括防水鞋）
A37	一般性作业			一般性的工作服
A38	其他作业			一般性的工作服

二、"三宝"（安全网、安全帽、安全带）安全使用制度

（一）安全网安全使用制度

1. 网内不得存留建筑垃圾，网下不能堆积物品，网身不能出现严重变形和磨损，防止受化学品与酸、碱烟雾的污染及电焊火花的烧灼等。

2. 支撑架不得出现严重变形和磨损，其连接部位不得有松脱现象。网与网之间及网与支撑架之间的连接点亦不允许出现松脱。所有绑拉的绳都不能使其受严重的磨损或有变形。

3. 网内的坠落物要经常清理，保持网体洁净。还要避免大量焊接或其他火星落入网内，并避免高温或蒸气环境。当网体受到化学品的污染或网绳嵌入粗砂粒或其他可能引起磨损的异物时，即须进行清洗，洗后使其自然干燥。

4. 安全网在搬运中不可使用铁钩或带尖刺的工具，以防损伤网绳。网体要存放在仓库或专用场所，并将其分类、分批存放在架子上，不允许随意乱堆。对仓库要求具备通风、遮光、隔热、防潮、避免化学物品的侵蚀等条件。在存放过程中，亦要求对网体作定期检验，发现问题，立即处理，以确保安全。

（二）安全帽安全使用制度

1. 凡进入施工现场的所有人员，都必须佩戴安全帽。作业中不得将安全帽脱下、搁置一旁或当坐垫使用。

2. 国家标准中规定佩戴安全帽的高度，为帽箍底边至人头顶端（以试验时木质人头模型作代表）的垂直距离为 80~90mm。国家标准对安全帽最主要的要求是能够承受 5000N 的冲击力。

3. 要正确使用安全帽，要扣好帽带，调整好帽衬间距（一般约 40~50mm），勿使轻易

松脱或颠动摇晃。缺衬缺带或破损的安全帽不准使用。

（三）安全带安全使用制度

1. 使用时要高挂低用，防止摆动碰撞，绳子不能打结，钩子要挂在连接环上。当发现有异常时要立即更换，换新绳时要加绳套。使用3m以上的长绳要加缓冲器。

2. 在攀登和悬空等作业中，必须佩戴安全带并有牢靠的挂钩设施，严禁只在腰间佩戴安全带，而不在固定的设施上拴挂钩环。

3. 安全带不使用时要妥善保管，不可接触高温、明火、强酸、强碱或尖锐物体。使用频繁的绳要经常做外观检查；使用两年后要做抽检，抽验过的样带要更换新绳。

三、《建筑施工作业劳动保护用品配备及使用标准》（JGJ 184—2009）

（一）有关规定

1. 从事施工作业人员必须配备符合国家现行标准的劳动防护用品，并应按规定正确使用。

2. 劳动防护用品的配备，应按照"谁用工，谁负责"的原则，由用人单位为作业人员按作业工种配备。

3. 进入施工现场人员必须佩戴安全帽。作业人员必须戴安全帽、穿工作鞋和工作服；应按作业要求正确使用劳动防护用品。在高于2m及以上的无可靠安全防护设施的高处、悬崖和陡坡作业时，必须系挂安全带。

4. 从事机械作业的女工及长发者应配备工作帽等个人防护用品。

5. 从事登高架设作业、起重吊装作业的施工人员应配备防止滑落的劳动防护用品，应为从事自然强光环境下作业的施工人员配备防止强光伤害的劳动防护用品。

6. 从事施工现场临时用电工程作业的施工人员应配备防止触电的劳动防护用品。

7. 从事焊接作业的施工人员应配备防止触电、灼伤、强光伤害的劳动防护用品。

8. 从事锅炉、压力容器、管道安装作业的施工人员应配备防止触电、强光伤害的劳动防护用品。

9. 从事防水、防腐和油漆作业的施工人员应配备防止触电、中毒、灼伤的劳动防护用品。

10. 从事基础施工、主体结构、屋面施工、装饰装修作业人员应配备防止身体、手足、眼部等受到伤害的劳动防护用品。

11. 冬期施工期间或作业环境温度较低的，应为作业人员配备防寒类防护用品。

12. 雨期施工期间应为室外作业人员配备雨衣、雨鞋等个人防护用品。对环境潮湿及水中作业的人员应配备相应的劳动防护用品。

（二）劳动防护用品的配备

1. 架子工、起重吊装工、信号指挥工的劳动防护用品配备应符合下列规定：

（1）架子工、塔式起重机操作人员、起重吊装工应配备灵便紧口的工作服、系带防滑鞋和工作手套。

（2）信号指挥工应配备专用标志服装，在自然强光环境条件作业时，应配备有色防护眼镜。

2. 电工的劳动防护用品配备应符合下列规定：

（1）维修电工应配备绝缘鞋、绝缘手套和灵便紧口的工作服。

（2）安装电工应配备手套和防护眼镜。

（3）高压电气作业时，应配备相应等级的绝缘鞋、绝缘手套和有色防护眼镜。

3. 电焊工、气割工的劳动防护用品配备应符合下列规定：

（1）电焊工、气割工应配备阻燃防护服、绝缘鞋、鞋盖、电焊手套和焊接防护面罩。在高处作业时，应配备安全帽与面罩连接式焊接防护面罩和阻燃安全带。

（2）从事清除焊渣作业时，应配备防护眼镜。

（3）从事磨削钨极作业时，应配备手套、防尘口罩和防护眼镜。

（4）从事酸碱等腐蚀性作业时，应配备防腐蚀性工作服、耐酸碱胶鞋、戴耐酸碱手套、防护口罩和防护眼镜。

（5）在密闭环境或通风不良的情况下，应配备送风式防护面罩。

4. 锅炉、压力容器及管道安装工的劳动防护用品配备应符合下列规定：

（1）锅炉及压力容器安装工、管道安装工应配备紧口工作服和保护足趾安全鞋，在强光环境条件作业时，应配备有色防护眼镜。

（2）在地下或潮湿场所，应配备紧口工作服、绝缘鞋和绝缘手套。

5. 油漆工在从事涂刷、喷漆作业时，应配备防静电工作服、防静电鞋、防静电手套、防毒口罩和防护眼镜；从事砂纸打磨作业时，应配备防尘口罩和密闭式防护眼镜。

6. 普通工从事淋灰、筛灰作业时，应配备高腰工作鞋、鞋盖、手套和防尘口罩，宜配备防护眼镜；从事抬、扛物料作业时，应配备垫肩；从事人工挖扩桩孔孔井下作业时，应配备雨靴、手套和安全绳；从事拆除工程作业时，应配备保护足趾安全鞋、手套。

7. 混凝土工应配备工作服、系带高腰防滑鞋、鞋盖、防尘口罩和手套，宜配备防护眼镜；从事混凝土浇筑作业时，应配备胶鞋和手套；从事混凝土振捣作业时，应配备绝缘胶靴、绝缘手套。

8. 瓦工、砌筑工应配备保护足趾安全鞋、胶面手套和普通工作服。

9. 抹灰工应配备高腰布面胶底防滑鞋和手套，宜配备防护眼镜。

10. 磨石工应配备紧口工作服、绝缘胶靴、绝缘手套和防尘口罩。

11. 石工应配备紧口工作服、保护足趾安全鞋、手套和防尘口罩，宜配备防护眼镜。

12. 木工从事机械作业时，应配备紧口工作服、防噪声耳罩和防尘口罩，宜配备防护眼镜。

13. 钢筋工应配备紧口工作服、保护足趾安全鞋和手套；从事钢筋除锈作业时，应配备防尘口罩，宜配备防护眼镜。

14. 防水工的劳动防护用品配备应符合下列规定：

（1）从事涂刷作业时，应配备防静电工作服、防静电鞋和鞋盖、防护手套、防毒口罩和防护眼镜。

（2）从事沥青熔化、运送作业时，应配备防烫工作服、高腰布面胶底防滑鞋和鞋盖、工作帽、耐高温长手套，防毒口罩和防护眼镜。

15. 玻璃工应配备工作服和防切割手套；从事打磨玻璃作业时，应配备防尘口罩，宜配备防护眼镜。

16. 司炉工应配备耐高温工作服、保护足趾安全鞋、工作帽、防护手套和防尘口罩，宜配备防护眼镜；从事添加燃料作业时，应配备有色防冲击眼镜。

17. 钳工、铆工、通风工的劳动防护用品配备应符合下列规定：

（1）从事使用锉刀、刮刀、錾子、扁铲等工具作业时，应配备紧口工作服和防护眼镜。

（2）从事剔凿作业时，应配备手套和防护眼镜；从事搬抬作业时，应配备保护足趾安全鞋和手套。

（3）从事石棉、玻璃棉等含尘毒材料作业时，操作人员应配备防异物工作服、防尘口罩、风帽、风镜和薄膜手套。

18. 筑炉工从事磨砖、切砖作业时，应配备紧口工作服、保护足趾安全鞋、手套和防尘口罩，宜配备防护眼镜。

19. 电梯安装工、起重机械安装拆卸工从事安装、拆卸和维修作业时，应配备紧口工作服、保护足趾安全鞋和手套。

20. 其他人员的劳动防护用品配备应符合下列规定：

（1）从事电钻、砂轮等手持电动工具作业时，应配备绝缘鞋、绝缘手套和防护眼镜。

（2）从事蛙式夯实机、振动冲击夯作业时，应配备具有绝缘功能的保护足趾安全鞋、绝缘手套和防噪声耳塞（耳罩）。

（3）从事可能飞溅渣屑的机械设备作业时，应配备防护眼镜。

（4）从事地下管道检修作业时，应配备防毒面罩、防滑鞋（靴）和工作手套。

（三）劳动防护用品使用及管理

1. 建筑施工企业应选定劳动防护用品的合格供货方，为作业人员配备的劳动防护用品必须符合国家有关标准，应具备生产许可证、产品合格证等相关资料。经本单位安全生产管理部门审查合格后方可使用。

建筑施工企业不得采购和使用无厂家名称、无产品合格证、无安全标志的劳动防护用品。

2. 劳动防护用品的使用年限应按国家现行相关标准执行。劳动防护用品达到使用年限或报废标准的应由建筑施工企业统一收回报废，并应为作业人员配备新的劳动防护用品。劳动防护用品有定期检测要求的应按照其产品的检测周期进行检测。

3. 建筑施工企业应建立健全劳动防护用品购买、验收、保管、发放、使用、更换、报废管理制度，在劳动防护用品使用前，应对其防护功能进行必要的检查。

4. 建筑施工企业应教育从业人员按照劳动防护用品使用规定和防护要求，正确使用劳动防护用品。

5. 建设单位应保证施工企业安全措施实施的费用，并应督促施工企业使用合格的劳动防护用品。

6. 建筑施工企业应对危险性较大的施工作业场所及具有尘毒危害的作业环境设置安全警示标识和应使用的安全防护用品标识牌。

第十章　机械设备管理

一、设备管理责任制

（一）总公司机械设备管理责任制

1. 总公司机械设备管理部

（1）是机械设备的主管部门，代表单位行使机械设备管理的职能。负责贯彻执行国家、上级部门颁发的有关机械设备的法律、法规和标准规范；负责制定、修订公司设备管理制度及企业标准；负责制度、标准实施过程的检查、指导和监督；负责发布内部机械租赁费统一报价。

（2）根据上级及行业的有关规定，选择建筑起重机械检验检测的委托机构，预审进入施工现场的租赁机械设备。

（3）负责机械设备启用验收工作。

（4）负责企业内机械设备的检查、指导和监督等管理工作。

（5）负责机械设备选型、购置、验收入账、调拨、报废更新和报废处理。

（6）负责机械设备固定资产账务管理和设备统计汇总。

（7）负责机械设备事故的调查，分析及上报处理工作。

2. 总公司技术部门

（1）负责编制施工组织设计包括建筑起重机械专项施工方案的审批。

（2）负责试验、检验、测量仪器设备的购置、使用、检测封存、报废的管理。

3. 总公司建筑机械施工分公司

（1）负责自有和租赁机械设备的管理，业务管理受单位机械设备管理部门领导。

（2）负责自有和租赁机械设备的经营管理，承担施工现场机械设备的日常管理、维修检查安装启用验收和申报检测工作。

（3）负责贯彻执行机械设备管理的法律、法规、标准及制度，结合本单位情况制定实施细则，检查执行情况，组织改进活动。

（4）机械设备购置、报废及更新的申请工作。

（5）负责出租建筑起重机械安（拆）装工程方案的编制和实施。

（6）负责机械设备固定资产的账务、实物、附件管理及统计报表的上报。

（7）负责机械设备使用过程中的维护保养，安全使用和巡视检查工作。

（8）接受分包（专业分包）单位委托的机械设备的有偿管理，并履行每月不少于一次专业检查、实施监督与监视。

(二) 项目经理部机械设备管理责任制

1. 设置专职或兼职的机管员，负责编制项目设备使用计划，建立设备租赁合同及安全协议台账。

2. 负责建立项目机械设备使用台账和机械设备租赁费用台账。

3. 参与机械检测机构对机械设备的检测工作，负责对检测不合格项的整改复查工作。

4. 参与机械设备的安（拆）装监护工作，做好机械设备进退场的协调工作。

5. 负责项目经理部设备定期检查和不定期巡回检查。

6. 负责编制并实施中小型机械设备的保养计划。

7. 负责对机械设备操作人员的上岗安全交底，建立特种作业人员名册。并督促操作人员持证上岗和执行安全操作规程。

8. 负责项目机械设备启用验收工作。

(三) 项目部相关负责人的责任制

1. 项目经理

（1）负责项目施工现场准备工作，保证机械设备使用条件，按要求配备管理和操作人员。

(2) 督促有关人员做好现场机械设备的使用和管理工作。

2. 项目工程师

(1) 选择合适的机械设备,安排适宜的机械设备作业环境,绘制机械设备现场布置图。对超性能使用机械设备应列专项说明。

(2) 组织编制或审查建筑起重机械安(拆)装工程专项施工方案。

(3) 组织机械设备的相关交底和验收工作。

3. 机械管理人员

(1) 参加现场准备工作,检查机械设备使用条件,负责自有及租赁机械设备的进场验收。

(2) 督促操作人员遵守操作规程,正确安装和操作机械设备,做好机械设备的例行保养工作。

(3) 定期检查机械设备的安全运行情况、工地临时用电情况,按要求建立使用管理台账。

(4) 组织或协助组织对机械设备故障的处理。

(5) 负责监督机械设备安全使用、定期检查、装改等工作。

(6) 参与编制或审查建筑起重机械安(拆)装专项施工方案。

(7) 参与机械设备的检测和验收工作。

4. 安全员

(1) 参加现场准备工作,检查机械设备使用条件,参与自有及租赁机械设备的进场验收。

(2) 负责检查机械设备操作人员的操作资格证书。

二、建筑起重机械使用管理

(一)制定多塔作业防碰撞专项方案

当多台塔式起重机在同一施工现场交叉作业时,应编制专项方案,并应采取防碰撞的安全措施。任意两台塔式起重机之间的最小架设距离应符合下列规定:

1. 低位塔式起重机的起重臂端部与另一台塔式起重机的塔身之间的距离不得小于2m。

2. 高位塔式起重机的最低位置的部件(或吊钩升至最高点或平衡重的最低部位)与低位塔式起重机中处于最高位置部件之间的垂直距离不得小于2m。

(二)编制建筑起重机械使用过程中应急预案

应急预案要点:

1. 应急处置基本原则。

2. 组织机构及职责。

3. 事故类型和危害程度分析。

4. 预防与预警。

5. 应急处置。

6. 应急物资与装备保障。

(三）建筑起重机械的使用管理

1. 使用单位应在施工现场配备专职设备管理人员。

2. 建筑起重机械的司机、起重信号工、司索工等操作人员应取得建筑施工特种作业操作资格证书上岗，严禁无证上岗。

3. 建筑起重机械使用前应对上述作业人员进行安全教育与安全技术交底，交底资料应留存备查。

4. 维修单位应按使用说明书的要求对需润滑部件进行全面润滑，不得使用有故障的建筑起重机械。

5. 当遇到可能影响建筑起重机械安全技术性能的自然灾害、发生事故或停工6个月以上时，应对建筑起重机械重新组织检查验收。

6. 塔式起重机的使用要求：

（1）应按照《建筑施工塔式起重机安装、使用、拆卸安全技术规程》（JGJ 196—2010）中的"塔式起重机的使用"要求进行使用。

（2）塔式起重机的力矩限制器、重量限制器、变幅限位器、行走限位器、高度限位器等安全保护装置不得随意调整和拆除，严禁用限位装置代替操纵机构。

（3）遇风速在12m/s及以上的大风或大雨、大雪、大雾等恶劣天气时，应停止作业；雨雪过后，应先经过试吊，确认制动器灵敏可靠方可进行作业；夜间施工应有足够照明，照明的安装应符合现行行业标准《施工现场临时用电安全技术规范》（JGJ 46）的要求。

7. 施工升降机的使用要求：

（1）应按照《建筑施工升降机安装、使用、拆卸安全技术规程》（JGJ 215—2010）中"施工升降机的使用"要求进行使用。

（2）严禁施工升降机使用超过有效标定期的防坠安全器。

（3）严禁用行程开关代为停止运行的控制开关。

（4）钢丝绳式施工升降机的使用还应符合现行国家标准《起重机钢丝绳保养、维护、安装、检验和报废》（GB/T 5972）的规定。

（5）施工升降机使用期间，每3个月应进行不少于一次的额定载重量坠落试验，坠落试验方法、时间间隔及评定标准应符合使用说明书和现行国家标准《施工升降机》（GB/T 10054）的有关要求。

三、《建筑起重机械安全监督管理规定》（节选）（中华人民共和国建设部令第**166**号）

第八条 建筑起重机械有本规定第七条第（一）、（二）、（三）项情形之一的，出租单位或者自购建筑起重机械的使用单位应当予以报废，并向原备案机关办理注销手续。

第九条 出租单位、自购建筑起重机械的使用单位，应当建立建筑起重机械安全技术档案。

建筑起重机械安全技术档案应当包括以下资料：

（一）购销合同、制造许可证、产品合格证、制造监督检验证明、安装使用说明书、备案证明等原始资料；

（二）定期检验报告、定期自行检查记录、定期维护保养记录、维修和技术改造记录、运行故障和生产安全事故记录、累计运转记录等运行资料；

（三）历次安装验收资料。

第十条 从事建筑起重机械安装、拆卸活动的单位（以下简称安装单位）应当依法取得建设主管部门颁发的相应资质和建筑施工企业安全生产许可证，并在其资质许可范围内承揽建筑起重机械安装、拆卸工程。

第十一条 建筑起重机械使用单位和安装单位应当在签订的建筑起重机械安装、拆卸合同中明确双方的安全生产责任。

实行施工总承包的，施工总承包单位应当与安装单位签订建筑起重机械安装、拆卸工程安全协议书。

第十二条 安装单位应当履行下列安全职责：

（一）按照安全技术标准及建筑起重机械性能要求，编制建筑起重机械安装、拆卸工程专项施工方案，并由本单位技术负责人签字；

（二）按照安全技术标准及安装使用说明书等检查建筑起重机械及现场施工条件；

（三）组织安全施工技术交底并签字确认；

（四）制定建筑起重机械安装、拆卸工程生产安全事故应急救援预案；

（五）将建筑起重机械安装、拆卸工程专项施工方案，安装、拆卸人员名单，安装、拆卸时间等材料报施工总承包单位和监理单位审核后，告知工程所在地县级以上地方人民政府建设主管部门。

第十三条 安装单位应当按照建筑起重机械安装、拆卸工程专项施工方案及安全操作规程组织安装、拆卸作业。

安装单位的专业技术人员、专职安全生产管理人员应当进行现场监督，技术负责人应当定期巡查。

第十四条 建筑起重机械安装完毕后，安装单位应当按照安全技术标准及安装使用说明书的有关要求对建筑起重机械进行自检、调试和试运转。自检合格的，应当出具自检合格证明，并向使用单位进行安全使用说明。

第十五条 安装单位应当建立建筑起重机械安装、拆卸工程档案。

建筑起重机械安装、拆卸工程档案应当包括以下资料：

（一）安装、拆卸合同及安全协议书；

（二）安装、拆卸工程专项施工方案；

（三）安全施工技术交底的有关资料；

（四）安装工程验收资料；

（五）安装、拆卸工程生产安全事故应急救援预案。

第十六条 建筑起重机械安装完毕后，使用单位应当组织出租、安装、监理等有关单位进行验收，或者委托具有相应资质的检验检测机构进行验收。建筑起重机械经验收合格后方可投入使用，未经验收或者验收不合格的不得使用。

实行施工总承包的，由施工总承包单位组织验收。

建筑起重机械在验收前应当经有相应资质的检验检测机构监督检验合格。

检验检测机构和检验检测人员对检验检测结果、鉴定结论依法承担法律责任。

第十七条 使用单位应当自建筑起重机械安装验收合格之日起 30 日内，将建筑起重机械安装验收资料、建筑起重机械安全管理制度、特种作业人员名单等，向工程所在地县级以上地方人民政府建设主管部门办理建筑起重机械使用登记。登记标志置于或者附着于该设备的显著位置。

第十八条 使用单位应当履行下列安全职责：

（一）根据不同施工阶段、周围环境以及季节、气候的变化，对建筑起重机械采取相应的安全防护措施；

（二）制定建筑起重机械生产安全事故应急救援预案；

（三）在建筑起重机械活动范围内设置明显的安全警示标志，对集中作业区做好安全防护；

（四）设置相应的设备管理机构或者配备专职的设备管理人员；

（五）指定专职设备管理人员、专职安全生产管理人员进行现场监督检查；

（六）建筑起重机械出现故障或者发生异常情况的，立即停止使用，消除故障和事故隐患后，方可重新投入使用。

第十九条 使用单位应当对在用的建筑起重机械及其安全保护装置、吊具、索具等进行经常性和定期的检查、维护和保养，并做好记录。

使用单位在建筑起重机械租期结束后，应当将定期检查、维护和保养记录移交出租单位。

建筑起重机械租赁合同对建筑起重机械的检查、维护、保养另有约定的，从其约定。

第二十条 建筑起重机械在使用过程中需要附着的，使用单位应当委托原安装单位或者具有相应资质的安装单位按照专项施工方案实施，并按照本规定第十六条规定组织验收。验收合格后方可投入使用。

建筑起重机械在使用过程中需要顶升的，使用单位委托原安装单位或者具有相应资质的安装单位按照专项施工方案实施后，即可投入使用。

禁止擅自在建筑起重机械上安装非原制造厂制造的标准节和附着装置。

第二十一条 施工总承包单位应当履行下列安全职责：

（一）向安装单位提供拟安装设备位置的基础施工资料，确保建筑起重机械进场安装、拆卸所需的施工条件；

（二）审核建筑起重机械的特种设备制造许可证、产品合格证、制造监督检验证明、备案证明等文件；

（三）审核安装单位、使用单位的资质证书、安全生产许可证和特种作业人员的特种作业操作资格证书；

（四）审核安装单位制定的建筑起重机械安装、拆卸工程专项施工方案和生产安全事故应急救援预案；

（五）审核使用单位制定的建筑起重机械生产安全事故应急救援预案；

（六）指定专职安全生产管理人员监督检查建筑起重机械安装、拆卸、使用情况；

（七）施工现场有多台塔式起重机作业时，应当组织制定并实施防止塔式起重机相互碰撞的安全措施。

第二十二条 监理单位应当履行下列安全职责：

（一）审核建筑起重机械特种设备制造许可证、产品合格证、制造监督检验证明、备案证明等文件；

（二）审核建筑起重机械安装单位、使用单位的资质证书、安全生产许可证和特种作业人员的特种作业操作资格证书；

（三）审核建筑起重机械安装、拆卸工程专项施工方案；

（四）监督安装单位执行建筑起重机械安装、拆卸工程专项施工方案情况；

（五）监督检查建筑起重机械的使用情况；

（六）发现存在生产安全事故隐患的，应当要求安装单位、使用单位限期整改，对安装单位、使用单位拒不整改的，及时向建设单位报告。

第二十三条 依法发包给两个及两个以上施工单位的工程，不同施工单位在同一施工现场使用多台塔式起重机作业时，建设单位应当协调组织制定防止塔式起重机相互碰撞的安全措施。

安装单位、使用单位拒不整改生产安全事故隐患的，建设单位接到监理单位报告后，应当责令安装单位、使用单位立即停工整改。

第二十四条 建筑起重机械特种作业人员应当遵守建筑起重机械安全操作规程和安全管理制度，在作业中有权拒绝违章指挥和强令冒险作业，有权在发生危及人身安全的紧急情况时立即停止作业或者采取必要的应急措施后撤离危险区域。

第二十五条 建筑起重机械安装拆卸工、起重信号工、起重司机、司索工等特种作业人员应当经建设主管部门考核合格，并取得特种作业操作资格证书后，方可上岗作业。

省、自治区、直辖市人民政府建设主管部门负责组织实施建筑施工企业特种作业人员的考核。

特种作业人员的特种作业操作资格证书由国务院建设主管部门规定统一的样式。

第二十八条 违反本规定，出租单位、自购建筑起重机械的使用单位，有下列行为之一的，由县级以上地方人民政府建设主管部门责令限期改正，予以警告，并处以5000元以上1万元以下罚款：

（一）未按照规定办理备案的；

（二）未按照规定办理注销手续的；

（三）未按照规定建立建筑起重机械安全技术档案的。

第二十九条 违反本规定，安装单位有下列行为之一的，由县级以上地方人民政府建设主管部门责令限期改正，予以警告，并处以5000元以上3万元以下罚款：

（一）未履行第十二条第（二）、（四）、（五）项安全职责的；

（二）未按照规定建立建筑起重机械安装、拆卸工程档案的；

（三）未按照建筑起重机械安装、拆卸工程专项施工方案及安全操作规程组织安装、拆卸作业的。

第三十条 违反本规定，使用单位有下列行为之一的，由县级以上地方人民政府建设主管部门责令限期改正，予以警告，并处以5000元以上3万元以下罚款：

（一）未履行第十八条第（一）、（二）、（四）、（六）项安全职责的；

（二）未指定专职设备管理人员进行现场监督检查的；

（三）擅自在建筑起重机械上安装非原制造厂制造的标准节和附着装置的。

第三十一条 违反本规定，施工总承包单位未履行第二十一条第（一）、（三）、（四）、

（五）、（七）项安全职责的，由县级以上地方人民政府建设主管部门责令限期改正，予以警告，并处以 5000 元以上 3 万元以下罚款。

第三十二条 违反本规定，监理单位未履行第二十二条第（一）、（二）、（四）、（五）项安全职责的，由县级以上地方人民政府建设主管部门责令限期改正，予以警告，并处以 5000 元以上 3 万元以下罚款。

第三十三条 违反本规定，建设单位有下列行为之一的，由县级以上地方人民政府建设主管部门责令限期改正，予以警告，并处以 5000 元以上 3 万元以下罚款；逾期未改的，责令停止施工：

（一）未按照规定协调组织制定防止多台塔式起重机相互碰撞的安全措施的；

（二）接到监理单位报告后，未责令安装单位、使用单位立即停工整改的。

第三十五条 本规定自 2008 年 6 月 1 日起施行。

第十一章　安全生产标准化考评

《安全生产法》及《国务院关于坚持科学发展安全发展促进安全形势持续稳定好转的意见》（国发〔2011〕40 号）都明确要求生产经营单位要"推进安全生产标准化建设"，住建部 2014 年 7 月 31 日颁布《建筑施工安全生产标准化考评暂行办法》（建质〔2014〕111 号），进一步规范了施工安全生产标准化考评工作，将考评分为建筑施工项目安全标准化考评和建筑施工企业安全生产标准化考评。

一、项目考评

（一）责任分工

建筑施工企业应当建立健全以项目负责人为第一责任人的项目安全生产管理体系，依法履行安全生产职责，实施项目安全生产标准化工作。

建筑施工项目实行施工总承包的，施工总承包单位对项目安全生产标准化工作负总责。施工总承包单位应当组织专业承包单位等开展项目安全生产标准化工作。

（二）自评依据

工程项目应当成立由施工总承包及专业承包单位等组成的项目安全生产标准化自评机构，在项目施工过程中每月主要依据《建筑施工安全检查标准》（JGJ 59）等开展安全生产标准化自评工作。

（三）监督检查

1. 建筑施工企业安全生产管理机构应当定期对项目安全生产标准化工作进行监督检查，检查及整改情况应当纳入项目自评材料。

2. 建设监理单位应当对建筑施工企业实施的项目安全生产标准化工作进行监督检查，并对建筑施工企业的项目自评材料进行审核并签署意见。

3. 对建筑施工项目实施安全生产监督的住房城乡建设主管部门或其委托的建筑施工安全监督机构（以下简称"项目考评主体"）负责建筑施工项目安全生产标准化考评工作。

4. 项目考评主体应当对已办理施工安全监督手续并取得施工许可证的建筑施工项目实施安全生产标准化考评。

5. 项目考评主体应当对建筑施工项目实施日常安全监督时同步开展项目考评工作，指导监督项目自评工作。

6. 项目完工后办理竣工验收前，建筑施工企业应当向项目考评主体提交项目安全生产标准化自评材料。

（四）项目自评材料主要内容

1. 项目建设、监理、施工总承包、专业承包等单位及其项目主要负责人名录；

2. 项目主要依据《建筑施工安全检查标准》（JGJ 59）等进行自评结果及项目建设、监理单位审核意见。

3. 项目施工期间因安全生产受到住房城乡建设主管部门奖惩情况（包括限期整改、停工整改、通报批评、行政处罚、通报表扬、表彰奖励等）。

4. 项目发生生产安全责任事故情况。

5. 住房城乡建设主管部门规定的其他材料。

（五）建筑施工项目

安全生产标准化评定为不合格的几种情形：

1. 未按规定开展项目自评工作的。

2. 发生生产安全责任事故的。

3. 因项目存在安全隐患在一年内受到住房城乡建设主管部门2次及以上停工整改的。

4. 住房城乡建设主管部门规定的其他情形。

二、企业考评

（一）责任分工

建筑施工企业应当建立健全以法定代表人为第一责任人的企业安全生产管理体系，依法履行安全生产职责，实施企业安全生产标准化工作。

（二）评定依据

建筑施工企业应当成立企业安全生产标准化自评机构，每年主要依据《施工企业安全生产评价标准》（JGJ/T 77）等开展企业安全生产标准化自评工作。

（三）评定机构和考评内容

1. 对建筑施工企业颁发安全生产许可证的住房城乡建设主管部门或其委托的建筑施工安全监督机构（以下简称"企业考评主体"）负责建筑施工企业的安全生产标准化考评工作。

2. 企业考评主体应当取得安全生产许可证且许可证在有效期内的建筑施工企业实施安全生产标准化考评。

3. 企业考评主体应当对建筑施工企业安全生产许可证实施动态监管时同步开展企业安全生产标准化考评工作，指导监督建筑施工企业开展自评工作。

4. 建筑施工企业在办理安全生产许可证延期时，应当向企业考评主体提交企业自评材料。

（四）企业自评材料主要内容。

1. 企业承建项目台账及项目考评结果。

2. 企业主要依据《施工企业安全生产评价标准》（JGJ/T 77）等进行自评结果。

3. 企业近三年内因安全生产受到住房城乡建设主管部门奖惩情况（包括通报批评、行政处罚、通报表扬、表彰奖励等）。

4. 企业承建项目发生生产安全责任事故情况。

5. 省级及以上住房城乡建设主管部门规定的其他材料。

（五）建筑施工企业安全生产标准化评定为不合格的几种情形

1. 未按规定开展企业自评工作的。

2. 企业近三年所承建的项目发生较大及以上生产安全责任事故的。

3. 企业近三年所承建已竣工项目不合格率超过5%的（不合格率是指企业近三年作为项目考评不合格责任主体的竣工工程数量与企业承建已竣工工程数量之比）。

4. 省级及以上住房城乡建设主管部门规定的其他情形。

5. 建筑施工企业在办理安全生产许可证延期时未提交企业自评材料的，视同企业考评不合格。

三、奖励和惩戒

（一）奖励

1. 建筑施工安全生产标准化考评结果作为政府相关部门进行绩效考核、信用评级、诚信评价、评先推优、投融资风险评估、保险费率浮动等重要参考依据。

2. 政府投资项目招投标应优先选择建筑施工安全生产标准化工作业绩突出的建筑施工企业及项目负责人。

3. 住房城乡建设主管部门应当将建筑施工安全生产标准化考评情况记入安全生产信用档案。

（二）惩戒

1. 对于安全生产标准化考评不合格的建筑施工企业，住房城乡建设主管部门应当责令限期整改，在企业办理安全生产许可证延期时，复核其安全生产条件，对整改后具备安全生产条件的，安全生产标准化考评结果为"整改后合格"，核发安全生产许可证；对不再具备安全生产条件的，不予核发安全生产许可证。

2. 对于安全生产标准化考评不合格的建筑施工企业及项目，住房城乡建设主管部门应当在企业主要负责人、项目负责人办理安全生产考核合格证书延期时，责令限期重新考核，对重新考核合格的，核发安全生产考核合格证；对重新考核不合格的，不予核发安全生产考核合格证。

3. 经安全生产标准化考评合格或优良的建筑施工企业及项目，发现有下列情形之一的，由考评主体撤销原安全生产标准化考评结果，直接评定为不合格，并对有关责任单位和责任人员依法予以处罚。

1）提交的自评材料弄虚作假的。

2）漏报、谎报、瞒报生产安全事故的。

3）考评过程中有其他违法违规行为的。

第十二章 施工现场安全事故易发环节安全管理

一、模板工程

（一）安全管理基本规定

1. 从事模板作业的人员，应经安全技术培训。从事高处作业人员，应定期体检，不符合要求的不得从事高处作业。

2. 安装和拆除模板时，操作人员应配戴安全帽、系安全带、穿防滑鞋。安全帽和安全带应定期检查，不合格者严禁使用。

3. 模板及配件进场应有出厂合格证或当年的检验报告，安装前应对所用部件（立柱、楞梁、吊环、扣件等）进行认真检查，不符合要求者不得使用。

4. 模板工程应编制施工设计和安全技术措施，并应严格按施工设计与安全技术措施的规定进行施工。满堂模板、建筑层高8m及以上和梁跨大于或等于15m的模板，在安装、拆除作业前，工程技术人员应以书面形式向作业班组进行施工操作的安全技术交底，作业班组应对照书面交底进行上、下班的自检和互检。

5. 施工过程中的检查项目应符合下列要求：
（1）立柱底部基土应回填夯实。
（2）垫木应满足设计要求。
（3）底座位置应正确，顶托螺杆伸出长度应符合规定。
（4）立杆的规格尺寸和垂直度应符合要求，不得出现偏心荷载。
（5）扫地杆、水平拉杆、剪刀撑等的设置应符合规定，固定应可靠。
（6）安全网和各种安全设施应符合要求。

6. 在高处安装和拆除模板时，周围应设安全网或搭脚手架，并应加设防护栏杆。在临街面及交通要道地区，尚应设警示牌，派专人看管。

7. 作业时，模板和配件不得随意堆放，模板应放平放稳，严防滑落。脚手架或操作平台上临时堆放的模板不宜超过3层，连接件应放在箱盒或工具袋中，不得散放在脚手板上。脚手架或操作平台上的施工总荷载不得超过其设计值。

8. 对负荷面积大和高4m以上的支架立柱采用扣件式钢管、门式钢管脚手架时，除应有合格证外，对所用扣件应采用扭矩扳手进行抽检，达到合格后方可承力使用。

9. 多人共同操作或扛抬组合钢模板时，必须密切配合、协调一致、互相呼应。

10. 施工用的临时照明和行灯的电压不得超过36V；当为满堂模板、钢支架及特别潮湿的环境时，不得超过12V。照明行灯及机电设备的移动线路应采用绝缘橡胶套电缆线。

11. 有关避雷、防触电和架空输电线路的安全距离应符合国家现行标准《施工现场临时用电安全技术规范》（JGJ 46）的有关规定。施工用的临时照明和动力线应采用绝缘线和绝缘电缆线，且不得直接固定在钢模板上。夜间施工时，应有足够的照明，并应制定夜间施工的安全措施。施工用临时照明和机电设备线严禁非电工乱拉乱接。同时还应经常检查线路的完好情况，严防绝缘破损漏电伤人。

12. 模板安装高度在2m及以上时，应符合国家现行标准《建筑施工高处作业安全技术规范》(JGJ 80)的有关规定。

13. 模板安装时，上下应有人接应，随装随运，严禁抛掷。且不得将模板支搭在门窗框上，也不得将脚手板支搭在模板上，并严禁将模板与上料井架及有车辆运行的脚手架或操作平台支成一体。

14. 支模过程中如遇中途停歇，应将已就位模板或支架连接稳固，不得浮搁或悬空。拆模中途停歇时，应将已松扣或已拆松的模板、支架等拆下运走，防止构件坠落或作业人虽扶空坠落伤人。

15. 作业人员严禁攀登模板、斜撑杆、拉条或绳索等，不得在高处的墙顶、独立梁或在其模板上行走。

16. 模板施工中应设专人负责安全检查，发现问题应报告有关人员处理。当遇险情时，应立即停工和采取应急措施；待修复或排除险情后，方可继续施工。

17. 寒冷地区冬期施工用钢模板时，不宜采用电热法加热混凝土，否则应采取防触电措施。

18. 在大风地区或大风季节施工时，模板应有抗风的临时加固措施。

19. 当钢模板高度超过15m时，应安设避雷设施，避雷设施的接地电阻不得大于4Ω。

20. 当遇大雨、大雾、沙尘、大雪或六级以上大风等恶劣天气时，应停止露天高处作业。五级及以上风力时，应停止高空吊运作业。雨、雪停止后，应及时清除模板和地面上的积水及冰雪。

21. 使用后的木模板应拔除铁钉，分类进库，堆放整齐。若为露天堆放，顶面应遮防雨篷布。

22. 使用后的钢模、钢构件应符合下列规定：

（1）使用后的钢模、桁架、钢楞和立柱应将黏结物清理洁净，清理时严禁采用铁锤敲击的方法。

（2）清理后的钢模、桁架、钢楞、立柱，应逐块、逐榀、逐根进行检查，发现翘曲、变形、扭曲、开焊等必须修理完善。

（3）清理整修好的钢模、桁架、钢楞、立柱应刷防锈漆。

（4）钢模板及配件，使用后必须进行严格清理检查，已损坏断裂的应剔除，不能修复的应报废。螺栓的螺纹部分应整修上油，然后应分别按规格分类装在箱笼内备用。

（5）钢模板及配件等修复后，应进行检查验收。凡检查不合格者应重新整修。待合格后方准应用，其修复后的质量标准应符合表2-12-1的规定。

表2-12-1 钢模板及配件修复后的质量标准

	项目	允许偏差（mm）		项目	允许偏差（mm）
钢结构	板面局部不平度	≤2.0	钢模板	板面锈皮麻面，背面粘混凝土	不允许
	板面翘曲矢高	≤2.0		孔洞破裂	不允许
	板侧凸棱面翘曲矢高	≤1.0	零配件	U形卡卡口残余变形	≤1.2
	板肋平直度	≤2.0		钢楞及支柱长度方向弯曲度	≤L/1000
	焊点脱焊	不允许	桁架	侧向平直度	≤2.0

(6）钢模板由拆模现场运至仓库或维修场地时，装车不宜超出车栏杆，少量高出部分必须拴牢，零配件应分类装箱，不得散装运输。

(7）经过维修、刷油、整理合格的钢模板及配件，如需运往其他施工现场或入库，必须分类装入集装箱内，杆应成捆、配件应成箱，清点数量，入库或接收单位验收。

(8）装车时，应轻搬轻放，不得相互碰撞。卸车时，严禁成捆从车上推下和拆散抛掷。

(9）钢模板及配件应放入室内或敞棚内，当需露天堆放时，应装入集装箱内，底部垫高100mm，顶面应遮盖防水篷布或塑料布，集装箱堆放高度不宜超过2层。

（二）高大模板支撑系统施工安全管理

《建设工程高大模板支撑系统施工安全监督管理导则》有如下规定：

1. 方案编制与审核

1）施工单位应依据国家现行相关标准规范，由项目技术负责人组织相关专业技术人员，结合工程实际，编制高大模板支撑系统的专项施工方案。

2）高大模板支撑系统专项施工方案，应先由施工单位技术部门组织本单位施工技术、安全、质量等部门的专业技术人员进行审核，经施工单位技术负责人签字后，再按照相关规定组织专家论证。

3）参加专家论证会的人员有：

(1）专家组成员。

(2）建设单位项目负责人或技术负责人。

(3）监理单位项目总监理工程师及相关人员。

(4）施工单位分管安全的负责人、技术负责人、项目负责人、项目技术负责人、专项方案编制人员、项目专职安全管理人员。

(5）勘察、设计单位项目技术负责人及相关人员。

4）专家组成员应当由5名及以上符合相关专业要求的专家组成。本项目参建各方的人员不得以专家身份参加专家论证会。

5）专家论证的主要内容包括：

(1）方案是否依据施工现场的实际施工条件编制；方案、构造、计算是否完整、可行。

(2）方案计算书、验算依据是否符合有关标准规范。

(3）安全施工的基本条件是否符合现场实际情况。

6）施工单位根据专家组的论证报告，对专项施工方案进行修改完善，并经施工单位技术负责人、项目总监理工程师、建设单位项目负责人批准签字后，方可组织实施。

7）监理单位应编制安全监理实施细则，明确对高大模板支撑系统的重点审核内容、检查方法和频率要求。

2. 验收管理

1）高大模板支撑系统搭设前，应由项目技术负责人组织对需要处理或加固的地基、基础进行验收，并留存记录。

2）高大模板支撑系统的结构材料应按以下要求进行验收、抽检和检测，并留存记录、资料：

(1）施工单位应对进场的承重杆件、连接件等材料的产品合格证、生产许可证、检测报告进行复核，并对其表面观感、重量等物理指标进行抽检。

（2）对承重杆件的外观抽检数量不得低于搭设用量的30%，发现质量不符合标准、情况严重的，要进行100%的检验，并随机抽取外观检验不合格的材料（由监理见证取样）送法定专业检测机构进行检测。

（3）采用钢管扣件搭设高大模板支撑系统时，还应对扣件螺栓的紧固力矩进行抽查，抽查数量应符合《建筑施工扣件式钢管脚手架安全技术规范》（JGJ 130）的规定，对梁底扣件应进行100%检查。

3）高大模板支撑系统应在搭设完成后，由项目负责人组织验收，验收人员应包括施工单位和项目两级技术人员、项目安全、质量、施工人员，监理单位的总监和专业监理工程师。验收合格，经施工单位项目技术负责人及项目总监理工程师签字后，方可进入后续工序的施工。

3. 施工管理

1）一般规定：

（1）高大模板支撑系统应优先选用技术成熟的定型化、工具式支撑体系。

（2）搭设高大模板支撑架体的作业人员必须经过培训，取得建筑施工脚手架特种作业操作资格证书后方可上岗。其他相关施工人员应掌握相应的专业知识和技能。

（3）高大模板支撑系统搭设前，项目工程技术负责人或方案编制人员应当根据专项施工方案和有关规范、标准的要求，对现场管理人员、操作班组、作业人员进行安全技术交底，并履行签字手续。

安全技术交底的内容应包括模板支撑工程工艺、工序、作业要点和搭设安全技术要求等内容，并保留记录。

（4）作业人员应严格按规范、专项施工方案和安全技术交底书的要求进行操作，并正确佩戴相应的劳动防护用品。

2）搭设管理：

（1）高大模板支撑系统的地基承载力、沉降等应能满足方案设计要求。如遇松软土、回填土，应根据设计要求进行平整、夯实，并采取防水、排水措施，按规定在模板支撑立柱底部采用具有足够强度和刚度的垫板。

（2）对于高大模板支撑体系，其高度与宽度相比大于两倍的独立支撑系统，应加设保证整体稳定的构造措施。

（3）高大模板工程搭设的构造要求应当符合相关技术规范要求，支撑系统立柱接长严禁搭接；应设置扫地杆、纵横向支撑及水平垂直剪刀撑，并与主体结构的墙、柱牢固拉接。

（4）搭设高度2m以上的支撑架体应设置作业人员登高措施。作业面应按有关规定设置安全防护设施。

（5）模板支撑系统应为独立的系统，禁止与物料提升机、施工升降机、塔吊等起重设备钢结构架体机身及其附着设施相连接；禁止与施工脚手架、物料周转料平台等架体相连接。

3）使用与检查：

（1）模板、钢筋及其他材料等施工荷载应均匀堆置，放平放稳。施工总荷载不得超过模板支撑系统设计荷载要求。

（2）模板支撑系统在使用过程中，立柱底部不得松动悬空，不得任意拆除任何杆件，不得松动扣件，也不得用作缆风绳的拉结。

（3）施工过程中检查项目应符合下列要求：

①立柱底部基础应回填夯实。

②垫木应满足设计要求。

③底座位置应正确，顶托螺杆伸出长度应符合规定。

④立柱的规格尺寸和垂直度应符合要求，不得出现偏心荷载。

⑤扫地杆、水平拉杆、剪刀撑等设置应符合规定，固定可靠。

⑥安全网和各种安全防护设施符合要求。

4）混凝土浇筑：

（1）混凝土浇筑前，施工单位项目技术负责人、项目总监确认具备混凝土浇筑的安全生产条件后，签署混凝土浇筑令，方可浇筑混凝土。

（2）框架结构中，柱和梁板的混凝土浇筑顺序，应按先浇筑柱混凝土，后浇筑梁板混凝土的顺序进行。浇筑过程应符合专项施工方案要求，并确保支撑系统受力均匀，避免引起高大模板支撑系统的失稳倾斜。

（3）浇筑过程应有专人对高大模板支撑系统进行观测，发现有松动、变形等情况，必须立即停止浇筑，撤离作业人员，并采取相应的加固措施。

5）拆除管理：

（1）高大模板支撑系统拆除前，项目技术负责人、项目总监应核查混凝土同条件试块强度报告，浇筑混凝土达到拆模强度后方可拆除，并履行拆模审批签字手续。

（2）高大模板支撑系统的拆除作业必须自上而下逐层进行，严禁上下层同时拆除作业，分段拆除的高度不应大于两层。设有附墙连接的模板支撑系统，附墙连接必须随支撑架体逐层拆除，严禁先将附墙连接全部或数层拆除后再拆支撑架体。

（3）高大模板支撑系统拆除时，严禁将拆卸的杆件向地面抛掷，应有专人传递至地面，并按规格分类均匀堆放。

（4）高大模板支撑系统搭设和拆除过程中，地面应设置围栏和警戒标志，并派专人看守，严禁非操作人员进入作业范围。

4. 监督管理

（1）施工单位应严格按照专项施工方案组织施工。高大模板支撑系统搭设、拆除及混凝土浇筑过程中，应有专业技术人员进行现场指导，设专人负责安全检查，发现险情，立即停止施工并采取应急措施，排除险情后，方可继续施工。

（2）监理单位对高大模板支撑系统的搭设、拆除及混凝土浇筑实施巡视检查，发现安全隐患应责令整改，对施工单位拒不整改或拒不停止施工的，应当及时向建设单位报告。

（3）建设主管部门及监督机构应将高大模板支撑系统作为建设工程安全监督重点，加强对方案审核论证、验收、检查、监控程序的监督。

二、脚手架工程

（一）门式脚手架安全管理

1. 搭拆门式脚手架或模板支架应由专业架子工担任，并应按住房和城乡建设部特种作业人员考核管理规定考核合格，持证上岗。上岗人员应定期进行体检，凡不适合登高作业者，不得上架操作。

2. 搭拆架体时，施工作业层应铺设脚手板，操作人员应站在临时设置的脚手板上进行作业，并应按规定使用安全防护用品，穿防滑鞋。

3. 门式脚手架与模板支架作业层上严禁超载。

4. 严禁将模板支架、缆风绳、混凝土泵管、卸料平台等固定在门式脚手架上。

5. 六级及以上大风天气应停止架上作业；雨、雪、雾天应停止脚手架的搭拆作业；雨、雪、霜后上架作业应采取有效的防滑措施，并应扫除积雪。

6. 门式脚手架与模板支架在使用期间，当预见可能有强风天气所产生的风压值超出设计的基本风压值时，对架体应采取临时加固措施。

7. 在门式脚手架使用期间，脚手架基础附近严禁进行挖掘作业。

8. 满堂脚手架与模板支架的交叉支撑和加固杆，在施工期间禁止拆除。

9. 门式脚手架在使用期间，不应拆除加固杆、连墙件、转角处连接杆、通道口斜撑杆等加固杆件。

10. 当施工需要，脚手架的交叉支撑可在门架一侧局部临时拆除，但在该门架单元上下应设置水平加固杆或挂扣式脚手板，在施工完成后应立即恢复安装交叉支撑。

11. 应避免装卸物料对门式脚手架或模板支架产生偏心、振动和冲击荷载。

12. 门式脚手架外侧应设置密目式安全网，网间应严密，防止坠物伤人。

13. 门式脚手架与架空输电线路的安全距离、工地临时用电线路架设及脚手架接地、防雷措施，应按现行行业标准《施工现场临时用电安全技术规范》（JGJ 46）的有关规定执行。

14. 在门式脚手架或模板支架上进行电、气焊作业时，必须有防火措施和专人看护。

15. 不得攀爬门式脚手架。

16. 搭拆门式脚手架或模板支架作业时，必须设置警戒线、警戒标志，并应派专人看守，严禁非作业人员入内。

17. 对门式脚手架与模板支架应进行日常性的检查和维护，架体上的建筑垃圾或杂物应及时清理。

(二) 扣件式钢管脚手架安全管理

1. 扣件式钢管脚手架安装与拆除人员必须是经考核合格的专业架子工。架子工应持证上岗。

2. 搭拆脚手架人员必须戴安全帽、系安全带、穿防滑鞋。

3. 脚手架的构配件质量与搭设质量，应按 JGJ 130—2011 第 8 章的规定进行检查验收，并应确认合格后使用。

4. 钢管上严禁打孔。

5. 作业层上的施工荷载应符合设计要求，不得超载。不得将模板支架、缆风绳、泵送混凝土和砂浆的输送管等固定在架体上；严禁悬挂起重设备，严禁拆除或移动架体上安全防护设施。

6. 满堂支撑架在使用过程中，应设有专人监护施工，当出现异常情况时，应立即停止施工，并应迅速撤离作业面上人员。应在采取确保安全的措施后，查明原因、做出判断和处理。

7. 满堂支撑架顶部的实际荷载不得超过设计规定。

8. 当有六级及以上强风、浓雾、雨或雪天气时应停止脚手架搭设与拆除作业。雨、雪后上架作业应有防滑措施，并应扫除积雪。

9. 夜间不宜进行脚手架搭设与拆除作业。

10. 脚手架的安全检查与维护，应按本规范8.2节的规定进行。

11. 脚手板应铺设牢靠、严实，并应用安全网双层兜底。施工层以下每隔10m应用安全网封闭。

12. 单、双排脚手架、悬挑式脚手架沿架体外围应用密目式安全网全封闭，密目式安全网宜设置在脚手架外立杆的内侧，并应与架体绑扎牢固。

13. 在脚手架使用期间，严禁拆除下列杆件：

（1）主节点处的纵、横向水平杆，纵、横向扫地杆。

（2）连墙件。

14. 当在脚手架使用过程中开挖脚手架基础下的设备基础或管沟时，必须对脚手架采取加固措施。

15. 满堂脚手架与满堂支撑架在安装过程中，应采取防倾覆的临时固定措施。

16. 临街搭设脚手架时，外侧应有防止坠物伤人的防护措施。

17. 在脚手架上进行电、气焊作业时，应有防火措施和专人看守。

18. 工地临时用电线路的架设及脚手架接地、避雷措施等，应按现行行业标准《施工现场临时用电安全技术规范》（JGJ 46）的有关规定执行。

19. 搭拆脚手架时，地面应设围栏和警戒标志，并应派专人看守，严禁非操作人员入内。

(三) 碗扣式钢管脚手架安全管理

1. 作业层上的施工荷载应符合设计要求，不得超载，不得在脚手架上集中堆放模板、钢筋等物料。

2. 混凝土输送管、布料杆、缆风绳等不得固定在脚手架上。

3. 遇六级及以上大风、雨雪、大雾天气时，应停止脚手架的搭设与拆除作业。

4. 脚手架使用期间，严禁擅自拆除架体结构杆件；如需拆除必须经修改施工方案并报请原方案审批人批准，确定补救措施后方可实施。

5. 严禁在脚手架基础及邻近处进行挖掘作业。

6. 脚手架应与输电线路保持安全距离，施工现场临时用电线路架设及脚手架接地防雷措施等应按国家现行标准《施工现场临时用电安全技术规范》（JGJ 46）的有关规定执行。

7. 搭设脚手架人员必须持证上岗。上岗人员应定期体检，合格者方可持证上岗。

8. 搭设脚手架人员必须戴安全帽、系安全带、穿防滑鞋。

(四) 承插型盘扣式钢管支架安全管理

1. 模板支架和脚手架的搭设人员应持证上岗。

2. 支架搭设作业人员应正确佩戴安全帽、安全带和防滑鞋。

3. 模板支架混凝土浇筑作业层上的施工荷载不应超过设计值。

4. 混凝土浇筑过程中，应派专人在安全区域内观测模板支架的工作状态，发生异常时观测人员应及时报告施工负责人，情况紧急时施工人员应迅速撤离，并应进行相应加固处理。

5. 模板支架及脚手架使用期间，不得擅自拆除架体结构杆件。如需拆除时，必须报请工程项目技术负责人以及总监理工程师同意，确定防控措施后方可实施。

6. 严禁在模板支架及脚手架基础开挖深度影响范围内进行挖掘作业。

7. 拆除的支架构件应安全地传递至地面，严禁抛掷。

8. 高支模区域内，应设置安全警戒线，不得上下交叉作业。

9. 在脚手架或模板支架上进行电气焊作业时，必须有防火措施和专人监护。

10. 模板支架及脚手架应与架空输电线路保持安全距离，工地临时用电线路架设及脚手架接地防雷击措施等应按现行行业标准《施工现场临时用电安全技术规范》（JGJ 46）的有关规定执行。

（五）附着式脚手架

1. 附着式脚手架安装前，应根据工程结构、施工环境等特点编制专项施工方案，并应经总承包单位技术负责人审批、项目总监理工程师审核后实施。

2. 专项施工方案应包括下列内容：

（1）工程特点。

（2）平面布置情况。

（3）安全措施。

（4）特殊部位的加固措施。

（5）工程结构受力核算。

（6）安装、升降、拆除程序及措施。

（7）使用规定。

3. 总承包单位必须将附着式脚手架专业工程发包给具有相应资质等级的专业队伍，并应签订专业承包合同，明确总包、分包或租赁等各方的安全生产责任。

4. 附着式脚手架专业施工单位应当建立健全安全生产管理制度，制定相应的安全操作规程和检验规程，应制定设计、制作、安装、升降、使用、拆除和日常维护保养等的管理规定。

5. 附着式脚手架专业施工单位应设置专业技术人员、安全管理人员及相应的特种作业人员。特种作业人员应经专门培训，并应经建设行政主管部门考核合格，取得特种作业操作资格证书后，方可上岗作业。

6. 施工现场使用工具式脚手架应由总承包单位统一监督，并应符合下列规定：

（1）安装、升降、使用、拆除等作业前，应向有关作业人员进行安全教育；并应监督对作业人员的安全技术交底。

（2）应对专业承包人员的配备和特种作业人员的资格进行审查。

（3）安装、升降、拆卸等作业时，应派专人进行监督。

（4）应组织附着式脚手架的检查验收。

（5）应定期对附着式脚手架使用情况进行安全巡检。

7. 监理单位应对施工现场的工具式脚手架使用状况进行安全监理并应记录，出现隐患应要求及时整改，并应符合下列规定：

（1）应对专业承包单位的资质及有关人员的资格进行审查。

（2）在附着式脚手架的安装、升降、拆除等作业时应进行监理。

（3）应参加工具式脚手架的检查验收。

（4）应定期对工具式脚手架使用情况进行安全巡检。

（5）发现存在隐患时，应要求限期整改，对拒不整改的，应及时向建设单位和建设行政主管部门报告。

8. 附着式脚手架所使用的电气设施、线路及接地、避雷措施等应符合现行行业标准《施工现场临时用电安全技术规范》（JGJ 46）的规定。

9. 进入施工现场的附着式脚手架产品应具有国务院建设行政主管部门组织鉴定或验收的合格证书，并应符合本规范的有关规定。

（六）高处作业吊篮安全管理

同前述附着式脚手架相关内容。

三、临时用电

（一）临时用电组织设计

1. 施工现场临时用电设备在5台及以上或设备总容量在50kW及以上者，应编制用电组织设计。

2. 施工现场临时用电组织设计应包括下列内容：

1）现场勘测。

2）确定电源进线、变电所或配电室、配电装置、用电设备位置及线路走向。

3）进行负荷计算。

4）选择变压器。

5）设计配电系统：

（1）设计配电线路，选择导线或电缆。

（2）设计配电装置，选择电器。

（3）设计接地装置。

（4）绘制临时用电工程图纸，主要包括用电工程总平面图、配电装置布置图、配电系统接线图、接地装置设计图。

6）设计防雷装置。

7）确定防护措施。

8）制定安全用电措施和电气防火措施。

3. 临时用电工程图纸应单独绘制，临时用电工程应按图施工。

4. 临时用电组织设计及变更时，必须履行"编制、审核、批准"程序，由电气工程技术人员组织编制，经相关部门审核及具有法人资格企业的技术负责人批准后实施。变更用电组织设计时应补充有关图纸资料。

5. 临时用电工程必须经编制、审核、批准部门和使用单位共同验收，合格后方可投入使用。

6. 施工现场临时用电设备在5台以下和设备总容量在50kW以下者，应制定安全用电和电气防火措施，并应符合JGJ 46—2005第3.1.4、3.1.5条规定。

（二）专业人员用电

1. 电工必须经过按国家现行标准考核合格后，持证上岗工作；其他用电人员必须通过相关安全教育培训和技术交底，考核合格后方可上岗工作。

2. 安装、巡检、维修或拆除临时用电设备和线路，必须由电工完成，并应有人监护。电工等级应同工程的难易程度和技术复杂性相适应。

3. 各类用电人员应掌握安全用电基本知识和所用设备的性能，并应符合下列规定：

（1）使用电气设备前必须按规定穿戴和配备好相应的劳动防护用品，并应检查电气装置和保护设施，严禁设备带"缺陷"运转。

（2）保管和维护所用设备，发现问题及时报告解决。

（3）暂时停用设备的开关箱必须分断电源隔离开关，并应关门上锁。

（4）移动电气设备时，必须经电工切断电源并做妥善处理后进行。

（三）外电线路防护

JGJ 46—205 规定：

1. 在建工程不得在外电架空线路正下方施工、搭设作业棚、建造生活设施或堆放构件、架具、材料及其他杂物等。

2. 在建工程（含脚手架）的周边与外电架空线路的边线之间的最小安全操作距离应符合表 2-12-2 规定。

表 2-12-2　在建工程（含脚手架）的周边与架空线路的边线之间的最小安全操作距离

外电线路电压等级（kV）	<1	1~10	35~110	220	330~500
最小安全操作距离（m）	4.0	6.0	8.0	10	15

注：上、下脚手架的斜道不宜设在有外电线路的一侧。

3. 施工现场的机动车道与外电架空线路交叉时，架空线路的最低点与路面的最小垂直距离应符合表 2-12-3 规定。

表 2-12-3　施工现场的机动车道与架空线路交叉时的最小垂直距离

外电线路电压等级（kV）	<1	1~10	35
最小垂直距离（m）	6.0	7.0	7.0

4. 起重机严禁越过无防护设施的外电架空线路作业。在外电架空线路附近吊装时，起重机的任何部位或被吊物边缘在最大偏斜时与架空线路边线的最小安全距离应符合表 2-12-4 规定。

表 2-12-4　起重机与架空线路边线的最小安全距离

电压（kV） 安全距离（m）	<1	10	35	110	220	330	500
沿垂直方向	1.5	3.0	4.0	5.0	6.0	7.0	8.5
沿水平方向	1.5	2.0	3.5	4.0	6.0	7.0	8.5

5. 施工现场开挖沟槽边缘与外电埋地电缆沟槽边缘之间的距离不得小于 0.5m。

6. 当达不到第 1~4 条中的规定时，必须采取绝缘隔离防护措施，并应悬挂醒目的警告标志。

架设防护设施时,必须经有关部门批准,采用线路暂时停电或其他可靠的安全技术措施,并应有电气工程技术人员和专职安全人员监护。

防护设施应坚固、稳定,且对外电线路的隔离防护应达到IP30级。

《建设工程施工现场供用电安全规范》(GB 50194—2014)外电线路管理相关标准:

1. 施工现场道路设施等与外电架空线路的最小距离应符表2-12-5的规定。

表2-12-5 施工现场道路设施等与外电架空线路的最小距离

类别	距离	外电线路电压等级		
		10kV及以下	220kV及以下	500kV及以下
施工道路与外电架空线路	跨越道路时距路面最小垂直距离(m)	7.0	8.0	14.0
	沿道路边敷设时距离路沿最小水平距离(m)	0.5	5.0	8.0
临时建筑物与外电架空线路	最小垂直距离(m)	5.0	8.0	14.0
	最小水平距离(m)	4.0	5.0	8.0
在建工程脚手架与外电架空线路	最小水平距离(m)	7.0	10.0	15.0
各类施工机械外缘与外电架空线路最小距离(m)		2.0	6.0	8.5

2. 当施工现场道路设施等与外电架空线路的最小距离达不到本规范第7.5.3条中的规定时,应采取隔离防护措施,防护设施的搭设和拆除应符合下列规定:

(1)架设防护设施时,应采用线路暂时停电或其他可靠的安全技术措施,并应有电气专业技术人员和专职安全人员监护。

(2)防护设施与外电架空线路之间的安全距离不应小于表2-12-6所列数值;

表2-12-6 防护设施与外电架空线路之间的最小安全距离

外电架空线路电压等级(kV)	≤10	35	110	220	330	500
防护设施与外电架空线路之间的最小安全距离(m)	2.0	3.5	4.0	5.0	6.0	7.0

(四)设施设备防雷

1. 在土壤电阻率低于200Ω·m区域的电杆可不另设防雷接地装置,但在配电室的架空进线或出线处应将绝缘子铁脚与配电室的接地装置相连接。

2. 施工现场内的起重机、井字架、龙门架等机械设备,以及钢脚手架和正在施工的在建工程等的金属结构,当在相邻建筑物、构筑物等设施的防雷装置接闪器的保护范围以外时,应按表2-12-7规定安装防雷装置。表2-12-7中地区年均雷暴日应按JGJ 46—2005规范中附录A执行。

当最高机械设备上避雷针(接闪器)的保护范围能覆盖其他设备,且又最后退出现场,则其他设备可不设防雷装置。

确定防雷装置接闪器的保护范围可采用 JGJ 46—2005 规范中附录 B 的滚球法。

表 2-12-7　施工现场内机械设备及高架设施需安装防雷装置的规定

地区年平均雷暴日（d）	机械设备高度（m）
≤15	≥50
>15，<40	≥32
≥40，<90	≥20
≥90 及雷害特别严重地区	≥12

3. 机械设备或设施的防雷引下线可利用该设备或设施的金属结构体，但应保证电气连接。

4. 机械设备上的避雷针（接闪器）长度应为 1~2m。塔式起重机可不另设避雷针（接闪器）。

5. 安装避雷针（接闪器）的机械设备，所有固定的动力、控制、照明、信号及通信线路，宜采用钢管敷设。钢管与该机械设备的金属结构体应做电气连接。

6. 施工现场内所有防雷装置的冲击接地电阻值不得大于 30Ω。

7. 做防雷接地机械上的电气设备，所连接的 PE 线必须同时做重复接地，同一台机械电气设备的重复接地和机械的防雷接地可共用同一接地体，但接地电阻应符合重复接地电阻值的要求。

（五）配电室安全技术措施

1. 配电室应靠近电源，并应设在灰尘少、潮气少、振动小、无腐蚀介质、无易燃易爆物及道路畅通的地方。

2. 成列的配电柜和控制柜两端应与重复接地线及保护零线做电气连接。

3. 配电室和控制室应能自然通风，并应采取防止雨雪侵入和动物进入的措施。

4. 配电室布置应符合下列要求：

（1）配电柜正面的操作通道宽度，单列布置或双列背对背布置不小于 1.5m，双列面对面布置不小于 2m。

（2）配电柜后面的维护通道宽度，单列布置或双列面对面布置不小于 0.8m，双列背对背布置不小于 1.5m，个别地点有建筑物结构凸出的地方，则此点通道宽度可减少 0.2m。

（3）配电柜侧面的维护通道宽度不小于 1m。

（4）配电室的顶棚与地面的距离不低于 3m。

（5）配电室内设置值班或检修室时，该室边缘距配电柜的水平距离大于 1m，并采取屏障隔离。

（6）配电室内的裸母线与地面垂直距离小于 2.5m 时，采用遮栏隔离，遮栏下面通道的高度不小于 1.9m。

（7）配电室围栏上端与其正上方带电部分的净距不小于 0.075m。

（8）配电装置的上端距顶棚不小于 0.5m。

（9）配电室内的母线涂刷有色油漆，以标志相序；以柜正面方向为基准，其涂色符合 JGJ 46 规定。

（10）配电室的建筑物和构筑物的耐火等级不低于三级，室内配置砂箱和可用于扑灭电气火灾的灭火器。

（11）配电室的门向外开，并配锁。

（12）配电室的照明分别设置正常照明和事故照明。

5. 配电柜应装设电度表，并应装设电流表、电压表。电流表与计费电度表不得共用一组电流互感器。

6. 配电柜应装设电源隔离开关及短路、过载、漏电保护电器。电源隔离开关分断时应有明显可见分断点。

7. 配电柜应编号，并应有用途标记。

8. 配电柜或配电线路停电维修时，应挂接地线，并应悬挂"禁止合闸、有人工作"停电标志牌。停送电必须由专人负责。

9. 配电室应保持整洁，不得堆放任何妨碍操作、维修的杂物。

（六）架空线路安全防护

1. 架空线必须采用绝缘导线。

2. 架空线必须架设在专用电杆上，严禁架设在树木、脚手架及其他设施上。

3. 架空线导线截面的选择应符合下列要求：

（1）导线中的计算负荷电流不大于其长期连续负荷允许载流量。

（2）线路末端电压偏移不大于其额定电压的5%。

（3）三相四线制线路的N线和PE线截面不小于相线截面的50%，单相线路的零线截面与相线截面相同。

（4）按机械强度要求，绝缘铜线截面不小于$10mm^2$，绝缘铝线截面不小于$16mm^2$。

（5）在跨越铁路、公路、河流、电力线路挡距内，绝缘铜线截面不小于$16mm^2$，绝缘铝线截面不小于$25mm^2$。

4. 架空线在一个挡距内，每层导线的接头数不得超过该层导线条数的50%，且一条导线应只有一个接头。

在跨越铁路、公路、河流、电力线路挡距内，架空线不得有接头。

5. 架空线路相序排列应符合下列规定：

（1）动力、照明线在同一横担上架设时，导线相序排列是：面向负荷从左侧起依次为L_1、N、L_2、L_3、PE；

（2）动力、照明线在二层横担上分别架设时，导线相序排列是：上层横担面向负荷从左侧起依次为L_1、L_2、L_3；下层横担面向负荷从左侧起依次为L_1（L_2、L_3）、N、PE。

6. 架空线路的挡距不得大于35m。

7. 架空线路的线间距不得小于0.3m，靠近电杆的两导线的间距不得小于0.5m。

8. 架空线路与邻近线路或固定物的距离应符合表2-12-8的规定。

9. 架空线路宜采用钢筋混凝土杆或木杆。钢筋混凝土杆不得有露筋、宽度大于0.4mm的裂纹和扭曲；木杆不得腐朽，其梢径不应小于140mm。

10. 电杆埋设深度宜为杆长的1/10加0.6m，回填土应分层夯实。在松软土质处宜加大埋入深度或采用卡盘等加固。

11. 架空线路必须有短路保护。

采用熔断器做短路保护时，其熔体额定电流不应大于明敷绝缘导线长期连续负荷允许载流量的1.5倍。

表 2-12-8　架空线路与邻近线路或固定物的距离

项目	距离类别					
最小净空距离（m）	架空线路的过引线、接下线与邻线		架空线与架空线电杆外缘		架空线与摆动最大时树梢	
	0.13		0.05		0.50	
最小垂直距离（m）	架空线同杆架设下方的通信、广播线路	架空线最大弧垂与地面			架空线最大弧垂与暂设工程顶端	架空线与邻近电力线路交叉
		施工现场	机动车道	铁路轨道		1kV以下 ／ 1~10kV
	1.0	4.0	6.0	7.5	2.5	1.2 ／ 2.5
最小水平距离（m）	架空线电杆与路基边缘		架空线电杆与铁路轨道边缘		架空线边线与建筑物凸出部分	
	1.0		杆高（m）+3.0		1.0	

采用断路器做短路保护时，其瞬动过流脱扣器脱扣电流整定值应小于线路末端单相短路电流。

12. 架空线路必须有过载保护。

采用熔断器或断路器做过载保护时，绝缘导线长期连续负荷允许载流量不应小于熔断器熔体额定电流或断路器长延时过流脱扣器脱扣电流整定值的 1.25 倍。

（七）电缆线路

1. 电缆中必须包含全部工作芯线和用作保护零线或保护线的芯线。需要三相四线制配电的电缆线路必须采用五芯电缆。

五芯电缆必须包含淡蓝、绿/黄二种颜色绝缘芯线。淡蓝色芯线必须用作 N 线；绿/黄双色芯线必须用作 PE 线，严禁混用。

2. 电缆截面的选择应符合 JGJ 46—2005 规范中第 7.1.3 条 1、2、3 款的规定，根据其长期连续负荷允许载流量和允许电压偏移确定。

3. 电缆线路应采用埋地或架空敷设，严禁沿地面明设，并应避免机械损伤和介质腐蚀。埋地电缆路径应设方位标志。

4. 电缆类型应根据敷设方式、环境条件选择。埋地敷设宜选用铠装电缆；当选用无铠装电缆时，应能防水、防腐。架空敷设宜选用无铠装电缆。

5. 电缆直接埋地敷设的深度不应小于 0.7m，并应在电缆紧邻上、下、左、右侧均匀敷设不小于 50mm 厚的细砂，然后覆盖砖或混凝土板等硬质保护层。

6. 埋地电缆在穿越建筑物、构筑物、道路、易受机械损伤、介质腐蚀场所及引出地面从 2.0m 高到地下 0.2m 处，必须加设防护套管，防护套管内径不应小于电缆外径的 1.5 倍。

7. 埋地电缆与其附近外电电缆和管沟的平行间距不得小于 2m，交叉间距不得小于 1m。

8. 埋地电缆的接头应设在地面上的接线盒内，接线盒应能防水、防尘、防机械损伤，并应远离易燃、易爆、易腐蚀场所。

9. 架空电缆应沿电杆、支架或墙壁敷设，并采用绝缘子固定，绑扎线必须采用绝缘线，固定点间距应保证电缆能承受自重所带来的荷载，敷设高度应符合 JGJ 46—2005 规范中第 7.1 节架空线路敷设高度的要求，但沿墙壁敷设时最大弧垂距地不得小于 2.0m。

架空电缆严禁沿脚手架、树木或其他设施敷设。

10. 在建工程内的电缆线路必须采用电缆埋地引入，严禁穿越脚手架引入。电缆垂直敷设应充分利用在建工程的竖井、垂直孔洞等，并宜靠近用电负荷中心，固定点每楼层不得少于一处。电缆水平敷设宜沿墙或门口刚性固定，最大弧垂距地不得小于2.0m。

装饰装修工程或其他特殊阶段，应补充编制单项施工用电方案。电源线可沿墙角、地面敷设，但应采取防机械损伤和电火措施。

11. 电缆线路必须有短路保护和过载保护，短路保护和过载保护电器与电缆的选配应符合JGJ 46—2005规范中第7.1.17条和7.1.18条要求。

《建设工程施工现场供用电安全规范》（GB 50194—2014）电缆线路管理相关标准：

1. 施工现场配电线路路径选择应符合下列规定：

（1）应结合施工现场规划及布局，在满足安全要求的条件下方便线路敷设、接引及维护。

（2）应避开过热、腐蚀以及储存易燃、易爆物的仓库等影响线路安全运行的区域。

（3）宜避开易遭受机械性外力的交通、吊装、挖掘作业频繁场所，以及河道、低洼、易受雨水冲刷的地段。

（4）应跨越在建工程、脚手架、临时建筑物。

2. 配电线路的敷设方式应符合下列规定：

（1）应根据施工现场环境特点，以满足线路安全运行、便于维护和拆除的原则来选择，敷设方式应能够避免受到机械性损伤或其他损伤。

（2）供用电电缆可采用架空、直埋、沿支架等方式进行敷设。

（3）不应敷设在树木上或直接绑挂在金属构架和金属脚手架上。

（4）不应接触潮湿地面或接近热源。

3. 直埋线路宜采用有外护层的铠装电缆，芯线绝缘层标识应符合本规范第6.3.9条规定。

4. 直埋敷设的电缆线路应符合下列规定：

（1）在地下管网较多、有较频繁开挖的地段不宜直埋。

（2）应埋电缆应沿道路或建筑物边缘埋设，并宜沿直线敷设，直线段每隔20m处、转弯处和中间接头处应设电缆走向标识桩。

（3）电缆直埋时，其表面距地面的距离不宜小于0.7m；电缆上、下、左、右侧应铺以软土或砂土，其厚度及宽度不得小于100mm，上部应覆盖硬质保护层。直埋敷设于冻土地区时，电缆宜埋入冻土层以下，当无法深埋时可在土壤排水性好的干燥冻土层或回填土中埋设。

（4）埋电缆的中间接头宜采用热缩或冷缩工艺，接头处应采取防水措施，并应绝缘良好。中间接头不得浸泡在水中。

（5）直埋电缆在穿越建筑物、构筑物、道路，易受机械损伤、腐蚀介质场所及引出地面2.0m高至地下0.2m处，应加设防护套管。防护套管应固定牢固，端口应有防止电缆损伤的措施，其内径不应小于电缆外径的1.5倍。

（6）宜埋电缆与外电线路电缆、其他管道、道路、建筑物等之间平行和交叉时的最小距离应符合表2-12-9的规定，当距离不能满足表2-12-9的要求时，应采取穿管、隔离等防护措施。

表 2-12-9　电缆之间，电缆与管道、道路、建筑物之间平行和交叉时的最小距离

电缆直埋敷设时的配置情况		平行	交叉
施工现场电缆与外电线路电缆（m）		0.5	0.5
电缆与地下管沟	热力管沟（m）	2.0	0.5
	油管成易（可）燃气管道（m）	1.0	0.5
	其他管道（m）	0.5	0.5
电缆与建筑物基础		躲开散水宽度	—
电缆与道路边、树木主干、1kV 以下架空线电杆（m）		1.0	—
电缆与 1kV 以上架空线杆塔基础（m）		4.0	—

5. 以支架方式敷设的电缆线路应符合下列规定：
（1）当电缆敷设在金属支架上时，金属支架应可靠接地。
（2）固定点间距应保证电缆能承受自重及风雪等带来的荷载。
（3）电缆线路应固定牢固，绑扎线应使用绝缘材料。
（4）沿构、建筑物水平敷设的电缆线路，距地面高度不宜小于 2.5m。
（5）垂直引上敷设的电缆线路，固定点每楼层不得少于 1 处。

6. 沿墙面或地面敷设电缆线路应符合下列规定：
（1）电缆线路宜敷设在人不易触及的地方。
（2）电缆线路敷设路径应有醒目的警告标识。
（3）沿地面明敷的电缆线路应沿建筑物墙体根部敷设，穿越道路或其他易受机械损伤的区域，应采取防机械损伤的措施，周围环境应保持干燥。
（4）在电缆敷设路径附近，当有产生明火的作业时，应采取防止火花损伤电缆的措施。

5. 临时设施的室内配线应符合下列规定：
（1）室内配线在穿过楼板或墙壁时应用绝缘保护管保护。
（2）明敷线路应采用护套绝缘电缆或导线，且应固定牢固，塑料护套线不应直接埋入抹灰层内敷设。
（3）当采用无护套绝缘导线时应穿管或线槽敷设。

（八）配电箱及开关箱的设置

1. 配电系统应设置配电柜或总配电箱、分配电箱、开关箱，实行三级配电。

配电系统宜使三相负荷平衡。220V 或 380V 单相用电设备宜接入 220/380V 三相四线系统；当单相照明线路电流大于 30A 时，宜采用 220/380V 三相四线制供电。

室内配电柜的设置应符合 JGJ 46—2005 规范中第 6.1 节的规定。

2. 总配电箱以下可设若干分配电箱；分配电箱以下可设若干开关箱。

总配电箱应设在靠近电源的区域，分配电箱应设在用电设备或负荷相对集中的区域，分配电箱与开关箱的距离不得超过 30m，开关箱与其控制的固定式用电设备的水平距离不宜超过 3m。

3. 每台用电设备必须有各自专用的开关箱，严禁用同一个开关箱直接控制 2 台及 2 台以上用电设备（含插座）。

4. 动力配电箱与照明配电箱宜分别设置。当合并设置为同一配电箱时，动力和照明应分路配电；动力开关箱与照明开关箱必须分设。

5. 配电箱、开关箱应装设在干燥、通风及常温场所，不得装设在有严重损伤作用的瓦斯、烟气、潮气及其他有害介质中，亦不得装设在易受外来固体物撞击、强烈振动、液体浸溅及热源烘烤场所，否则，应予清除或做防护处理。

6. 配电箱、开关箱周围应有足够 2 人同时工作的空间和通道，不得堆放任何妨碍操作、维修的物品，不得有灌木、杂草。

7. 配电箱、开关箱应采用冷轧钢板或阻燃绝缘材料制作，钢板厚度应为 1.2~2.0mm，其中开关箱箱体钢板厚度不得小于 1.2mm，配电箱箱体钢板厚度不得小于 1.5mm，箱体表面应做防腐处理。

8. 配电箱、开关箱应装设端正、牢固。固定式配电箱、开关箱的中心点与地面的垂直距离应为 1.4~1.6m。移动式配电箱、开关箱应装设在坚固、稳定的支架上。其中心点与地面的垂直距离宜为 0.8~1.6m。

9. 配电箱、开关箱内的电器（含插座）应先安装在金属或非木质阻燃绝缘电器安装板上，然后方可整体紧固在配电箱、开关箱箱体内。

金属电器安装板与金属箱体应做电气连接。

10. 配电箱、开关箱内的电器（含插座）应按其规定位置紧固在电器安装板上，不得歪斜和松动。

11. 配电箱的电器安装板上必须分设 N 线端子板和 PE 线端子板。N 线端子板必须与金属电器安装板绝缘；PE 线端子板必须与金属电器安装板做电气连接。

进出线中的 N 线必须通过 N 线端子板连接；PE 线必须通过 PE 线端子板连接。

12. 配电箱、开关箱内的连接线必须采用铜芯绝缘导线。导线绝缘的颜色标志应按 JGJ 46—2005 规范中第 5.1.11 条要求配置并排列整齐；导线分支接头不得采用螺栓压接，应采用焊接并做绝缘包扎，不得有外露带电部分。

13. 配电箱、开关箱的金属箱体、金属电器安装板以及电器正常不带电的金属底座、外壳等必须通过 PE 线端子板与 PE 线做电气连接，金属箱门与金属箱体必须通过采用编织软铜线做电气连接。

14. 配电箱、开关箱的箱体尺寸应与箱内电器的数量和尺寸相适应，箱内电器安装板板面电器安装尺寸可按照表 2-12-10 确定。

表 2-12-10　配电箱、开关箱内电器安装尺寸选择值

间距名称	最小净距（mm）
并列电器（含单极熔断器）间	30
电器进、出线瓷管（塑胶管）孔与电器边沿间	30（15A） 50（20~30A） 80（60A 及以上）
上、下排电器进出线瓷管（塑胶管）孔间	25
电器进、出线瓷管（塑胶管）孔至板边	40
电器至板边	40

15. 配电箱、开关箱中导线的进线口和出线口应设在箱体的下底面。

16. 配电箱、开关箱的进、出线口应配置固定线卡，进出线应加绝缘护套并成束卡固在

箱体上，不得与箱体直接接触。移动式配电箱、开关箱的进、出线应采用橡皮护套绝缘电缆，不得有接头。

17. 配电箱、开关箱外形结构应能防雨、防尘。

（九）电器装置的选择

1. 配电箱、开关箱内的电器必须可靠、完好，严禁使用破损、不合格的电器。

2. 总配电箱的电器应具备电源隔离，正常接通与分断电路，以及短路、过载、漏电保护功能。电器设置应符合下列原则：

（1）当总路设置总漏电保护器时，还应装设总隔离开关、分路隔离开关以及总断路器、分路断路器或总熔断器、分路熔断器。当所设总漏电保护器是同时具备短路、过载、漏电保护功能的漏电断路器时，可不设总断路器或总熔断器。

（2）当各分路设置分路漏电保护器时，还应装设总隔离开关、分路隔离开关以及总断路器、分路断路器或总熔断器、分路熔断器。当分路所设漏电保护器是同时具备短路、过载、漏电保护功能的漏电断路器时，可不设分路断路器或分路熔断器。

（3）隔离开关应设置于电源进线端，应采用分断时具有可见分断点，并能同时断开电源所有极的隔离电器。如采用分断时具有可见分断点的断路器，可不另设隔离开关。

（4）熔断器应选用具有可靠灭弧分断功能的产品。

（5）总开关电器的额定值、动作整定值应与分路开关电器的额定值、动作整定值相适应。

（十）配电箱、开关箱使用与维护

1. 配电箱、开关箱应有名称、用途、分路标记及系统接线图。

2. 配电箱、开关箱箱门应配锁，并应由专人负责。

3. 配电箱、开关箱应定期检查、维修。检查、维修人员必须是专业电工。检查、维修时必须按规定穿戴绝缘鞋、手套，必须使用电工绝缘工具，并应做检查、维修工作记录。

4. 对配电箱、开关箱进行定期维修、检查时，必须将其前一级相应的电源隔离开关分闸断电，并悬挂"禁止合闸、有人工作"停电标志牌，严禁带电作业。

5. 配电箱、开关箱必须按照下列顺序操作：

（1）送电操作顺序为：总配电箱→分配电箱→开关箱。

（2）停电操作顺序为：开关箱→分配电箱斗→配电箱。

但出现电气故障的紧急情况可除外。

6. 施工现场停止作业1小时以上时，应将动力开关箱断电上锁。

7. 开关箱的操作人员必须符合JGJ 46—2005规范中第3.2.3条规定。

8. 配电箱、开关箱内不得放置任何杂物，并应保持整洁。

9. 配电箱、开关箱内不得随意挂接其他用电设备。

10. 配电箱、开关箱内的电气配置和接线严禁随意改动。

熔断器的熔体更换时，严禁采用不符合原规格的熔体代替。漏电保护器每天使用前应启动漏电试验按钮试跳一次，试跳不正常时严禁继续使用。

11. 配电箱、开关箱的进线和出线严禁承受外力，严禁与金属尖锐断口、强腐蚀介质和易燃易爆物接触。

《建设工程施工现场供用电安全规范》（GB 50194—2014）配电箱管理相关标准：

1. 低压配电系统宜采用三级配电，宜设置总配电箱、分配电箱、末级配电箱。

2. 低压配电系统不宜采用链式配电。当部分用电设备距离供电点较远,而彼此相距很近、容量小的次要用电设备,可采用链式配电,但每一回路环链设备不宜超过5台,其总容量不宜超过10kW。

3. 消防等重要负荷应由总配电箱专用回路直接供电,并不得接入过负荷保护和剩余电流保护器。

4. 消防泵、施工升降机、塔式起重机、混凝土输送泵等大型设备应设专用配电箱。

5. 配电柜的安装应符合下列规定:

(1) 配电柜应安装在高于地面的型钢或混凝土基础上,且应平正、牢固。

(2) 配电柜的金属框架及基础型钢应可靠接地。门和框架的接地端子间应采用软铜线进行跨接,配电柜门和框架间跨接接地线的最小截面积应符合表2-12-11的规定。

表2-12-11 配电柜门和框架间跨接接地线的最小截面积

额定工作电流 I_e (A)	接地线的最小截面积 (mm²)
$I_e \leq 25$	2.5
$25 < I_e \leq 32$	4
$32 < I_e \leq 63$	6
$63 < I_e$	10

注:I_e 为配电柜(箱)内主断路器的额定电流。

6. 总配电箱以下可设若干分配电箱;分配电箱以下可设若干末级配电箱。分配电箱以下可根据需要,再设分配电箱。总配电箱应设在靠近电源的区域,分配电箱应设在用电设备或负荷相对集中的区域,分配电箱与末级配电箱的距离不宜超过30m。

7. 固定式配电箱的中心与地面的垂直距离宜为1.4~1.6m,安装应平正、牢固。户外落地安装的配电箱、柜,其底部离地面不应小于0.2m。

8. 配电箱内的连接线应采用铜排或铜芯绝缘导线,当采用铜排时应有防护措施;连接导线不应有接头、线芯损伤及断股。

9. 配电箱的金属箱体、金属电器安装板以及电器正常不带电的金属底座、外壳等应通过保护导体(PE)汇流排可靠接地。金属箱门与金属箱体间的跨接接地线应符合本规范表11-11的有关规定。

10. 配电箱内的电器应完好,不应使用破损及不合格的电器。

11. 总配电箱、分配电箱的电器应具备正常接通与分断电路,以及短路、过负荷、接地故障保护功能。电器设置应符合下列规定:

1) 总配电箱、分配电箱进线应设置隔离开关、总断路器,当采用带隔离功能的断路器时,可不设置隔离开关。各分支回路应设置具有短路、过负荷、接地故障保护功能的电器。

2) 总断路器的额定值应与分路断路器的额定值相匹配。

说明:在TN系统配电线路中,接地故障保护宜采用下列方式:

(1) 当过电流保护能满足在规定时间内切断接地故障线路的要求时,宜采用过电流保护兼做接地故障保护;

(2) 在三相四线制配电线系统中,如果电流保护不能满足在规定时间(干线不大于5s,末级线路不大于0.4s)内切断接地故障线路,则采用零序电流保护,但其整定电流应大于配电线路最大不平衡电流。

（3）当以上（1）、（2）两项的保护都不能满足要求时，应采用漏电电流动作保护电器。

（十一）档案管理

1. 施工现场临时用电必须建立安全技术档案，并应包括下列内容：

（1）用电组织设计的全部资料。

（2）修改用电组织设计的资料。

（3）用电技术交底资料。

（4）用电工程检查验收表。

（5）电气设备的试、检验凭单和调试记录。

（6）接地电阻、绝缘电阻和漏电保护器漏电动作参数测定记录表。

（7）定期检（复）查表。

（8）电工安装、巡检、维修、拆除工作记录。

2. 安全技术档案应由主管该现场的电气技术人员负责建立与管理。其中"电工安装、巡检、维修、拆除工作记录"可指定电工代管，每周由项目经理审核认可，并应在临时用电工程拆除后统一归档。

3. 临时用电工程应定期检查。定期检查时，应复查接地电阻值和绝缘电阻值。

4. 临时用电工程定期检查应按分部、分项工程进行，对安全隐患必须及时处理，并应履行复查验收手续。

四、高处作业

（一）高处作业管理要求[①]

1. 施工单位的法定代表人对本单位的安全生产全面负责。施工单位在编制施工组织设计时，应制定预防高处坠落事故的安全技术措施。

2. 项目经理对本项目的安全生产全面负责。项目经理部应结合施工组织设计，根据建筑工程特点编制预防高处坠落事故的专项施工方案，并组织实施。

3. 施工单位应做好高处作业人员的安全教育及相关的安全预防工作：

（1）所有高处作业人员应接受高处作业安全知识的教育；特种高处作业人员应持证上岗，上岗前应依据有关规定进行专门的安全技术签字交底。采用新工艺、新技术、新材料和新设备的，应按规定对作业人员进行相关安全技术签字交底。

（2）高处作业人员应经过体检，合格后方可上岗。施工单位应为作业人员提供合格的安全帽、安全带等必备的安全防护用具，作业人员应按规定正确佩戴和使用。

（3）施工单位应按类别，有针对性地将各类安全警示标志悬挂于施工现场各相应部位，夜间应设红灯示警。

（二）高处作业安全实施[①]

1. 高处作业前，应由项目分管负责人组织有关部门对安全防护设施进行验收，经验收合格签字后，方可作业。安全防护设施应做到定型化、工具化，防护栏杆以黄黑（或红白）相间的条纹标示，盖件等以黄（或红）色标示。需要临时拆除或变动安全设施的，应经项

[①] 引自《建筑工程预防高处坠落事故若干规定》（建质[2003]82号）

目分管负责人审批签字，并组织有关部门验收，经验收合格签字后，方可实施。

2. 物料提升机应按有关规定由其产权单位编制安装拆卸施工方案，产权单位分管负责人审批签字，并负责安装和拆卸；使用前与施工单位共同进行验收，经验收合格签字后，方可作业。物料提升机应有完好的停层装置，各层联络要有明确信号和楼层标记。物料提升机上料口应装设有联锁装置的安全门，同时采用断绳保护装置或安全停靠装置。通道口走道板应满铺并固定牢靠，两侧边应设置符合要求的防护栏杆和挡脚板，并用密目式安全网封闭两侧。物料提升机严禁乘人。

3. 施工外用电梯应按有关规定由其产权单位编制安装拆卸施工方案，产权单位分管负责人审批签字，并负责安装和拆卸；使用前与施工单位共同进行验收，经验收合格签字后，方可作业。施工外用电梯各种限位应灵敏可靠，楼层门应采取防止人员和物料坠落措施，电梯上下运行行程内应保证无障碍物。电梯轿厢内乘人、载物时，严禁超载，载荷应均匀分布，防止偏重。

4. 移动式操作平台应按相关规定编制施工方案，项目分管负责人审批签字并组织有关部门验收，经验收合格签字后，方可作业。移动式操作平台立杆应保持垂直，上部适当向内收紧，平台作业面不得超出底脚。立杆底部和平台立面应分别设置扫地杆、剪刀撑或斜撑，平台应用坚实木板满铺，并设置防护栏杆和登高扶梯。

5. 各类作业平台、卸料平台应按相关规定编制施工方案，项目分管负责人审批签字并组织有关部门验收，经验收合格签字后，方可作业。架体应保持稳固，不得与施工脚手架连接。作业平台上严禁超载。

6. 脚手架应按相关规定编制施工方案，施工单位分管负责人审批签字，项目分管负责人组织有关部门验收，经验收合格签字后，方可作业。作业层脚手架的脚手板应铺设严密，下部应用安全平网兜底。脚手架外侧应采用密目式安全网做全封闭，不得留有空隙。密目式安全网应可靠固定在架体上。作业层脚手板与建筑物之间的空隙大于15cm时应做好全封闭，防止人员和物料坠落。作业人员上下应有专用通道，不得攀爬架体。

7. 附着式升降脚手架和其他外挂式脚手架应按相关规定由其产权单位编制施工方案，产权单位分管负责人审批签字，并与施工单位在使用前进行验收，经验收合格签字后，方可作业。附着式升降脚手架和其他外挂式脚手架每提升一次，都应由项目分管负责人组织有关部门验收，经验收合格签字后，方可作业。附着式升降脚手架和其他外挂式脚手架应设置安全可靠的防倾覆、防坠落装置，每一作业层架体外侧应设置符合要求的防护栏杆和挡脚板。附着式升降脚手架和其他外挂式脚手架升降时，应设专人对脚手架作业区域进行监护。

8. 模板工程应按相关规定编制施工方案，施工单位分管负责人审批签字；项目分管负责人组织有关部门验收，经验收合格签字后，方可作业。模板工程在绑扎钢筋、粉刷模板、支拆模板时应保证作业人员有可靠立足点，作业面应按规定设置安全防护设施。模板及其支撑体系的施工荷载应均匀堆置，并不得超过设计计算要求。

9. 吊篮应按相关规定由其产权单位编制施工方案，产权单位分管负责人审批签字，并与施工单位在使用前进行验收，经验收合格签字后，方可作业。吊篮产权单位应做好日常例保和记录。吊篮悬挂机构的结构件应选用钢材或其他适合的金属结构材料制造，其结构应具有足够的强度和刚度。作业人员应按规定佩戴安全带；安全带应挂设在单独设置的安全绳上，严禁安全绳与吊篮连接。

10. 施工单位对电梯井门应按定型化、工具化的要求设计制作，其高度应在 15~18m 范围内。电梯井内不超过 10m 应设置一道安全平网；安装拆卸电梯井内安全平网时，作业人员应按规定佩戴安全带。

11. 施工单位进行屋面卷材防水层施工时，屋面周围应设置符合要求的防护栏杆。屋面上的孔洞应加盖封严，短边尺寸大于 15m 时，孔洞周边也应设置符合要求的防护栏杆，底部加设安全平网。在坡度较大的屋面作业时，应采取专门的安全措施。

(三) 基本规定

1. 高处作业的安全技术措施及其所需料具，必须列入工程的施工组织设计。

2. 单位工程施工负责人应对工程的高处作业安全技术负责并建立相应的责任制。

施工前，应逐级进行安全技术教育及交底，落实所有安全技术措施和人身防护用品，未经落实时不得进行施工。

3. 高处作业中的安全标志、工具、仪表、电气设施和各种设备，必须在施工前加以检查，确认其完好，方能投入使用。

4. 攀登和悬空高处作业人员以及搭设高处作业安全设施的人员，必须经过专业技术培训及专业考试合格，持证上岗，并必须定期进行体格检查。

5. 施工中对高处作业的安全技术设施，发现有缺陷和隐患时，必须及时解决；危及人身安全时，必须停止作业。

6. 施工作业场所有坠落可能的物件，应一律先行撤除或加以固定。

高处作业中所用的物料，均应堆放平稳，不妨碍通行和装卸。工具应随手放入工具袋；作业中的走道、通道板和登高用具，应随时清扫干净；拆卸下的物件及余料和废料均应及时清理运走，不得任意乱置或向下丢弃。传递物件禁止抛掷。

7. 雨天和雪天进行高处作业时，必须采取可靠的防滑、防寒和防冻措施。凡水、冰、霜、雪均应及时清除。对进行高处作业的高耸建筑物，应事先设置避雷设施。遇有六级以上强风、浓雾等恶劣气候，不得进行露天攀登与悬空高处作业。暴风雪及台风暴雨后，应对高处作业安全设施逐一加以检查，发现有松动、变形、损坏或脱落等现象，应立即修理完善。

8. 因作业必需，临时拆除或变动安全防护设施时，必须经施工负责人同意，并采取相应的可靠措施，作业后应立即恢复。

9. 防护棚搭发与拆除时，应设警戒区，并应派专人监护。严禁上下同时拆除。

10. 高处作业安全设施的主要受力杆件，力学计算按一般结构力学公式，强度及挠度计算按现行有关规范进行，但钢受弯构件的强度计算不考虑塑性影响，构造上应符合现行的相应规范的要求。

第十三章 消防安全管理

一、基本规定

(一) 施工单位消防责任

1. 施工现场的消防安全管理应由施工单位负责。

实行施工总承包时，应由总承包单位负责。分包单位应向总承包单位负责，并应服从总承包单位的管理，同时应承担国家法律、法规规定的消防责任和义务。

  2. 施工单位应根据建设项目规模、现场消防安全管理的重点，在施工现场建立消防安全管理组织机构及义务消防组织，并应确定消防安全负责人和消防安全管理人员，同时应落实相关人员的消防安全管理责任。

（二）消防安全管理制度

  施工单位应针对施工现场可能导致火灾发生的施工作业及其他活动，制定消防安全管理制度。消防安全管理制度应包括下列主要内容：

  1. 消防安全教育与培训制度。

  2. 可燃及易燃易爆危险品管理制度。

  3. 用火、用电、用气管理制度。

  4. 消防安全检查制度。

  5. 应急预案演练制度。

（三）防火技术方案

  施工单位应编制施工现场防火技术方案，并应根据现场情况变化及时对其修改、完善。防火技术方案应包括下列主要内容：

  1. 施工现场重大火灾危险源辨识。

  2. 施工现场防火技术措施。

  3. 临时消防设施、临时疏散设施配备。

  4. 临时消防设施和消防警示标识布置图。

（四）应急疏散预案

  施工单位应编制施工现场灭火及应急疏散预案。灭火及应急疏散预案应包括下列主要内容：

  1. 应急灭火处置机构及各级人员应急处置职责。

  2. 报警、接警处置的程序和通讯联络的方式。

  3. 扑救初起火灾的程序和措施。

  4. 应急疏散及救援的程序和措施。

（五）消防安全教育

  施工人员进场时，施工现场的消防安全管理人员应向施工人员进行消防安全教育和培训。消防安全教育和培训应包括下列内容：

  1. 施工现场消防安全管理制度、防火技术方案、灭火及应急疏散预案的主要内容。

  2. 施工现场临时消防设施的性能及使用、维护方法。

  3. 扑灭初起火灾及自救逃生的知识和技能。

  4. 报警、接警的程序和方法。

（六）消防安全技术交底

  施工作业前，施工现场的施工管理人员应向作业人员进行消防安全技术交底。消防安全技术交底应包括下列主要内容：

  1. 施工过程中可能发生火灾的部位或环节。

  2. 施工过程应采取的防火措施及应配备的临时消防设施。

  3. 初起火灾的扑救方法及注意事项。

4. 逃生方法及路线。

（七）消防检查

施工过程中，施工现场的消防安全负责人应定期组织消防安全管理人员对施工现场的消防安全进行检查。消防安全检查应包括下列主要内容：

（1）可燃物及易燃易爆危险品的管理是否落实。

（2）动火作业的防火措施是否落实。

（3）用火、用电、用气是否存在违章操作，电、气焊及保温防水施工是否执行操作规程。

（4）临时消防设施是否完好有效。

（5）临时消防车道及临时疏散设施是否畅通。

施工单位应依据灭火及应急疏散预案，定期开展灭火及应急疏散的演练。

施工单位应做好并保存施工现场消防安全管理的相关文件和记录，并应建立现场消防安全管理档案。

二、消防安全职责

（一）项目经理责任

"法人单位的法定代表人和非法人单位的主要负责人是单位的消防安全责任人，对本单位的消防安全工作全面负责"。（《公安部61号令》第四条）

1. 项目经理是施工项目消防安全责任人，对本单位的消防安全工作全面负责：应依法履行责任，保障消防投入，切实在检查消除火灾隐患、组织扑救初起火灾、组织人员疏散逃生和消防宣传教育培训等方面提升能力。

2. 施工现场确保消防设施完好有效；不得埋压、圈占、损坏消防设施。

3. 要保障疏散通道、安全出口和应急通道畅通。

4. 要落实每日防火巡查检查制度，及时发现和消除火灾隐患。

5. 组织开展针对性消防安全培训和应急演练。

（二）项目消防安全管理人职责

单位可以根据需要确定本单位的消防安全管理人。消防安全管理人对单位的消防安全责任人负责，实施和组织落实消防安全管理工作。（《公安部61号令》第七条）

1. 拟订年度消防工作计划，组织实施日常消防安全管理工作。

2. 组织制定消防安全制度和保障消防安全的操作规程并检查督促其落实。

3. 拟订消防安全工作的资金投入和组织保障方案。

4. 组织实施防火检查和火灾隐患整改工作。

5. 组织实施对本项目消防设施、灭火器材和消防安全标志的维护保养，确保其完好有效，确保疏散通道和安全出口畅通。

6. 组织管理义务消防队。

7. 在员工中组织开展消防知识、技能的宣传教育和培训，组织灭火和应急疏散预案的实施和演练。

8. 项目消防安全责任人委托的其他消防安全管理工作。

(三) 专兼职消防管理人员职责

《公安部61号令》第十五条规定：单位应当确定专职或者兼职消防管理人员，专兼职消防管理人员在消防安全责任人或者消防安全管理人的领导下开展消防安全管理工作。

专兼职消防管理人员是做好消防安全的重要力量。其应当履行下列消防安全责任：

1. 掌握消防安全法律、法规，了解本单位消防安全状况，及时向上级报告。
2. 提请确定消防安全重点单位，提出落实消防安全管理措施的建议。
3. 实施日常防火检查、巡查，及时发现火灾隐患，落实火灾隐患整改措施。
4. 管理维护消防设施、灭火器材和消防安全标志。
5. 组织开展消防宣传，对全体员工进行教育培训。
6. 编制灭火和应急疏散预案，组织演练。
7. 记录有关消防工作的开展情况，完善消防档案。
8. 完成其他消防安全管理工作。

(四) 工长责任

1. 认真执行上级有关消防安全生产规定，对所管辖班组的消防安全生产负直接领导责任。
2. 认真执行消防安全技术措施及安全操作规程，针对生产任务的特点，向班组进行书面消防保卫安全技术交底，履行签字手续，并对规程、措施、交底的执行情况实施经常检查，随时纠正现场及作业中违章、违规行为。
3. 经常检查所辖班组作业环境及各种设备、设施的消防安全状况，发现问题及时纠正、解决。对重点、特殊部位施工，必须检查作业人员及设备、设施技术状况是否符合消防保卫安全要求，严格执行消防保卫安全技术交底，落实安全技术措施，并监督其认真执行，做到不违章指挥。
4. 定期组织所辖班组学习消防规章制度，开展消防安全教育活动，接受安全部门或人员的消防安全监督检查，及时解决提出的不安全问题。
5. 对分管工程项目应用的符合审批手续的新材料、新工艺、新技术，要组织作业工人进行消防安全技术培训；若在施工中发现问题，必须立即停止使用，并上报有关部门或领导。
6. 发生火灾或未遂事故要保护现场，立即上报。

(五) 班组长责任

1. 认真执行消防保卫规章制度及安全操作规程，合理安排班组人员工作。
2. 经常组织班组人员学习消防知识，监督班组人员正确使用个人劳动保护用品。
3. 认真落实消防安全技术交底。
4. 定期检查班组作业现场消防状况，发现问题及时解决。
5. 发现火灾苗头，保护好现场，立即上报有关领导。

(六) 班组工人责任

1. 认真学习，严格执行消防保卫制度。
2. 认真执行消防保卫安全交底，不违章作业，服从指导管理。
3. 发扬团结友爱精神，在消防保卫安全生产方面做到相互帮助、互相监督，对新工人要积极传授消防保卫知识，维护一切消防设施和防护用具，做到正确使用，不私自拆改、挪用。

4. 对不利于消防安全的作业要积极提出意见，并有权拒绝违章指令。

5. 严格遵守本岗位安全操作规程。

6. 有权拒绝违章指挥。

三、可燃物及易燃易爆危险品管理

（一）用于在建工程的保温、防水、装饰及防腐等材料的燃烧性能等级应符合设计要求。

（二）可燃材料及易燃易爆危险品应按计划限量进场。进场后，可燃材料宜存放于库房内，露天存放时，应分类成垛堆放，垛高不应超过2m，单垛体积不应超过50m³，垛与垛之间的最小间距不应小于2m，且应采用不燃或难燃材料覆盖；易燃易爆危险品应分类专库储存，库房内应通风良好，并应设置严禁明火标志。

（三）室内使用油漆及其有机溶剂、乙二胺、冷底子油等易挥发产生易燃气体的物资作业时，应保持良好通风，作业场所严禁明火，并应避免产生静电。

（四）施工产生的可燃、易燃建筑垃圾或余料，应及时清理。

四、用火、用电、用气管理

（一）用火管理

施工现场用火应符合下列规定：

1. 动火作业应办理动火许可证；动火许可证的签发人收到动火申请后，应前往现场查验并确认动火作业的防火措施落实后，再签发动火许可证。

2. 动火操作人员应具有相应资格。

3. 焊接、切割、烘烤或加热等动火作业前，应对作业现场的可燃物进行清理；作业现场及其附近无法移走的可燃物应采用不燃材料对其覆盖或隔离。

4. 施工作业安排时，宜将动火作业安排在使用可燃建筑材料的施工作业前进行。确需在使用可燃建筑材料的施工作业之后进行动火作业时，应采取可靠的防火措施。

5. 裸露的可燃材料上严禁直接进行动火作业。

6. 焊接、切割、烘烤或加热等动火作业应配备灭火器材，并应设置动火监护人进行现场监护，每个动火作业点均应设置1个监护人。

7. 五级（含五级）以上风力时，应停止焊接、切割等室外动火作业；确需动火作业时，应采取可靠的挡风措施。

8. 动火作业后，应对现场进行检查，并应在确认无火灾危险后，动火操作人员再离开。

9. 具有火灾、爆炸危险的场所严禁明火。

10. 施工现场不应采用明火取暖。

11. 厨房操作间炉灶使用完毕后，应将炉火熄灭，排油烟机及油烟管道应定期清理油垢。

（二）用电管理

施工现场用电应符合下列规定：

1. 施工现场供用电设施的设计、施工、运行和维护应符合现行国家标准《建设工程施工现场供用电安全规范》（GB 50194）的有关规定；

2. 电气线路应具有相应的绝缘强度和机械强度，严禁使用绝缘老化或失去绝缘性能的电气线路，严禁在电气线路上悬挂物品。破损、烧焦的插座、插头应及时更换。

3. 电气设备与可燃、易燃易爆危险品和腐蚀性物品应保持一定的安全距离。

4. 有爆炸和火灾危险的场所，应按危险场所等级选用相应的电气设备。

5. 配电屏上每个电气回路应设置漏电保护器、过载保护器，距配电屏2m范围内不应堆放可燃物，5m范围内不应设置可能产生较多易燃、易爆气体、粉尘的作业区。

6. 可燃材料库房不应使用高热灯具，易燃易爆危险品库房内应使用防爆灯具。

7. 普通灯具与易燃物的距离不宜小于300mm，聚光灯、碘钨灯等高热灯具与易燃物的距离不宜小于500mm。

8. 电气设备不应超负荷运行或带故障使用。

9. 严禁私自改装现场供用电设施。

10. 应定期对电气设备和线路的运行及维护情况进行检查。

（三）用气管理

施工现场用气应符合下列规定：

1. 储装气体的罐瓶及其附件应合格、完好和有效，严禁使用减压器及其他附件缺损的氧气瓶，严禁使用乙炔专用减压器、回火防止器及其他附件缺损的乙炔瓶。

2. 气瓶运输、存放、使用时，应符合下列规定：

（1）气瓶应保持直立状态，并采取防倾倒措施，乙炔瓶严禁横躺卧放。

（2）严禁碰撞、敲打、抛掷、滚动气瓶。

（3）气瓶应远离火源，与火源的距离不应小于10m，并应采取避免高温和防止曝晒的措施。

（4）燃气储装瓶罐应设置防静电装置。

3. 气瓶应分类储存，库房内应通风良好；空瓶和实瓶同库存放时，应分开放置，空瓶和实瓶的间距不应小于1.5m。

4. 气瓶使用时，应符合下列规定：

（1）使用前，应检查气瓶及气瓶附件的完好性，检查连接气路的气密性，并采取避免气体泄漏的措施，严禁使用已老化的橡皮气管。

（2）氧气瓶与乙炔瓶的工作间距不应小于5m，气瓶与明火作业点的距离不应小于10m。

（3）冬季使用气瓶，气瓶的瓶阀、减压器等发生冻结时，严禁用火烘烤或用铁器敲击瓶阀，严禁猛拧减压器的调节螺丝。

（4）氧气瓶内剩余气体的压力不应小于0.1MPa。

（5）气瓶用后应及时归库。

（四）其他防火管理

1. 施工现场的重点防火部位或区域应设置防火警示标识。

2. 施工单位应做好施工现场临时消防设施的日常维护工作，对已失效、损坏或丢失的消防设施应及时更换、修复或补充。

3. 临时消防车道、临时疏散通道、安全出口应保持畅通，不得遮挡、挪动疏散指示标识，不得挪用消防设施。

4. 施工期间，不应拆除临时消防设施及临时疏散设施。
5. 施工现场严禁吸烟。

五、施工现场消防安全管理问题性质的认定

（一）凡有下列行为之一为严重违章

1. 施工组织设计中未编制消防方案或危险性较大的作业如防水施工、保温材料安装使用、施工暂设搭建和冷却塔的安装及其他易燃、易爆物品的未编制防火措施。
2. 进行电焊作业、油漆粉刷或从事防水、保温材料、冷却塔安装等危险作业时，无防火要求的措施，也未进行安全交底。明火作业与防水施工、外墙保温材料等较大危险性作业进行违章交叉作业，存在较大火灾隐患的。
3. 明火作业无审批手续、非焊工从事电气焊、割作业，动火前未清理易燃物。
4. 施工暂设搭建未按防火规定使用非燃材料而采用易燃、可燃材料作围护结构的。
5. 在建筑工程主体内设置员工集体宿舍，设置的非燃品库房内住宿人员。
6. 在建筑物或库房内调配油漆、稀料。
7. 将在施建筑物作为仓库使用，或长期存放大量易燃、可燃材料。
8. 施工现场吸烟。
9. 工程内使用液化石油气钢瓶。
10. 冬季施工工程内采用炉火作取暖保温措施的。
11. 将住宿或办公区域安全出口上锁、遮挡，或者占用、堆放物品，或者影响疏散通道畅通的。

（二）凡下列问题为重大隐患

1. 施工现场未设消防车道。
2. 施工现场的消防重点部位（木工加工场所、油料及其他仓库等）未配备消防器材。
3. 施工现场无消防水源，或消火栓严重不足，未采取其他措施的。
4. 消火栓被埋、压、圈、占。因消火栓开启工具不匹配，不能及时开启出水的。
5. 施工现场进水干管直径小于100mm，无其他措施的。
6. 高度超过24m以上的建筑未设置消防竖管，或在正式消防给水系统投入使用前，拆除或者停用临时消防竖管的。
7. 消防竖管未设置水泵结合器，或设置水泵接合器，消防车无法靠近，不能起灭火作用的。
8. 消防泵的专用配电线路，未引自施工现场总断路器的上端，不能保证连续不间断供电。
9. 冬季施工消火栓、消防泵房、竖管无防冻保温措施，造成设备、管路被冻，不能出水起到灭火作用的。
10. 将安全出口上锁、遮挡，或者占用、堆放物品，或者影响疏散通道畅通的。
11. 消防设施管理、值班人员和防火巡查人员脱岗的。
12. 生活区食堂使用液化气瓶到期未检验，无安全供气协议；工程内或生产区域使用液化石油气的。

六、电气焊作业

(一) 电气焊作业安全交底

1. 一般事项交底

(1) 电气焊作业人员应持证上岗。

(2) 动火必须开具用火证,用火证当日有效。用火地点变换,应重新办理。

(3) 清理可燃物,作业现场及其附近无移走的可燃物应采用不燃材料对其覆盖或隔离。

(4) 设专人看护,备足灭火器材和灭火用水,作业后确认无火源后方可离去。

(5) 五级以上风力时应停止焊接、切割等室外动火作业。

2. 特殊事项交底

(1) 焊、割存放过易燃易爆化学危险物品的容器或设备,在处于危险状态时,不得进行焊割。必须采取安全清洗措施后,方准进行焊割。

(2) 焊割等明火作业不准与防水施工、外墙保温材料、冷却塔、油漆粉刷等作业同部位、同时间上下交叉作业。

(3) 高层、外檐及孔洞周围作业必须有接挡、封堵措施。严禁在有火灾爆炸危险场所进行焊割作业。

(4) 电焊机必须设立专用地线,不准将地线搭接在建筑物、机器设备或各种管道、金属架上。

(5) 氧气瓶导管、软管、瓶阀等不得与油脂、沾油物品接触。氧气瓶和乙炔瓶应分开放置,两瓶之间工作间距不小于5m,两瓶与明火作业距离不小于10m,并不得倾倒和受热。

3. 逃生自救事项交底

(1) 初起火灾的扑救方法及注意事项。

灭火器的使用,离操作点最近的消火栓位置及使用方法。

(2) 逃生方法及路线。

4. 面临行政处罚交底事项

(1) 未取得相应的特种作业操作岗位资格进行电、气焊作业的人员一律行政拘留;

(2) 依据《中华人民共和国消防法》第二十一条,《中华人民共和国消防法》第六十三条第二项之规定,未经施工现场防火负责人审查批准,未开具动火证,动火作业时未清除周边可燃物,未配置消防器材,未设专人监护,未在指定用火时间、地点进行电、气焊作业的一律处罚款或拘留。

(3) 北京市公安消防总队《关于施工现场两类突出消防违法行为适用消防行政拘留的指导意见》:

①指使强令他人冒险作业。消防监督检查中发现施工现场的消防通道、消防水源、消防设施和灭火器材等,不符合《北京市消防条例》、《北京市建设工程施工现场消防安全管理规定》(北京市人民政府令第84号)、《公安部、住房和城乡建设部关于进一步加强建设工程施工现场消防安全工作的通知》(公消〔2009〕131号)、《建设工程施工现场消防安全技术规范》(GB 50720—2011)等规定的消防安全条件,施工单位仍然进行施工作业的,可视为施工现场负责人指使、强令他人冒险作业,依照《消防法》第六十四条第一项的规定,对施工现场负责人处10日以上15日以下拘留,可以并处500元以下罚款。

②违反规定使用明火作业。消防监督检查中发现施工现场动用明火，违反《建设工程施工现场消防安全技术规范》（GB 50720—2011）有关用火、用电、用气管理规定，情节严重的，可根据《消防法》第六十三条第二项的规定，处5日以下拘留。

（二）焊接机械基本要求

1. 焊接前必须先进行动火审查，配备灭火器材和监护人员，后开动火证。
2. 焊接设备应有完整的防护外壳，一、二次接线柱处应有保护罩。
3. 焊接操作及配合人员必须按规定穿戴劳动防护用品，并必须采取防止触电、高空坠落、中毒和火灾等事故的安全措施。
4. 焊割现场10m范围内及高空作业下方，不得堆放油类、木材、氧气瓶、乙炔发生器等易燃、易爆物品。
5. 电焊机导线和接地线不得搭在易燃、易爆及带有热源的和有油的物品上；不得利用建筑物的金属结构、管道、轨道或其他金属物体搭接起来形成焊接回路，并不得将电焊机和工件双重接地；严禁使用氧气、天然气等易燃易爆气体管道作为接地装置。
6. 高空焊接或切割时，必须系好安全带，焊接周围和下方应采取防火措施，并应有专人监护。

七、消防教育培训

1. 公安部《社会消防安全培训大纲》规定

（1）消防安全责任人、管理人和专职消防安全管理人员：

掌握常用灭火设施、器材的种类及使用方法。

掌握消防设施、器材特点、用途及检查、维护、保养的基本要求。

（2）义务消防队人员：

掌握常用消防设施、器材的种类及使用方法。掌握常用消防设施、器材的种类及使用方法。

（3）保安员：

掌握灭火器的种类、适用范围、使用方法、设置及日常维护保养要求。

掌握消火栓工作原理、操作方法及日常维护保养要求。

（4）单位员工：掌握常用消防设施、器材的种类及使用方法。

（5）在建设工地醒目位置、施工人员集中住宿场所设置消防安全宣传栏，悬挂消防安全挂图和消防安全警示标识。

（6）对明火作业人员进行经常性的消防安全教育。

（7）施工现场每半年应组织一次灭火和应急疏散演练。

2. 总承包单位要组织分包单位管理人员、保安、成品保护人员以及施工人员等进行全员消防安全教育培训。教育培训应当包括：

（1）有关消防法规、消防安全制度和保障消防安全的操作规程。

（2）本岗位的火灾危险性和防火措施。

（3）有关消防设施的性能、灭火器材的使用方法。

（4）报火警、扑救初起火灾以及自救逃生的知识和技能。

3. 施工单位应落实电焊、气焊、电工等特殊工种作业人员持证上岗制度，电焊、气焊等危险作业前，应对作业人员进行消防安全教育，强化消防安全意识，落实危险作业施工安全措施。

4. 通过消防宣传，职工要做到"三知三会"，即知道本岗位的火灾危险性、知道消防安全措施、知道灭火方法；会正确报火警、会扑救初期火灾、会组织疏散人员。

八、消防资料

施工单位应建立健全消防档案。消防档案应包括消防安全基本情况和消防安全管理情况，消防档案应详实，全面反映施工单位消防工作的基本情况，并附有必要的图表，根据情况变化及时更新。施工单位应对消防档案统一保管、备查。

（一）消防安全基本情况应当包括以下内容

1. 施工现场的基本情况和消防安全重点部位情况。
2. 工程消防审批有关资料：
（1）送审报告（施工单位加盖公章的书面申请）。
（2）《××市消防局建筑设计消防审核意见书》。
（3）《××市建筑工程施工现场消防安全审核申请表》。
（4）施工现场消防安全措施方案、防火负责人和消防保卫人员名单。
（5）施工组织设计和方案。
（6）保卫消防方案。
3. 消防管理组织机构和各级消防安全责任人。
4. 消防安全责任协议。
5. 消防安全制度。
6. 消防设施灭火器材情况。
7. 义务消防队情况。
8. 与消防有关的重点工种人员情况。
9. 新增消防产品、防火材料的合格证明材料（施工现场一般是指对临建房屋围护结构的保温材料及现场使用的安全网、围网和施工保温材料的检测情况）。
10. 灭火和应急疏散预案。

（二）消防安全管理情况应当包括以下内容

1. 公安消防机构填发的各种法律文书。
2. 防火检查、巡查记录。
3. 火灾隐患及其整改记录。
4. 消防设施定期检查记录，灭火器材维修保养记录，燃气、电气设备监测（包括防雷、防静电）等记录资料。
5. 消防安全培训记录。
6. 明火作业审批手续。
7. 易燃、易爆化学危险物品，防水施工、保温材料安装、使用、存放的审批手续和措施。
8. 灭火和应急疏散预案的演练记录。
9. 火灾情况记录。

10. 消防奖惩情况记录。

九、起重机械安全使用规定

（一）建筑机械安全使用基本规定

1. 特种设备操作人员应经过专业培训、考核合格取得建设行政主管部门颁发的操作证，并应经过安全技术交底后持证上岗。
2. 机械必须按出厂使用说明书规定的技术性能、承载能力和使用条件，正确操作，合理使用，严禁超载、超速作业或任意扩大使用范围。
3. 机械上的各种安全防护和保险装置及各种安全信息装置必须齐全有效。
4. 机械作业前，施工技术人员应向操作人员进行安全技术交底。操作人员应熟悉作业环境和施工条件，并应听从指挥，遵守现场安全管理规定。
5. 在工作中，应按规定使用劳动保护用品。高处作业时应系安全带。
6. 机械使用前，应对机械进行检查、试运转。
7. 操作人员在作业过程中，应集中精力，正确操作，并应检查机械工况，不得擅自离开工作岗位或将机械交给其他无证人员操作。无关人员不得进入作业区或操作室内。
8. 操作人员应根据机械有关保养维修规定，认真及时做好机械保养维修工作，保持机械的完好状态，并应做好维修保养记录。
9. 实行多班作业的机械，应执行交接班制度，填写交接班记录，接班人员上岗前应认真检查。
10. 应为机械提供道路、水电、作业棚及停放场地等作业条件，并应消除各种安全隐患。夜间作业应提供充足的照明。
11. 机械设备的地基基础承载力应满足安全使用要求。机械安装、试机、拆卸应按使用说明书的要求进行。使用前应经专业技术人员验收合格。
12. 新机械、经过大修或技术改造的机械，应按出厂使用说明书的要求和现行行业标准《建筑机械技术试验规程》（JGJ 34）（以下简称规程）的规定进行测试和试运转，并应符合本规程附录 A 的规定。
13. 机械在寒冷季节使用，应符合本规程附录 B 的规定。
14. 机械集中停放的场所、大型内燃机械，应有专人看管，并应按规定配备消防器材；机房及机械周边不得堆放易燃、易爆物品。
15. 变配电所、乙炔站、氧气站、空气压缩机房、发电机房、锅炉房等易燃易爆场所，挖掘机、起重机、打桩机等易发生安全事故的施工现场，应设置警戒区域，悬挂警示标志，非工作人员不得入内。
16. 在机械产生对人体有害的气体、液体、尘埃、渣滓、放射性射线、振动、噪声等场所，应配置相应的安全保护设施、监测设备（仪器）、废品处理装置；在隧道、沉井、管道等狭小空间施工时，应采取措施，使有害物控制在规定的限度内。
17. 停用一个月以上或封存的机械，应做好停用或封存前的保养工作，并应采取预防风沙、雨淋、水泡、锈蚀等措施。
18. 机械使用的润滑油（脂）的性能应符合出厂使用说明书的规定，并应按时更换。
19. 当发生机械事故时，应立即组织抢救，并应保护事故现场，应按国家有关事故报告和调查处理规定执行。

20. 违反本规程的作业指令，操作人员应拒绝执行。

21. 清洁、保养、维修机械或电气装置前，必须先切断电源，等机械停稳后再进行操作。严禁带电或采用预约停送电时间的方式进行检修。

22. 机械不得带病运转。检修前，应悬挂"禁止合闸，有人工作"的警示牌。

(二) 建筑起重机械一般规定

1. 建筑起重机械进入施工现场应具备特种设备制造许可证、产品合格证、特种设备制造监督检验证明、备案证明、安装使用说明书和自检合格证明。

2. 建筑起重机械有下列情形之一时，不得出租和使用：

（1）属国家明令淘汰或禁止使用的品种、型号。

（2）超过安全技术标准或制造厂规定的使用年限。

（3）经检验达不到安全技术标准规定。

（4）没有完整安全技术档案。

（5）没有齐全有效的安全保护装置。

3. 建筑起重机械的安全技术档案应包括下列内容：

（1）购销合同、特种设备制造许可证、产品合格证、特种设备制造监督检验证明、安装使用说明书、备案证明等原始资料。

（2）定期检验报告、定期自行检查记录、定期维护保养记录、维修和技术改造记录、运行故障和生产安全事故记录、累积运转记录等运行资料。

（3）历次安装验收资料。

4. 建筑起重机械装拆方案的编制、审批和建筑起重机械首次使用、升节、附墙等验收应按现行有关规定执行。

5. 建筑起重机械的装拆应由具有起重设备安装工程承包资质的单位施工，操作和维修人员应持证上岗。

6. 建筑起重机械的内燃机、电动机和电气、液压装置部分，应按 JGJ 33—2012 第 3.2 节、3.4 节、3.6 节和附录 C 的规定执行。

7. 选用建筑起重机械时，其主要性能参数、利用等级、载荷状态、工作级别等应与建筑工程相匹配。

8. 施工现场应提供符合起重机械作业要求的通道和电源等工作场地和作业环境。基础与地基承载能力应满足起重机械的安全使用要求。

9. 操作人员在作业前应对行驶道路、架空电线、建（构）筑物等现场环境以及起吊重物进行全面了解。

10. 建筑起重机械应装有音响清晰的信号装置。在起重臂、吊钩、平衡重等转动物体上应有鲜明的色彩标志。

11. 建筑起重机械的变幅限位器、力矩限制器、起重量限制器、防坠安全器、钢丝绳防脱装置、防脱钩装置以及各种行程限位开关等安全保护装置，必须齐全有效，严禁随意调整或拆除。严禁利用限制器和限位装置代替操纵机构。

12. 建筑起重机械安装工、司机、信号司索工作业时应密切配合，按规定的指挥信号执行。当信号不清或错误时，操作人员应拒绝执行。

13. 施工现场应采用旗语、口哨、对讲机等有效的联络措施确保通信畅通。

14. 在风速达到9.0m/s及以上或大雨、大雪、大雾等恶劣天气时，严禁进行建筑起重机械的安装拆卸作业。

15. 在风速达到12.0m/s及以上或大雨、大雪、大雾等恶劣天气时，应停止露天的起重吊装作业。重新作业前，应先试吊，并应确认各种安全装置灵敏可靠后进行作业。

16. 操作人员进行起重机械回转、变幅、行走和吊钩升降等动作前，应发出音响信号示意。

17. 建筑起重机械作业时，应在臂长的水平投影覆盖范围外设置警戒区域，并应有监护措施；起重臂和重物下方不得有人停留、工作或通过。不得用吊车、物料提升机载运人员。

18. 不得使用建筑起重机械进行斜拉、斜吊和起吊埋设在地下或凝固在地面上的重物以及其他不明重量的物体。

19. 起吊重物应绑扎平稳、牢固，不得在重物上再堆放或悬挂零星物件。易散落物件应使用吊笼吊运。标有绑扎位置的物件，应按标记绑扎后吊运。吊索的水平夹角宜为45°~60°，不得小于30°，吊索与物件棱角之间应加保护垫料。

20. 起吊载荷达到起重机械额定起重量的90%及以上时，应先将重物吊离地面不大于200mm，检查起重机械的稳定性和制动可靠性，并应在确认重物绑扎牢固平稳后再继续起吊。对大体积或易晃动的重物应拴拉绳。

21. 重物的吊运速度应平稳、均匀，不得突然制动。回转未停稳前，不得反向操作。

22. 建筑起重机械作业时，在遇突发故障或突然停电时，应立即把所有控制器拨到零位，并及时关闭发动机或断开电源总开关，然后进行检修。起吊物不得长时间悬挂在空中，应采取措施将重物降落到安全位置。

23. 起重机械的任何部位与架空输电导线的安全距离应符合现行行业标准《施工现场临时用电安全技术规范》(JGJ 46)的规定。

24. 建筑起重机械使用的钢丝绳，应有钢丝绳制造厂提供的质量合格证明文件。

25. 建筑起重机械使用的钢丝绳，其结构形式、强度、规格等应符合起重机使用说明书的要求。钢丝绳与卷筒应连接牢固，放出钢丝绳时，卷筒上应至少保留三圈，收放钢丝绳时应防止钢丝绳损坏、扭结、弯折和乱绳。

26. 钢丝绳采用编结固接时，编结部分的长度不得小于钢丝绳直径的20倍，并不应小于300mm，其编结部分应用细钢丝捆扎。当采用绳卡固接时，与钢丝绳直径匹配的绳卡数量应符合下列表中的规定，绳卡间距应是6~7倍钢丝绳直径，最后一个绳卡距绳头的长度不得小于140mm。绳卡滑鞍（夹板）应在钢丝绳承载时受力的一侧，U形螺栓应在钢丝绳的尾端，不得正反交错。绳卡初次固定后，应待钢丝绳受力后再次紧固，并宜拧紧到使尾端钢丝绳受压处直径高度压扁1/3。作业中应经常检查紧固情况。（表2-13-1）

表2-13-1　与绳径匹配的绳卡数

钢丝绳公称直径（mm）	≤18	>18~26	>26~36	>36~44	>44~60
最少绳卡数（个）	3	4	5	6	7

27. 每班作业前，应检查钢丝绳及钢丝绳的连接部位。钢丝绳报废标准按现行国家标准《起重机　钢丝绳　保养、维护、安装、检验和报废》(GB/T 5972)的规定执行。

28. 在转动的卷筒上缠绕钢丝绳时，不得用手拉或脚踩引导钢丝绳，不得给正在运转的钢丝绳涂抹润滑脂。

29. 建筑起重机械报废及超龄使用应符合国家现行有关规定。

30. 建筑起重机械的吊钩和吊环严禁补焊。当出现下列情况之一时应更换：

（1）表面有裂纹、破口。

（2）危险断面及钩颈永久变形。

（3）挂绳处断面磨损超过高度10%。

（4）吊钩衬套磨损超过原厚度50%。

（5）销轴磨损超过其直径的5%。

31. 建筑起重机械使用时，每班都应对制动器进行检查。当制动器的零件出现下列情况之一时，应作报废处理：

（1）裂纹。

（2）制动器摩擦片厚度磨损达原厚度50%。

（3）弹簧出现塑性变形。

（4）小轴或轴孔直径磨损达原直径的5%。

32. 建筑起重机械制动轮的制动摩擦面不应有妨碍制动性能的缺陷或沾染油污。制动轮出现下列情况之一时，应作报废处理：

（1）裂纹。

（2）起升、变幅机构的制动轮，轮缘厚度磨损大于原厚度的40%。

（3）其他机构的制动轮，轮缘厚度磨损大于原厚度的50%。

（4）轮面凹凸不平度达1.5~2.0mm（小直径取小值，大直径取大值）。

附　　录

附录一　企业主要负责人安全生产考核复习题

一、单选题

1. 《中华人民共和国刑法》第一百三十四条规定：在生产作业中违反有关安全管理的规定，因而发生重大伤亡事故或者造成其他严重后果的，处（C）以下的有期徒刑或者拘役。
   A. 1年　　　　　B. 2年　　　　　C. 3年　　　　　D. 5年

2. 《中华人民共和国刑法》第一百三十四条规定：强令他人违章冒险作业，因而发生重大伤亡事故，或者造成其他严重后果的，处（D）以下的有期徒刑或者拘役。
   A. 1年　　　　　B. 2年　　　　　C. 3年　　　　　D. 5年

3. 《中华人民共和国刑法》第一百三十五条规定：安全生产设施或者安全生产条件不符合国家规定，因而发生重大伤亡事故或者造成其他严重后果的，对直接负责的主管人员和其他直接责任人员，处（C）以下有期徒刑或者拘役。
   A. 1年　　　　　B. 2年　　　　　C. 3年　　　　　D. 5年

4. 《中华人民共和国刑法》第一百三十六条规定：违反爆炸性、易燃性、放射性、毒害性、腐蚀性物品的管理规定，在生产、储存、运输、使用中发生重大事故，造成严重后果的，处（C）以下有期徒刑或者拘役。
   A. 1年　　　　　B. 2年　　　　　C. 3年　　　　　D. 5年

5. 《中华人民共和国刑法》第一百三十九条规定：违反消防管理法规，经消防监督机构通知采取改正措施而拒绝执行，造成严重后果的，对直接责任人员，处（C）以下有期徒刑或者拘役。
   A. 1年　　　　　B. 2年　　　　　C. 3年　　　　　D. 5年

6. 《中华人民共和国刑法》第一百三十九条规定：在安全事故发生后，负有报告职责的人员不报或者谎报事故情况，贻误事故抢救，情节严重的，处（C）以下有期徒刑或者拘役。
   A. 1年　　　　　B. 2年　　　　　C. 3年　　　　　D. 5年

7. 国家实行生产安全事故责任追究制度，依照《中华人民共和国安全生产法》和相关法律、法规的规定，追究生产安全事故（B）的法律责任。
   A. 相关人员　　　B. 责任人员　　　C. 主要负责人　　　D. 技术管理人员

8. 《中华人民共和国安全生产法》规定：生产经营单位的特种作业人员必须按照国家有关规定经专门的安全作业培训，取得（D），方可上岗作业。
   A. 岗位证书　　　　　　　　　　B. 操作资格证书
   C. 安全生产考核证书　　　　　　D. 相应资格

9.《中华人民共和国安全生产法》规定:生产经营单位应当在有较大危险因素的生产经营场所和有关设施、设备上,设置明显的(C)。
   A. 安全宣传标语   B. 安全宣教挂图
   C. 安全警示标志   D. 安全防护设施

10.《中华人民共和国安全生产法》规定:国家对严重危及生产安全的工艺、设备实行(B)制度。
   A. 安全管理   B. 淘汰   C. 论证   D. 评估

11.《中华人民共和国安全生产法》规定生产经营单位应当建立健全生产安全事故隐患(A)制度,采取技术、管理措施,及时发现并消除事故隐患。事故隐患排查治理情况应当如实记录,并向从业人员通报。
   A. 排查治理   B. 责任追究   C. 检测评估   D. 安全管理

12.《中华人民共和国安全生产法》规定:生产经营单位进行爆破、吊装以及国务院安全生产监督管理部门会同国务院有关部门规定的其他危险作业,应当安排(B)进行现场安全管理,确保操作规程的遵守和安全措施的落实。
   A. 专业施工员   B. 专门人员   C. 技术负责人   D. 监理人员

13.《中华人民共和国安全生产法》规定:两个以上生产经营单位在同一作业区域内进行生产经营活动,可能危及对方生产安全的,应当签订(A)协议,明确各自的安全生产管理职责和应当采取的安全措施,并指定专职安全生产管理人员进行安全检查与协调。
   A. 安全生产管理   B. 安全生产计划   C. 安全生产技术   D. 安全生产分包

14.《中华人民共和国安全生产法》规定:生产经营项目、场所发包或者出租给其他单位的,生产经营单位应当与承包单位、承租单位签订专门的(A)协议。
   A. 安全生产管理   B. 安全生产计划   C. 安全生产技术   D. 安全生产分包

15.《中华人民共和国安全生产法》规定:因生产安全事故受到损害的从业人员,除依法享有工伤社会保险外,依照有关民事法律尚有获得赔偿的权利,有权向(B)提出赔偿要求。
   A. 分包单位   B. 本单位   C. 总包单位   D. 施工单位

16.《中华人民共和国安全生产法》规定:生产经营单位应当制定本单位生产安全事故应急救援预案,与所在地县级以上地方人民政府组织制定的生产安全事故应急救援预案相衔接,并定期组织(D)。
   A. 培训   B. 考核   C. 维护   D. 演练

17.《中华人民共和国安全生产法》规定:个人经营的投资人未能保证安全生产所必需的资金投入,导致发生生产安全事故的,对个人经营的投资人处 2 万元以上(B)以下的罚款;构成犯罪的,依照刑法有关规定追究刑事责任。
   A. 10 万元   B. 20 万元   C. 30 万元   D. 50 万元

18. 生产经营单位的主要负责人未履行《中华人民共和国安全生产法》规定的安全生产管理职责的,责令限期改正;逾期未改正的,处(B)的罚款,责令生产经营单位停产停业整顿。
   A. 1 万元以上 5 万元以下   B. 2 万元以上 5 万元以下
   C. 2 万元以上 10 万元以下   D. 5 万元以上 10 万元以下

19. 生产经营单位的主要负责人未履行《中华人民共和国安全生产法》规定的安全生产管理职责的，导致发生生产安全事故，受刑事处罚或者撤职处分的，自刑罚执行完毕或者受处分之日起，（B）内不得担任任何生产经营单位的主要负责人；对重大、特别重大生产安全事故负有责任的，终身不得担任本行业生产经营单位的主要负责人。

  A. 2 年   B. 5 年   C. 7 年   D. 10 年

20. 生产经营单位的主要负责人未履行《中华人民共和国安全生产法》规定的安全生产管理职责，导致发生较大生产安全事故的，由安全生产监督管理部门处以（B）。

  A. 上一年年收入 30% 的罚款   B. 上一年年收入 40% 的罚款

  C. 上一年年收入 60% 的罚款   D. 上一年年收入 80% 的罚款

21. 《中华人民共和国安全生产法》规定：生产经营单位未按照规定设置安全生产管理机构或者配备安全生产管理人员或未按照规定制定生产安全事故应急救援预案或者未定期组织演练的，责令限期改正，可以处（B）以下的罚款。

  A. 2 万元   B. 5 万元   C. 10 万元   D. 20 万元

22. 《中华人民共和国安全生产法》规定：生产经营单位未按照规定对从业人员、被派遣劳动者、实习学生进行安全生产教育和培训，或者未按照规定如实告知有关的安全生产事项、未如实记录安全生产教育和培训情况或特种作业人员未按照规定经专门的安全作业培训并取得相应资格，上岗作业的，责令限期改正，可以处（B）以下的罚款。

  A. 2 万元   B. 5 万元   C. 10 万元   D. 20 万元

23. 《中华人民共和国安全生产法》规定：建筑施工单位的主要负责人和安全生产管理人员未按照规定经考核合格的，责令限期改正，可以处（B）以下的罚款。

  A. 2 万元   B. 5 万元   C. 10 万元   D. 20 万元

24. 《中华人民共和国安全生产法》规定：生产经营单位未在有较大危险因素的生产经营场所和有关设施、设备上设置明显的安全警示标志或者未对安全设备进行经常性维护、保养和定期检测的，责令限期改正，可以处 5 万元以下的罚款；逾期未改正的，处 5 万元以上（B）以下的罚款。

  A. 10 万元   B. 20 万元   C. 30 万元   D. 50 万元

25. 《中华人民共和国建筑法》规定：建筑工程总承包单位按照总承包合同的约定对建设单位负责；分包单位按照分包合同的约定对总承包单位负责。总承包单位和分包单位就分包工程对建设单位承担（C）责任。

  A. 按份   B. 相关   C. 连带   D. 履行

26. 《中华人民共和国建筑法》规定：建筑施工企业的管理人员违章指挥、强令职工冒险作业，因而发生重大伤亡事故或者造成其他严重后果的，依法追究（D）。

  A. 吊销资质证书   B. 民事责任   C. 行政责任   D. 刑事责任

27. 《中华人民共和国消防法》规定：禁止在具有（A）的场所吸烟、使用明火。

  A. 火灾、爆炸危险   B. 液体、爆炸危险

  C. 火灾、易燃危险   D. 固体、爆炸危险

28. 《建设工程安全生产管理条例》规定：总承包单位依法将建设工程分包给其他单位的，分包合同中应当明确各自的安全生产方面的权利、义务。总承包单位和分包单位对分包工程的安全生产承担（C）责任。

A、按份 B. 相关 C. 连带 D. 履行

29.《建设工程安全生产管理条例》规定：垂直运输机械作业人员、安装拆卸工、爆破作业人员、起重信号工、登高架设作业人员等特种作业人员，必须按照国家有关规定经过专门的安全作业培训，并取得（B）后，方可上岗作业。

A. 岗位证书 B. 特种作业操作资格证书
C. 安全生产考核证书 D. 执业资格证书

30.《建设工程安全生产管理条例》规定：施工单位应当对管理人员和作业人员（A）安全生产教育培训，其教育培训情况记入个人工作档案。安全生产教育培训考核不合格的人员，不得上岗。

A. 每年至少进行 1 次 B. 每年至少进行 2 次
C. 每年至少进行 3 次 D. 每季度至少进行 1 次

31.《建设工程安全生产管理条例》规定：作业人员进入新的岗位或者新的施工现场前，应当经过（C）。未经教育培训或者教育培训考核不合格的人员，不得上岗作业。

A. 操作规程培训 B. 施工工艺培训
C. 安全生产教育培训 D. 岗位知识培训

32.《建设工程安全生产管理条例》规定：施工单位在采用新技术、新工艺、新设备、新材料时，应当对作业人员进行相应的（D）。

A. 操作规程培训 B. 施工工艺培训
C. 安全生产教育培训 D. 岗位知识培训

33.《建设工程安全生产管理条例》规定：施工单位的主要负责人、项目负责人未履行安全生产管理职责的，尚不够刑事处罚的，处（C）的罚款或者按照管理权限给予撤职处分。

A. 2 万元以上 5 万元以下 B. 2 万元以上 10 万元以下
C. 2 万元以上 20 万元以下 D. 5 万元以上 20 万元以下

34.《安全生产许可证条例》规定：安全生产许可证的有效期为（C）年。

A. 1 B. 2 C. 3 D. 5

35.《安全生产许可证条例》规定：安全生产许可证有效期满需要延期的，企业应当于期满前（C）个月向原安全生产许可证颁发管理机关办理延期手续。

A. 1 B. 2 C. 3 D. 6

36.《安全生产许可证条例》规定：企业在安全生产许可证有效期内，严格遵守有关安全生产的法律法规，未发生死亡事故的，安全生产许可证有效期届满时，经原安全生产许可证颁发管理机关同意，不再审查，安全生产许可证有效期延期（C）年。

A. 1 B. 2 C. 3 D. 5

37. 违反《安全生产许可证条例》规定，未取得安全生产许可证擅自进行生产的，责令停止生产，没收违法所得，并处（C）的罚款；造成重大事故或者其他严重后果，构成犯罪的，依法追究刑事责任。

A. 10 万元以上 20 万元以下 B. 10 万元以上 30 万元以下
C. 10 万元以上 50 万元以下 D. 20 万元以上 50 万元以下

38. 违反《安全生产许可证条例》规定，安全生产许可证有效期满未办理延期手续，继

续进行生产的，责令停止生产，限期补办延期手续，没收违法所得，并处（C）的罚款。

A. 2 万元以上 5 万元以下　　B. 2 万元以上 10 万元以下
C. 5 万元以上 10 万元以下　　D. 5 万元以上 20 万元以下

39. 违反《安全生产许可证条例》规定，转让安全生产许可证的，没收违法所得，处（C）的罚款，并吊销其安全生产许可证；构成犯罪的，依法追究刑事责任；接受转让的，依照本条例第十九条的规定处罚。

A. 10 万元以上 20 万元以下　　B. 10 万元以上 30 万元以下
C. 10 万元以上 50 万元以下　　D. 20 万元以上 50 万元以下

40. 《生产安全事故报告和调查处理条例》规定：特别重大事故，是指造成（C）人以上死亡，或者 100 人以上重伤（包括急性工业中毒，下同），或者 1 亿元以上直接经济损失的事故。

A. 10　　B. 20　　C. 30　　D. 50

41. 《生产安全事故报告和调查处理条例》规定：重大事故，是指造成（C）死亡，或者 50 人以上 100 人以下重伤，或者 5000 万元以上 1 亿元以下直接经济损失的事故。

A. 3 人以下　　B. 3 人以上 10 人以下
C. 10 人以上 30 人以下　　D. 30 人以上 50 人以下

42. 《生产安全事故报告和调查处理条例》规定：较大事故，是指造成 3 人以上 10 人以下死亡，或者（C）重伤，或者 1000 万元以上 5000 万元以下直接经济损失的事故

A. 3 人以上 10 人以下　　B. 10 人以上 30 人以下
C. 10 人以上 50 人以下　　D. 20 人以上 50 人以下

43. 《生产安全事故报告和调查处理条例》规定：事故发生后，事故现场有关人员应当立即向本单位负责人报告；单位负责人接到报告后，应当于（A）小时内向事故发生地县级以上人民政府安全生产监督管理部门和负有安全生产监督管理职责的有关部门报告。

A. 1　　B. 2　　C. 12　　D. 24

44. 《生产安全事故报告和调查处理条例》规定：自事故发生之日起（D）日内，事故造成的伤亡人数发生变化的，应当及时补报。

A. 7　　B. 10　　C. 15　　D. 30

45. 《生产安全事故报告和调查处理条例》规定：事故发生单位主要负责人不立即组织事故抢救的，处上一年年收入（D）的罚款；属于国家工作人员的，并依法给予处分；构成犯罪的，依法追究刑事责任。

A. 10%～20%　　B. 20%～30%
C. 30%～40%　　D. 40%～80%

46. 《生产安全事故报告和调查处理条例》规定：事故发生单位主要负责人迟报或者漏报事故的，处上一年年收入（D）的罚款；属于国家工作人员的，并依法给予处分；构成犯罪的，依法追究刑事责任。

A. 10%～20%　　B. 20%～30%
C. 30%～40%　　D. 40%～80%

47. 《生产安全事故报告和调查处理条例》规定：事故发生单位主要负责人在事故调查处理期间擅离职守的，处上一年年收入（D）的罚款；属于国家工作人员的，并依法给予处

分；构成犯罪的，依法追究刑事责任。

  A. 10%～20%   B. 20%～30%
  C. 30%～40%   D. 40%～80%

  48.《生产安全事故报告和调查处理条例》规定：事故发生单位及其有关人员在事故调查中作伪证或者指使他人作伪证或事故发生后逃匿的，对事故发生单位处（D）的罚款。

  A. 20 万元以上 50 万元以下   B. 50 万元以上 100 万元以下
  C. 100 万元以上 200 万元以下   D. 100 万元以上 500 万元以下

  49.《生产安全事故报告和调查处理条例》规定：事故发生单位及其有关人员谎报或者瞒报事故或伪造或者故意破坏事故现场的，对主要负责人、直接负责的主管人员和其他直接责任人员处上一年年收入（D）的罚款；属于国家工作人员的，并依法给予处分；构成违反治安管理行为的，由公安机关依法给予治安管理处罚；构成犯罪的，依法追究刑事责任。

  A. 10%～20%   B. 20%～30%
  C. 40%～60%   D. 60%～100%

  50.《生产安全事故报告和调查处理条例》规定：事故发生单位对事故发生负有责任的，发生一般事故的，对事故发生单位处以（A）罚款。

  A. 10 万元以上 20 万元以下   B. 10 万元以上 30 万元以下
  C. 10 万元以上 50 万元以下   D. 20 万元以上 50 万元以下

  51.《生产安全事故报告和调查处理条例》规定：事故发生单位对事故发生负有责任的，发生重大事故的，对事故发生单位处以（C）罚款。

  A. 20 万元以上 50 万元以下   B. 50 万元以上 100 万元以下
  C. 50 万元以上 200 万元以下   D. 200 万元以上 500 万元以下

  52.《生产安全事故报告和调查处理条例》规定：事故发生单位对事故发生负有责任的，发生特别重大事故的，对事故发生单位处以（D）罚款。

  A. 20 万元以上 50 万元以下   B. 50 万元以上 100 万元以下
  C. 50 万元以上 200 万元以下   D. 200 万元以上 500 万元以下

  53.《生产安全事故报告和调查处理条例》规定：事故发生单位主要负责人未依法履行安全生产管理职责，导致一般事故发生的，处（A）罚款；属于国家工作人员的，并依法给予处分；构成犯罪的，依法追究刑事责任。

  A. 上一年年收入 30%的罚款   B. 上一年年收入 40%的罚款
  C. 上一年年收入 60%的罚款   D. 上一年年收入 80%的罚款

  54.《生产安全事故报告和调查处理条例》规定：事故发生单位主要负责人未依法履行安全生产管理职责，导致较大事故发生的，处（B）罚款；属于国家工作人员的，并依法给予处分；构成犯罪的，依法追究刑事责任。

  A. 上一年年收入 30%的罚款   B. 上一年年收入 40%的罚款
  C. 上一年年收入 60%的罚款   D. 上一年年收入 80%的罚款

  55.《生产安全事故报告和调查处理条例》规定：事故发生单位主要负责人未依法履行安全生产管理职责，导致重大事故发生的，处（C）罚款；属于国家工作人员的，并依法给予处分；构成犯罪的，依法追究刑事责任。

  A. 上一年年收入 30%的罚款   B. 上一年年收入 40%的罚款

C. 上一年年收入 60% 的罚款　　　　D. 上一年年收入 80% 的罚款

56. 《生产安全事故报告和调查处理条例》规定：事故发生单位主要负责人未依法履行安全生产管理职责，导致特别重大事故发生的，处（D）罚款；属于国家工作人员的，并依法给予处分；构成犯罪的，依法追究刑事责任。

　　A. 上一年年收入 30% 的罚款　　　　B. 上一年年收入 40% 的罚款
　　C. 上一年年收入 60% 的罚款　　　　D. 上一年年收入 80% 的罚款

57. 《生产安全事故报告和调查处理条例》规定：事故发生单位对事故发生负有责任的，由有关部门依法暂扣或者吊销其有关证照；对事故发生单位负有事故责任的有关人员，依法暂停或者撤销其与安全生产有关的执业资格、岗位证书；事故发生单位主要负责人受到刑事处罚或者撤职处分的，自刑罚执行完毕或者受处分之日起，（C）年内不得担任任何生产经营单位的主要负责人。

　　A. 1　　　　B. 3　　　　C. 5　　　　D. 7

58. 建筑施工企业安全生产费用以安装工程造价为计提依据。房屋建筑工程安全费用提取标准是：（C）。

　　A. 1%　　　　B. 1.5%　　　　C. 2%　　　　D. 3%

59. 建筑施工企业安全生产费用以安装工程造价为计提依据。市政公用工程安全费用提取标准是：（A）。

　　A. 1%　　　　B. 1.5%　　　　C. 2%　　　　D. 3%

60. 主要负责人、项目经理、安全生产管理人员和从业人员每年至少一次安全生产的教育培训在岗安全生产教育和培训时间不得少于（A）学时。其教育培训情况记入个人工作档案。安全生产教育培训考核不合格人员，不得上岗。

　　A. 8　　　　B. 16　　　　C. 24　　　　D. 36

61. 企业应当（D）开展劳动保护职业病防治知识的宣传教育工作，提高作业人员的自我保护意识。

　　A. 每年　　　　B. 每季度　　　　C. 每月　　　　D. 定期

62. 施工单位应落实电焊、气焊、电工等特殊工种作业人员持证上岗制度，电焊、气焊等危险作业前，应对作业人员进行（C），强化消防安全意识，落实危险作业施工的安全措施。

　　A. 三级教育　　　　B. 技能培训　　　　C. 消防安全教育　　　　D. 技能考核

63. 悬挑式钢平台的设置，施工单位须依据《建筑施工高处作业安全技术规范》中的有关规定，编制专项施工方案，并由本单位施工技术、安全等部门的专业技术人员审核，由（B）审批，并报监理审核签字后方可实施。

　　A. 项目负责人　　　　　　　　　B. 施工单位技术负责人
　　C. 项目专职安全生产管理人员　　D. 分包单位负责人

64. 《中华人民共和国安全生产法》规定：安全设备的安装、使用、检测、改造和报废不符合国家标准或者行业标准、未为从业人员提供符合国家标准或者行业标准的劳动防护用品或者使用应当淘汰的危及生产安全的工艺、设备的，责令限期改正，可以处 5 万元以下的罚款；逾期未改正的，处 5 万元以上（B）以下的罚款。

　　A. 10 万元　　　　B. 20 万元　　　　C. 30 万元　　　　D. 50 万元

65.《中华人民共和国安全生产法》规定：生产经营单位生产、经营、运输、储存、使用危险物品或者处置废弃危险物品，未建立专门安全管理制度、未采取可靠的安全措施或者对重大危险源未登记建档，或者未进行评估、监控，或者未制订应急预案的，责令限期改正，可以处10万元以下的罚款；逾期未改正的，责令停产停业整顿，并处10万元以上（A）以下的罚款。

    A. 20万元   B. 30万元   C. 50万元   D. 100万元

66.《中华人民共和国安全生产法》规定：生产经营单位进行爆破、吊装以及国务院安全生产监督管理部门会同国务院有关部门规定的其他危险作业，未安排专门人员进行现场安全管理或者未建立事故隐患排查治理制度的，责令限期改正，可以处10万元以下的罚款；逾期未改正的，责令停产停业整顿，并处10万元以上20万元以下的罚款，对其直接负责的主管人员和其他直接责任人员处2万元以上（A）以下的罚款；构成犯罪的，依照刑法有关规定追究刑事责任。

    A. 5万元   B. 10万元   C. 20万元   D. 50万元

67.《中华人民共和国安全生产法》规定：生产经营单位未采取措施消除事故隐患的，责令立即消除或者限期消除；生产经营单位拒不执行的，责令停产停业整顿，并处（C）下的罚款，对其直接负责的主管人员和其他直接责任人员处2万元以上5万元以下的罚款。

    A. 10万元以上20万元以下   B. 10万元以上30万元以下
    C. 10万元以上50万元以下   D. 20万元以上50万元以下

68.《中华人民共和国安全生产法》规定：生产经营单位未与承包单位、承租单位签订专门的安全生产管理协议或者未在承包合同、租赁合同中明确各自的安全生产管理职责，或者未对承包单位、承租单位的安全生产统一协调、管理的，责令限期改正，可以处（A）以下的罚款，对其直接负责的主管人员和其他直接责任人员可以处1万元以下的罚款；逾期未改正的，责令停产停业整顿。

    A. 5万元   B. 10万元   C. 20万元   D. 50万元

69. 违反《中华人民共和国安全生产法》规定，生产经营单位拒绝、阻碍负有安全生产监督管理职责的部门依法实施监督检查的，责令改正；拒不改正的，处（D）的罚款；对其直接负责的主管人员和其他直接责任人员处1万元以上2万元以下的罚款；构成犯罪的，依照刑法有关规定追究刑事责任。

    A. 1万元以上5万元以下   B. 2万元以上5万元以下
    C. 2万元以上10万元以下   D. 2万元以上20万元以下

70. 根据《中华人民共和国大气污染防治法》，国家对重点大气污染物排放实行（C）控制。

    A. 种类   B. 区域   C. 总量   D. 停产

71. 根据《中华人民共和国大气污染防治法》，制定大气环境质量标准、大气污染物排放标准，应当（C），并征求有关部门、行业协会、企业事业单位和公众等方面的意见。

    A. 查阅相关资料   B. 借助外国经验
    C. 组织专家进行审查和论证   D. 组织相关人员考察学习

72. 根据《中华人民共和国大气污染防治法》，（A）应当将防治扬尘污染的费用列入工程造价。

A. 建设单位 B. 施工单位
C. 环境保护主管部门 D. 建设行政主管部门

73. 修订后的《中华人民共和国大气污染防治法》，自（B）起施行。
A. 2015 年 1 月 1 日 B. 2016 年 1 月 1 日
C. 2015 年 12 月 1 日 D. 2016 年 2 月 1 日

74. 根据《中华人民共和国大气污染防治法》，防治大气污染，应当坚持（A）源头治理。
A. 源头 B. 过程 C. 持久 D. 持续

75. 根据《中华人民共和国大气污染防治法》，国务院环境保护主管部门或者省、自治区、直辖市人民政府制定大气环境质量标准，应当与（C）相适应，做到科学合理。
A. 检测水平 B. 环境评价水平
C. 经济社会发展 D. 人民生活水平

76. 根据《中华人民共和国大气污染防治法》，大气环境质量标准、大气污染物排放标准的执行情况应当（B）进行评估，根据评估结果对标准适时进行修订。
A. 随时 B. 定期 C. 择机 D. 根据需要

77. 根据《中华人民共和国大气污染防治法》，国务院环境保护主管部门或者省、自治区、直辖市人民政府制定大气环境质量标准，应当以（B）为宗旨，与经济社会发展相适应，做到科学合理。
A. 促进经济发展 B. 保障公众健康和保护生态环境
C. 加大违规处罚力度 D. 保障生产经营单位正常生产经营

78. 根据《中华人民共和国大气污染防治法》，县级以上人民政府（A）对大气污染防治实施统一监督管理。
A. 环境保护主管部门 B. 建设行政主管部门
C. 安全生产监督管理部门 D. 城市建设管理部门

79. 根据《中华人民共和国大气污染防治法》，排放工业废气或者有毒有害大气污染物的企业事业单位、集中供热设施的燃煤热源生产运营单位以及其他依法实行排污许可管理的单位，应当取得（D）。
A. 规划许可证 B. 环评手续
C. 营业执照 D. 排污许可证

80. 根据《中华人民共和国大气污染防治法》，贮存煤炭、煤矸石、煤渣、煤灰、水泥、石灰、石膏、砂土等易产生扬尘的物料应当密闭；不能密闭的，应当设置（A）的严密围挡，并采取（A）措施防治扬尘污染。
A. 不低于堆放物高度；有效覆盖 B. 不超过堆放高度；有效覆盖
C. 不低于堆放物高度；洒水喷淋 D. 不超过堆放高度；洒水喷淋

81. 根据《中华人民共和国大气污染防治法》，地方各级人民政府应当制定规划，采取措施，控制或者（B）大气污染物的排放量，使大气环境质量达到规定标准并逐步改善。
A. 杜绝 B. 逐步削减
C. 保持 D. 根据生产任务确定

82. 根据《中华人民共和国大气污染防治法》，（A）应当对自动监测数据的真实性和准确性负责。

A. 重点排污单位　　　　　　　　B. 自动监测设备厂家
C. 环境保护主管部门　　　　　　D. 建设行政主管部门

83. 根据《中华人民共和国大气污染防治法》，工业生产、垃圾填埋或者其他活动产生的（B）应当回收利用，不具备回收利用条件的，应当进行污染防治处理。

A. 废渣　　　　　　　　　　　　B. 可燃性气体
C. 二氧化碳　　　　　　　　　　D. 二氧化氮

84. （C）人民政府环境保护主管部门应当在其网站上公布大气环境质量标准、大气污染物排放标准。

A. 县级以上　　B. 市级以上　　C. 省级以上　　D. 各级

85. 企业事业单位和其他生产经营者向大气排放污染物的，应当依照法律法规和国务院环境保护主管部门的规定设置大气污染物（B）。

A. 排放标准　　B. 排放口　　C. 排放时间　　D. 以上都对

86. 地方各级人民政府应当加强对建设施工和运输的管理，保持道路清洁，（A）料堆和渣土堆放，扩大绿地、水面、湿地和地面铺装面积，防治扬尘污染。

A. 控制　　　　B. 减少　　　　C. 禁止　　　　D. 以上都不对

87. 从事房屋建筑、市政基础设施建设、河道整治以及建筑物拆除等（B），应当向负责监督管理扬尘污染防治的主管部门备案。

A. 建设单位　　B. 施工单位　　C. 两者共同　　D. 以上都对

88. 县级以上地方人民政府应当依据重污染天气的预警等级，（A）工地土石方作业和建筑物拆除施工。

A. 停止　　　　B. 不必停止　　C. 不许停止　　D. 以上都不对

89. 建筑施工或者贮存易产生扬尘的物料未采取有效措施防治扬尘污染的。被责令改正，拒不改正的，（A）。

A. 按照原处罚数额按日连续处罚　　B. 不再处罚
C. 按照原处罚数额加倍处罚　　　　D. 以上都不对

90. 安全生产许可证颁发管理机关应当自收到申请之日起（C）内审查完毕，经审查符合本条例规定的安全生产条件的，颁发安全生产许可证。

A. 15 日　　　B. 30 日　　　C. 45 日　　　D. 60 日

91. 未取得安全生产许可证擅自进行生产的，责令停止生产，没收违法所得，并处 10 万元以上（D）万元以下的罚款。

A. 20　　　　B. 30　　　　C. 40　　　　D. 50

92. 甲省 A 市的某施工企业在乙省 B 市的施工工地发生较大安全事故，应由（D）组织事故调查组进行调查。

A. 甲省　　　B. A 市　　　C. 乙省　　　D. B 市

93. 事故调查组组长由负责事故调查的（A）指定。

A. 人民政府　　B. 公安机关　　C. 检察院

94. 按照人民政府对调查报告的批复，事故发生单位对事故发生负有责任的人员进行（D）。

A. 行政处分　　B. 行政处罚　　C. 刑事处罚　　D. 内部处理

95. 按照《生产安全事故报告和调查处理条例》规定，重大事故应逐级上报至（A）安全生产监督管理部门和负有安全生产监督管理职责的有关部门。
　　A. 国务院　　　　　　　　　　　　B. 省人民政府
　　C. 设区的市人民政府　　　　　　　D. 县级人民政府

96. 负责较大事故调查的人民政府应当自收到事故调查报告之日起（B）日内做出批复。
　　A. 10　　　　B. 15　　　　C. 30　　　　D. 60

97. 2007年3月28日，国务院第172次常务会议通过《生产安全事故报告和调查处理条例》，自（C）起实施。
　　A. 2007年3月28日　　　　　　　　B. 2007年4月9日
　　C. 2007年6月1日　　　　　　　　　D. 2007年10月1日

98. 某工地发生脚手架坍塌事故，造成2人死亡，5人受伤，直接经济损失500万元，该事故应当定位（D）等级。
　　A. 特别重大事故　　　　　　　　　B. 重大事故
　　C. 较大事故　　　　　　　　　　　D. 一般事故

99. 某建筑工地于2015年10月7日发生安全施工，当时造成1人死亡，4人受伤，至10月25日受伤人员中的3人治愈，1人死亡。该事故应补报（B）人死亡。
　　A. 0　　　　B. 1　　　　C. 2　　　　D. 3

100. 重大事故应由事故发生地（B）负责调查。
　　A. 国务院　　　　　　　　　　　　B. 省级人民政府
　　C. 设区的市级人民政府　　　　　　D. 县人民政府

101. 某工地因工人操作不当，导致2名工人从脚手架上直接跌下，当场死亡。该事故应认定为（D）。
　　A. 特别重大事故　　　　　　　　　B. 重大事故
　　C. 较大事故　　　　　　　　　　　D. 一般事故

102. 事故调查组应当自事故发生之日起60日内提交事故调查报告。这是法定期限，并且应当按（A）计算。
　　A. 自然日历　　　　　　　　　　　B. 法定日历
　　C. 工作日　　　　　　　　　　　　D. 日历天

103. 事故发生后，对事故发生单位主要负责人在事故调查处理期间擅离职守的行为，应当处上一年年收入的（B）处罚。
　　A. 40%~60%　　B. 40%~80%　　C. 50%~60%　　D. 50%~80%

104. 在安全事故发生后，对事故发生单位伪造或者故意破坏事故现场的行为，对事故发生单位处（A）的罚款。
　　A. 100万元以上500万元以下　　　　B. 200万元以上500万元以下
　　C. 100万元以上400万元以下　　　　D. 300万元以上500万元以下

105. 在安全事故发生后，事故发生单位的有关人员在事故调查中作伪证或者指使他人作伪证的，应对其处上一年年收入（B）的罚款。
　　A. 40%~80%　　B. 60%~100%　　C. 40%~100%　　D. 60%~100%

106. 事故发生单位主要负责人未依法履行安全生产管理职责，导致较大事故发生的，依照规定处以上一年年收入（B）的罚款。
   A. 30%　　　　　B. 40%　　　　　C. 60%　　　　　D. 80%
107. 事故发生单位主要负责人受到刑事处罚或者撤职处分的，自刑罚执行完毕或者受处分之日起，（D）年内不得担任任何生产经营单位的主要负责人。
   A. 1　　　　　B. 2　　　　　C. 3　　　　　D. 5
108. 根据（D）和有关法律，制定了《安全生产事故报告和调查处理条例》。
   A. 《中华人民共和国建筑法》
   B. 《建设工程安全生产条例》
   C. 《建设工程质量管理条例》
   D. 《中华人民共和国安全生产法》
109. （C）是指造成 3 人以上 10 人以下死亡，或者 10 人以上 50 人以下重伤，或者 1000 万元以上 5000 万元以下的直接经济损失的事故。
   A. 特别重大事故　　　　　B. 重大事故
   C. 较大事故　　　　　D. 一般事故
110. 施工中事故发生时，（B）应当采取紧急措施减少人员伤亡和事故损失，并按照国家有关规定及时向有关部门报告。
   A. 相关责任人　　　　　B. 建筑施工企业
   C. 监理单位　　　　　D. 建设单位
111. 事故发生后，事故现场有关人员应当（A）向本单位负责人报告。
   A. 立即　　　　　B. 1 小时内　　　　　C. 2 小时内　　　　　D. 3 小时内
112. 事故发生后，如紧急情况，事故现场有关人员可以直接向事故发生地（C）安全生产监督管理部门和负有安全生产监督管理的有关部门报告。
   A. 乡级以上人民政府　　　　　B. 省级以上人民政府
   C. 县级以上人民政府　　　　　D. 国务院
113. 事故调查中需要技术鉴定的，技术鉴定时间（D）事故调查期限。
   A. 全部计入　　　　　B. 计入一半
   C. 计入二倍　　　　　D. 不计入
114. 事故发生后，单位负责人接到报告后，应当于（A）向事故发生地县级以上人民政府安全生产监督管理部门和负有安全生产监督管理职责的有关部门报告。
   A. 1 小时内　　　　　B. 2 小时内　　　　　C. 8 小时内　　　　　D. 24 小时内
115. 特别重大事故由（D）组织事故调查组进行调查。上级人民政府认为必要时，可以调查由下级人民政府负责调查的事故。
   A. 事故发生地省级人民政府　　　　　B. 生产企业所在地省级人民政府
   C. 设区的市级人民政府　　　　　D. 国务院或者国务院授权有关部门
116. 事故调查组应当自事故发生之日起（A）内提交事故调查报告；特殊情况下，经负责事故调查的人民政府批准，提交事故调查报告的期限可以适当延长，但延长的期限最长不超过 60 日。
   A. 60 日　　　　　B. 30 日　　　　　C. 15 日　　　　　D. 7 日
117. 下列属于刑事处罚的主刑的一项是（A）。

A. 管制　　　　B. 罚金　　　　C. 剥夺政治权利　　D. 没收财产

118. 凡在中华人民共和国领域内犯罪的，除法律有特别规定的以外，都适用《中华人民共和国刑法》。这里领域不包括（D）。

A. 领陆　　　　B. 领水　　　　C. 领空　　　　　　D. 公海

119. 刑法第一百三十二条、第一百三十四条第一款、第一百三十五条、第一百三十五条之一、第一百三十六条、第一百三十九条规定的行为，因而发生安全事故，具有下列（D）情形的，对相关责任人员，处3年以上7年以下有期徒刑。

A. 造成死亡3人以下，负事故主要责任的

B. 造成直接经济损失1000万元以上，负事故主要责任的

C. 造成重伤50人以上，负事故主要责任的

D. 其他造成特别严重后果、情节特别恶劣或者后果特别严重的情形

120. 安全生产设施或者安全生产条件不符合国家规定，因而发生重大伤亡事故或者造成其他严重后果的，对直接负责的主管人员和其他直接责任人员，处3年以下有期徒刑或者拘役；情节特别恶劣的，处3年以上7年以下有期徒刑。其中直接负责的主管人员和其他直接责任人员是指对安全生产设施或者安全生产条件不符合国家规定负有直接责任的生产经营单位负责人、管理人员、实际控制人、投资人以及（D）。

A. 从事生产的人员

B. 从事作业的人员

C. 其他负有报告职责的人员

D. 其他对安全生产设施或者安全生产条件负有管理、维护职责的人员

121. 实施刑法第一百三十二条、第一百三十四条第一款、第一百三十五条、第一百三十五条之一、第一百三十六条、第一百三十九条规定的行为，因而发生安全事故，应当认定为"造成严重后果"或者"发生重大伤亡事故或者造成其他严重后果"，对相关责任人员，处三年以下有期徒刑或者拘役，下列不具有上述情形之一的是（C）。

A. 造成死亡1人以上

B. 重伤3人以上的

C. 其他造成特别严重后果、情节特别恶劣或者后果特别严重的情形

D. 造成直接经济损失100万元以上的

122. 在安全事故发生后，负有报告职责的人员不报或者谎报事故情况，贻误事故抢救，具有下列（D）情形的，应当认定为刑法第一百三十九条之一规定的"情节特别严重"。

A. 导致事故后果扩大，增加死亡一人以上

B. 决定不报、迟报、谎报事故情况或者指使、串通有关人员不报、迟报、谎报事故情况的

C. 伪造、破坏事故现场，或者转移、藏匿、毁灭遇难人员尸体，或者转移、藏匿受伤人员的

D. 采用暴力、胁迫、命令等方式阻止他人报告事故情况，导致事故后果扩大的

123. 对于被判处刑罚的犯罪分子，可以根据犯罪情况和预防再犯罪的需要，禁止其自刑罚执行完毕之日或者假释之日起（B）内从事与安全生产相关的职业。

A. 1～3年　　　　　　　　　　　B. 3～5年

C. 5~7 年　　　　　　　　　　　　D. 7~10 年

124. 下列（D）不属于承担民事责任的方式。
A. 停止侵害　　　　　　　　　　B. 返还财产
C. 赔偿损失　　　　　　　　　　D. 刑事拘留

125. 实施刑法第一百三十四条第二款规定的行为，因而发生安全事故，具有本条第一款规定情形的，应当认定为"发生重大伤亡事故或者造成其他严重后果"，对相关责任人员，处（D）以下有期徒刑或者拘役。
A. 1 年　　　　B. 2 年　　　　C. 3 年　　　　D. 5 年

126. 具有（C）情形的，应当认定为刑法第一百三十九条之一规定的"情节特别严重"。
A. 导致事故后果扩大，增加死亡 1 人以上
B. 导致事故后果扩大，增加死亡 2 人以上
C. 导致事故后果扩大，增加死亡 3 人以上
D. 以上情形都不应认定为"情节特别严重"

127. 依法实行（A）的消防产品，由具有法定资质的认证机构按照国家标准、行业标准的强制性要求认证合格后，方可生产、销售、使用。
A. 强制性产品认证　　　　　　　B. 备案公告
C. 备案公告　　　　　　　　　　D. 技术鉴定

128. 机关、团体、企业、事业等单位应当对建筑消防设施每年至少进行（A）次全面检测，确保完好有效。
A. 1　　　　B. 2　　　　C. 3　　　　D. 4

129. 消防工作贯彻（A）的方针，按照政府统一领导、部门依法监管、单位全面负责、公民积极参与的原则，实行消防安全责任制，建立健全社会化的消防工作网络。
A. 预防为主、防消结合　　　　　B. 预防为主、安全第一
C. 安全生产、预防为主　　　　　D. 预防为主、救火第一

130. 国家鼓励、引导公众聚集场所和生产、储存、运输、销售易燃易爆危险品的企业投保火灾公众责任保险；鼓励保险公司承保（D）。
A. 团体意外险　　　　　　　　　B. 安全责任险
C. 工伤保险　　　　　　　　　　D. 火灾公众责任保险

131. 公安机关消防机构统一组织和指挥火灾现场扑救，应当优先保障（A）安全。
A. 遇险人员的生命　　　　　　　B. 财产
C. 消防人员自身　　　　　　　　D. 失火企业

132. 以下不属于人员密集场所的是（C）。
A. 医院的门诊楼　　　　　　　　B. 学校的教学楼
C. 高科技企业　　　　　　　　　D. 养老院

133. 《中华人民共和国消防法》规定，禁止非法携带（A）进入公共场所或乘坐公共交通工具。
A. 易燃易爆危险品　　　　　　　B. 枪支、炸药
C. 火种　　　　　　　　　　　　D. 汽油、柴油等油品

134. 在修建道路以及停电、停水、截断通信线路时有可能影响消防队灭火救援的,有关单位（A）当地公安机关消防机构。

  A. 必须事先通知   B. 应当事后通知

  C. 可以事先通知   D. 无须事先通知

135. 任何单位、个人都应当无偿为报警提供便利,不得（C）。

  A. 乱收费   B. 见利忘义

  C. 阻拦报警   D. 拒绝和收费

136. 不及时消除火灾隐患可能严重威胁公共安全的,公安机关消防机构应当依照规定对危险部位或者场所采取（C）措施。

  A. 停止使用   B. 限期改正

  C. 临时查封   D. 立即查封

137. 单位消防设施、器材或者消防安全标志的配置、设置不符合国家标准、行业标准,或者未保持完好有效的,责令改正,处（B）罚款。

  A. 5 千元以下

  B. 5 千元以上 5 万元以下

  C. 5 千元以上 3 万元以下

  D. 1 万元以上 5 万元以下

138. 以下不属于公众聚集场所的是（D）。

  A. 宾馆   B. 饭店   C. 商场   D. 办公楼

139. 人员密集场所发生火灾,该场所的（C）不履行组织、引导在场人员疏散的义务,情节严重,尚不构成犯罪的,处 5 日以上 10 日以下拘留。

  A. 消防员   B. 安全员   C. 现场工作人员   D. 负责人

140. 根据《中华人民共和国消防法》的有关规定,以下不属于义务的是（D）。

  A. 保护消防设施   B. 预防火灾

  C. 报告火警   D. 积极参与抢救火灾

141. 火灾现场总指挥无权决定的事项是（A）。

  A. 命令附近所有人员参与救火

  B. 使用各种水源

  C. 截断电力、可燃气体和可燃液体的输送,限制用火用电

  D. 划定警戒区,实行局部交通管制

142. 国务院有关部门和省、自治区、直辖市人民政府组织制定经济、技术政策,应当充分考虑对（B）的影响,听取有关方面和专家的意见。

  A. GDP   B. 环境   C. 安全   D. 效益

143. 城乡建设应当（B）,保护植被、水域和自然景观,加强城市园林、绿地和风景名胜区的建设与管理。

  A. 加大财政投入   B. 结合当地自然环境的特点

  C. 植树造林   D. 净化空气

144. （B）领导全国的消防工作。地方各级人民政府负责本行政区域内的消防工作。

  A. 公安部   B. 国务院   C. 国家安监局   D. 全国人大

145. 国务院公安部门规定的大型的人员密集场所和其他特殊建设工程，建设单位应当将消防设计文件报送（C）审核。
   A. 审图中心	B. 建设主管部门
   C. 公安机关消防机构	D. 安监部门

146. 国务院公安门规定的大型的人员密集场所和其他特殊建设工程，建设单位应当向（D）申请消防验收。
   A. 质监站	B. 县级以上建设主管部门
   C. 安监局	D. 公安机关消防机构

147. （B）应当采取措施，组织对生活废弃物的分类处置、回收利用。
   A. 国务院	B. 地方各级人民政府
   C. 政府工作人员	D. 国家环保部门

148. 建设项目中防治污染的设施，应当与主体工程同时设计、同时施工、同时投产使用。防治污染的设施应当符合经批准的环境影响评价文件的要求，（D）。
   A. 可以拆除或者闲置	B. 不可以拆除但根据需要可以闲置
   C. 特殊情况下可以拆除	D. 不得擅自拆除或者闲置

45. 消防工作贯彻（B）的方针。
   A. 谁主管，谁负责	B. 预防为主，防消结合
   C. 专门机关与群众相结合	D. 安全第一，防消结合

149. 任何单位、个人都有维护消防安全、保护（D）、预防火灾、报告火警的义务。
   A. 消防环境	B. 公共设施
   C. 灭火器材	D. 消防设施

150. 各级人民政府应当组织开展经常性的（B），提高公民的消防安全意识。
   A. 消防安全检查	B. 消防宣传教育
   C. 灭火演习	D. 火灾应急演练

151. 实行排污许可管理的企业事业单位和其他生产经营者应当按照（A）的要求排放污染物；未取得排污许可证的，不得排放污染物。
   A. 排污许可证	B. 企业自身需要
   C. 一般规定	D. 对环境影响

152. 各级人民政府环境保护主管部门和其他负有环境保护监督管理职责的部门，应当依法（A）、完善公众参与程序，为公民、法人和其他组织参与和监督环境保护提供便利。
   A. 公开环境信息	B. 接受群众监督
   C. 办事	D. 为民办事

153. 对依法应当编制环境影响报告书的建设项目，（A）应当在编制时向可能受影响的公众说明情况，充分征求意见。
   A. 建设单位	B. 设计单位
   C. 环保部门	D. 地方政府

154. 县级以上人民政府环境保护主管部门和其他负有环境保护监督管理职责的部门，对环境质量、环境监测、突发环境事件以及环境行政许可、行政处罚、排污费的征收和使用情况等信息（A）。

A. 应当依法公开 B. 严禁公开
C. 不得公开 D. 可以公开也可以不公开

155. 环境影响评价机构、环境监测机构以及从事环境监测设备和防治污染设施维护、运营的机构，在有关环境服务活动中弄虚作假，对造成的环境污染和生态破坏负有责任的，除依照有关法律法规规定予以处罚外，还应当与造成环境污染和生态破坏的其他责任者承担（D）责任。

A. 赔偿 B. 侵权 C. 违法 D. 连带

156. 提起环境损害赔偿诉讼的时效期间为三年，从（B）起计算。

A. 第一次起诉时
B. 当事人知道或者应当知道其受到损害时
C. 损坏开始时
D. 损坏结束时

157. 地方各级人民政府应当根据（A）和治理任务，采取有效措施，改善环境质量。

A. 环境保护目标 B. 经济发展需要
C. 政绩 D. 政府需要

158. 建筑施工现场消防安全责任制度，应当有明确要求，并逐级落实防火责任制，其中不包括（A）。

A. 消防水源 B. 消防安全管理程序
C. 消防安全责任人 D. 消防安全培训

159. 《中华人民共和国环境保护法》规定，环境保护规划的内容应当包括生态保护和（C）的目标、任务、保障措施等。

A. 生态补偿 B. 优化环境
C. 污染防治 D. 节能减排

160. 国家在重点生态功能区、生态环境敏感区和脆弱区等区域（B），实行严格保护。

A. 设立警示标志 B. 划定生态保护红线
C. 划定领导监管 D. 明确监督职能

161. 《中华人民共和国环境保护法》规定，环境保护坚持保护优先、预防为主、综合治理、（B）、损害担责的原则。

A. 政府为主 B. 公众参与
C. 部门配合 D. 社区配合

162. 《中华人民共和国环境保护法》规定，（A）中防治污染的设施，必须与主体工程同时设计、同时施工、同时投产使用。

A. 建设项目 B. 建筑工程 C. 施工项目 D. 建筑项目

163. 《安徽省生产安全事故报告和调查处理办法》规定，故发生后，事故现场有关人员应当立即向本单位负责人报告；单位负责人接到报告后，应当于（B）内向事故发生地县级以上人民政府安全生产监督管理部门和负有安全生产监督管理职责的有关部门报告。

A. 半小时 B. 1小时 C. 2小时 D. 3小时

164. 《安徽省生产安全事故报告和调查处理办法》规定，事故调查组应当自事故发生之日起（D）内提交事故调查报告。

A. 7 日   B. 15 日   C. 30 日   D. 60 日

165. 事故调查组应当自事故发生之日起（C）日内提交事故调查报告

A. 15   B. 30   C. 60   D. 90

166. 根据《安徽省生产事故报告和调查处理办法》规定，造成 3 人以下重伤，或者 300 万元以下直接经济损失的一般事故，上报至（C）安全生产监督管理部门和负有安全生产监督管理职责的有关部门。

 A. 国务院   B. 安徽省人民政府   C. 设区的市人民政府

167. 某工地发生脚手架坍塌事故，造成 2 人死亡，5 人受伤，直接经济损失 500 万元，该事故应当定位（D）等级。

 A. 特别重大事故   B. 重大事故
 C. 较大事故   D. 一般事故

168. 安徽省合肥市某区的工地上发生了较大事故，应逐级上报至（B）安全生产监督管理部门和负有安全生产监督管理职责的有关部门。

 A. 国务院   B. 安徽省人民政府
 C. 合肥市人民政府   D. 区人民政府

169. 某建筑工地于 2015 年 10 月 7 日发生安全事故，造成 1 人死亡，10 人受伤，至 11 月 15 日，受伤人员中的 8 人治愈，2 人死亡。该事故应报告（C）人死亡。

 A. 1   B. 2   C. 3   D. 10

170. 安徽省某建筑工地发生 2 人死亡的安全事故，（A）应当赶赴事故现场，组织事故救援。

 A. 省人民政府安全生产监督管理部门和其他负有安全生产监督管理职责的有关部门的负责人
 B. 省人民政府负责人
 C. 国务院安全生产监督管理部门和其他负有安全生产监督管理职责的有关部门的负责人
 D. 国务院

171. 某工地因工人操作不当，导致 2 名工人从脚手架上直接跌下，当场死亡。该事故应认定为（D）。

 A. 特别重大事故   B. 重大事故
 C. 较大事故   D. 一般事故

172. 事故调查组应当自事故发生之日起 60 日内提交事故调查报告。这是法定期限，并且应当按（A）计算。

 A. 自然日历   B. 法定日历
 C. 工作日   D. 日历天

173. 事故发生后，对事故发生单位主要负责人在事故调查处理期间擅离职守的行为，应当处上一年年收入的（B）处罚。

 A. 40%～60%   B. 40%～80%   C. 50%～60%   D. 50%～80%

174. 在安全事故发生后，对事故发生单位伪造或者故意破坏事故现场的行为，对事故发生单位处（A）的罚款。

169

A. 100 万元以上 500 万元以下　　　B. 200 万元以上 500 万元以下
C. 100 万元以上 400 万元以下　　　D. 300 万元以上 500 万元以下

175. 在安全事故发生后，事故发生单位的有关人员在事故调查中作伪证或者指使他人作伪证的，应对其处上一年年收入（B）的罚款。

A. 40%～80%　　B. 60%～100%　　C. 40%～100%　　D. 60%～100%

176. 事故报告后出现新情况的，应当及时补报。道路交通事故、火灾事故自事故发生之日起 7 日内，其他事故自事故发生之日起 30 日内，事故造成的伤亡人数发生变化的，应当及时（C）。

A. 通知　　　B. 通报　　　C. 补报　　　D. 汇报

177. 事故发生后，事故发生单位应当立即启动应急预案，对本单位（A）采取特别监控措施实施有效监控，并采取有效措施，组织抢险、施救，防止事故扩大，减少人员伤亡和财产损失。

A. 重大危险源　　　　　　B. 配电房
C. 职工宿舍　　　　　　　D. 临边洞口

178. 事故造成人员伤害需要抢救治疗的，（A）单位应当及时将受伤人员送至医疗机构，并垫付医疗费用。因特殊情况无法及时垫付的，医疗机构不得以此为由拒绝救护。

A. 事故发生　　　　　　B. 事故处理
C. 事故监管　　　　　　D. 120

179. 《安徽省生产安全事故报告和调查处理办法》第三条，根据生产安全事故（以下简称事故）造成的人员伤亡或者直接经济损失，事故分为特别重大事故、重大事故、较大事故和（A）事故。

A. 一般　　　B. 普通　　　C. 大　　　D. 小

180. 《安徽省生产安全事故报告和调查处理办法》第六条，任何单位和个人不得（D）对事故的报告和依法调查处理。

A. 阻挠　　　B. 干涉　　　C. 反对　　　D. 阻挠和干涉

181. 事故发生后，事故现场有关人员应当立即向本单位负责人报告；单位负责人接到报告后，应当于（A）小时内向事故发生地县级以上人民政府安全生产监督管理部门和负有安全生产监督管理职责的有关部门报告。

A. 1　　　B. 3　　　C. 2　　　D. 24

182. 《安徽省生产安全事故报告和调查处理办法》第十七条较大事故、一般事故的发生地与事故发生单位不在同一行政区域的，由事故发生地人民政府负责事故调查，事故发生单位所在地人（D）应当派人参加。

A. 主管单位　　B. 检察院　　C. 安监局　　D. 人民政府

183. 根据《安徽省生产安全事故报告和调查处理办法》条文规定，特别重大事故、重大事故逐级上报至（D）和负有安全生产监督管理职责的有关部门。

A. 县人民政府安全生产监督管理部门

B. 设区的市人民政府安全生产监督管理部门

C. 省人民政府安全生产监督管理部门

D. 国务院安全生产监督管理部门

184. 《安徽省生产安全事故报告和调查处理办法》第三十三条规定：事故发生单位主要负责人未依法履行（A）职责，导致事故发生的，依照下列规定处以罚款；属于国家工作人员的，并依法给予处分；构成犯罪的，依法追究刑事责任。
　　A. 安全生产管理　　　　　　　　B. 领导
　　C. 生产经营管理　　　　　　　　D. 领导带班

185. 《安徽省生产安全事故报告和调查处理办法》第三十七条规定：违反本办法规定，县级以上人民政府或者有关部门故意拖延或者拒绝落实经批复的对事故责任人的处理意见的，由（C）机关对有关责任人员依法给予处分。
　　A. 主管部门　　B. 公安　　C. 监察　　D. 法院

186. 因抢救人员、防止事故扩大以及疏通交通等原因，需要移动事故现场物件的，应当做出（A），绘制现场简图并做出书面记录，或者采取摄影、摄像等措施，妥善保存现场重要痕迹、物证。
　　A. 标志　　B. 处理　　C. 保护　　D. 监控

187. 《建筑施工企业安全生产许可证管理规定》规定，国家对建筑施工企业实施（B）制度。
　　A. 安全生产资格　　　　　　　　B. 安全生产许可
　　C. 建筑业企业资质　　　　　　　D. 施工许可

188. 根据《建筑施工企业安全生产许可证管理规定》，安全生产许可证有效期满需要延期的，企业应当于期满前（C）个月向原安全生产许可证颁发管理机关提出延期申请。
　　A. 1　　B. 2　　C. 3　　D. 6

189. 建筑施工企业隐瞒有关情况，应不予受理或不予颁发安全生产许可证，并给予警告，（A）年内不得申请安全生产许可证。
　　A. 1　　B. 2　　C. 3　　D. 6

190. 依照《建筑施工企业安全生产许可证管理规定》规定撤销安全生产许可证，建筑施工企业的合法权益受到损害的，建设主管部门应当依法给予（A）。
　　A. 赔偿　　B. 道歉　　C. 补偿

191. （A）对违反本《建筑施工企业安全生产许可证管理规定》规定的行为，有权向安全生产许可证颁发管理机关或者监察机关等有关部门举报。
　　A. 任何单位或者个人　　　　　　B. 任何单位
　　C. 个人　　　　　　　　　　　　D. 领导干部

192. 违反《建筑施工企业安全生产许可证管理规定》规定，建筑施工企业未取得安全生产许可证擅自从事建筑施工活动的，责令其在建项目（C）施工，没收违法所得，并处10万元以上50万元以下的罚款；造成重大安全事故或者其他严重后果，构成犯罪的，依法追究刑事责任。
　　A. 暂停　　B. 暂缓　　C. 停止　　D. 保证安全前提下文明

193. 建筑施工企业隐瞒有关情况或者提供虚假材料申请安全生产许可证的，不予受理或者不予颁发安全生产许可证，并给予警告，（B）年内不得申请安全生产许可证。
　　A. 半年　　B. 1　　C. 2　　D. 3

194. 暂扣、吊销安全生产许可证的行政处罚，由安全生产许可证的颁发管理机关决定；

其他行政处罚，由县级以上地方人民政府（C）决定。

  A. 公安   B. 检察   C. 建设主管   D. 安监

195. 建筑施工企业未取得（C）的，不得从事建筑施工活动。

  A. 卫生许可证   B. 施工许可证

  C. 安全生产许可证   D. 排污许可证

196. 建筑施工企业申请安全生产许可证，应当对申请材料实质内容的（B）负责，不得隐瞒有关情况或者提供虚假材料。

  A. 准确性   B. 真实性   C. 全面性   D. 客观性

197. 企业在安全生产许可证有效期内，严格遵守有关安全生产的法律法规，未发生（C）事故的，安全生产许可证有效期届满时，经原安全生产许可证颁发管理机关同意，不再审查，安全生产许可证有效期延期3年。

  A. 较大   B. 一般   C. 死亡   D. 设备

198. 建筑施工企业遗失安全生产许可证，应当立即向原安全生产许可证颁发管理机关报告，并在（C）声明作废后，方可申请补办。

  A. 行业内   B. 行业外   C. 公共媒体上   D. 企业宣传栏上

199. 安全生产许可证采用（D）规定的统一式样。

  A. 环保部   B. 建设部

  C. 省建设厅   D. 国务院安全生产监督管理部门

200. 跨省从事建筑施工活动的建筑施工企业有违反本规定行为的，由工程所在地的（A）人民政府建设主管部门将建筑施工企业在本地区的违法事实、处理结果和处理建议抄告原安全生产许可证颁发管理机关。

  A. 省级   B. 市级   C. 县级   D. 乡镇级

201. 《建筑施工企业主要负责人、项目负责人和专职安全生产管理人员安全生产管理规定》规定，安全生产考核合格证书有效期为（B）年，证书在全国范围内有效。

  A. 2   B. 3   C. 5   D. 6

202. 在中华人民共和国境内从事（D）工程施工活动的建筑施工企业的"安管人员"，参加安全生产考核，履行安全生产责任，以及对其实施安全生产监督管理，应当符合安管人员安全生产管理规定。

  A. 房屋建筑   B. 市政基础设施

  C. 各类   D. 房屋建筑和市政基础设施

203. 对安全生产考核合格的，考核机关应当在（D）个工作日内核发安全生产考核合格证书，并予以公告。

  A. 5   B. 10   C. 15   D. 20

204. 安全生产考核合格证书有效期届满需要延续的，"安管人员"应当在有效期届满前（C）个月内，由（C）通过受聘企业向原考核机关申请证书延续。

  A. 1；本人   B. 2；企业   C. 3；本人   D. 3；企业

205. （D）对本企业安全生产工作全面负责，应当建立健全企业安全生产管理体系，设置安全生产管理机构，配备专职安全生产管理人员，保证安全生产投入，督促检查本企业安全生产工作，及时消除安全事故隐患，落实安全生产责任。

A. 企业法人 B. 企业法人代表
C. 企业董事长 D. 主要负责人

206. 项目负责人对本项目安全生产管理（B），应当建立项目安全生产管理体系，明确项目管理人员安全职责，落实安全生产管理制度，确保项目安全生产费用有效使用。
A. 整体负责 B. 全面负责
C. 主要负责 D. 部分负责

207. 建筑施工企业应当建立（C），制定年度培训计划，每年对"安管人员"进行培训和考核，考核不合格的，不得上岗。
A. 安全生产责任制 B. 安全生产管理规章制度
C. 安全生产教育培训制度 D. 教育培训制度

208. 危险性较大的分部分项工程施工时，应当安排（C）现场监督。
A. 施工技术人员 B. 项目负责人
C. 专职安全生产管理人员 D. 项目管理人员

209. 建筑施工企业安全生产管理机构和工程项目应当按规定配备（D）的专职安全生产管理人员。
A. 一定数量和相关专业 B. 符合要求
C. 相应数量 D. 相应数量和相关专业

210. 建筑施工企业在危险性较大的分部分项工程施工时未安排专职安全生产管理人员现场监督的，由县级以上人民政府住房城乡建设主管部门责令限期改正；逾期未改正的，责令停业整顿，并处（A）元以下的罚款；导致不具备《安全生产许可证条例》规定的安全生产条件的，应当依法暂扣或者吊销安全生产许可证。
A. 2万 B. 3万 C. 4万 D. 5万

211. 县级以上人民政府住房城乡建设主管部门在实施监督检查时，应当有（B）以上监督检查人员参加，不得妨碍企业正常的生产经营活动，不得索取或者收受企业的财物，不得谋取其他利益。
A. 1名 B. 2名 C. 3名 D. 4名

212. 在中华人民共和国境内从事房屋建筑和市政基础设施工程施工活动的建筑施工企业的（D），参加安全生产考核，履行安全生产责任，以及对其实施安全生产监督管理，应当符合本规定。
A. 安全人员 B. 监督人员
C. 技术人员 D. 安管人员

213. （A）级以上地方人民政府住房城乡建设主管部门负责对本行政区域内"安管人员"安全生产工作进行监督管理。
A. 县 B. 市 C. 省 D. 国务院

214. 申请参加安全生产考核的"安管人员"，应当具备相应文化程度、专业技术职称和一定安全生产工作经历，与企业确立（A）关系，并经企业年度安全生产教育培训合格。
A. 劳动 B. 劳务 C. 人事 D. 工作

215. 《建筑施工企业主要负责人、项目负责人和专职安全生产管理人员安全生产管理规定》规定，安全生产考核包括（C）和管理能力考核。

A. 专业技术知识的考核 B. 专业基础知识的考核
C. 安全生产知识考核

216. 安全生产考核合格证书式样由（D）统一规定。
A. 国家安监部门 B. 国家安全部门
C. 人力资源和社会保障部 D. 国务院住房城乡建设主管部门

217. （A）对本企业安全生产工作全面负责，应当建立健全企业安全生产管理体系，设置安全生产管理机构，配备专职安全生产管理人员，保证安全生产投入，督促检查本企业安全生产工作，及时消除安全事故隐患，落实安全生产责任。
A. 主要负责人 B. 技术负责人
C. 分管安全负责人 D. 项目负责人

218. 工程项目实行总承包的，总承包企业应当与（D）签订安全生产协议，明确双方安全生产责任。
A. 项目负责人 B. 技术负责人
C. 专职安全员 D. 分包企业

219. 工程项目实行总承包的，总承包企业项目负责人应当定期考核（D）安全生产管理情况。
A. 分包单位负责人 B. 技术负责人
C. 专职安全员 D. 分包企业

220. 建筑施工企业安全生产管理机构和工程项目应当按规定配备相应数量和相关专业的（D）。危险性较大的分部分项工程施工时，应当安排专职安全生产管理人员现场监督。
A. 项目经理 B. 施工员
C. 质量员 D. 专职安全生产管理人员

221. 主要负责人、项目负责人有前款违法行为，尚不够刑事处罚的，处2万元以上20万元以下的罚款或者按照管理权限给予撤职处分；自刑罚执行完毕或者受处分之日起，（C）年内不得担任建筑施工企业的主要负责人、项目负责人。
A. 1 B. 3 C. 5 D. 10

222. 根据《安徽省大气污染防治条例》规定，（A）应当在施工前向县级以上人民政府工程建设有关部门提交施工工地扬尘污染防治方案，并保障施工单位扬尘污染防治专项费用。
A. 建设单位 B. 施工单位
C. 监理单位 D. 环保部门

223. 建筑物拆除后，场地闲置（C）个月以上的，用地单位对拆除后的裸露地面采取绿化等防尘措施。
A. 1 B. 2 C. 3 D. 4

224. 大气污染防治，应当建立政府负责、（A）、公众参与、区域联动、社会监督的工作机制。
A. 单位施治 B. 单位投入
C. 部门联动 D. 单位防治

225. 从事（A）、河道整治、建筑物拆除、矿产资源开采、物料运输和堆放、砂浆混凝土搅拌及其他产生扬尘污染活动的相关建设、施工、材料供应、建筑垃圾、渣土运输等单位,应当采取大气污染防治措施,完善污染防治设施,落实人员和经费,全面推行标准化、规范化管理。

A. 房屋建筑、市政基础设施施工　　B. 房屋建筑施工
C. 市政基础设施施工　　D. 各类建筑施工

226. 建筑土方、工程渣土、建筑垃圾应当及时运输到指定场所进行处置;在场地内堆存的,应当(C)。

A. 分类存放　　B. 设置防治扬尘大棚
C. 有效覆盖　　D. 设置绿化覆盖

227. 各级人民政府及其部门和社会团体、学校、新闻媒体、基层群众性自治组织、企业,应当开展(D)宣传教育,普及大气污染防治科学知识,倡导文明、节约、低碳、绿色消费方式和生活习惯。

A. 大气污染防治　　B. 扬尘污染防治
C. 环境保护法律法规　　D. 大气污染防治法律法规

228. 向大气排放污染物的企业事业单位和其他生产经营者,应当按照国家规定,取得(B)。

A. 生产许可证　　B. 排污许可证
C. 排污经营证　　D. 排污使用证

229. 县级以上人民政府住房和城乡建设、市容环境卫生、交通运输、环境保护等部门应当根据本级人民政府确定的职责加强对施工工程作业的监督管理,并将(A)的控制状况作为环境综合整治考核的内容。

A. 扬尘污染　　B. 大气污染
C. 空气污染　　D. 环境污染

230. 建设单位应当在施工前向县级以上人民政府工程建设有关部门提交(D),并保障施工单位此专项费用。

A. 施工工地大气污染防治方案　　B. 施工工地大气污染预防方案
C. 施工工地扬尘污染预防方案　　D. 施工工地扬尘污染防治方案

231. 待开发的建设用地,(D)负责对裸露地面进行覆盖;超过三个月的,应当进行临时绿化或者透水铺装。

A. 使用单位　　B. 园林绿化部门
C. 市政环卫部门　　D. 建设单位

232. 大气污染防治应当坚持规划先行,运用法律、经济、科技、行政等措施,发挥市场机制作用,转变经济发展方式,优化产业结构和布局,调整能源结构,改善(C)质量。

A. 土壤　　B. 生活　　C. 空气　　D. 水

233. 县级以上人民政府(B)行政主管部门对大气污染防治实施统一监督管理。县级以上人民政府其他有关部门在各自职责范围内对大气污染防治实施监督管理。

A. 建设　　B. 环境保护　　C. 国土　　D. 林业

234. (C)都有保护大气环境的义务,有权对污染大气环境的行为和不依法履行环境监管职责的行为进行举报。

A. 任何单位 B. 任何公民
C. 任何单位和个人 D. 责任单位和职工

235. 县级以上人民政府环境保护行政主管部门和有关部门应当公布违反大气污染防治法律法规受到处罚的企业事业单位及其负责人名单,录入市场主体(D)信息公示系统。
A. 备案 B. 达标 C. 业务 D. 信用

236. 因存在重大事故隐患而局部或者全部停产停业的生产经营单位要求恢复生产的,应当向负有安全生产监督管理职责的部门提出恢复生产的书面申请。负有安全生产监督管理职责的部门应当自收到申请之日起(C)日内组织现场审查。
A. 5 B. 7 C. 10 D. 14

237. 生产经营单位安全生产管理人员发现事故隐患的,应当立即报告(A),接到报告的人员应当及时予以处理。
A. 现场负责人或者本单位负责人 B. 现场负责人
C. 本单位负责人 D. 安全监督管理机构负责人

238. 对外部因素造成的重大事故隐患,生产经营单位自身难以排除的,应当向(B)报告,接到报告的部门应当及时协调处理。
A. 政府主管部门 B. 负有安全生产监督管理职责的部门
C. 公安部门 D. 建设主管部门

239. 事故隐患分为(C)。
A. 普通事故隐患和重大事故隐患 B. 轻微事故隐患和较大事故隐患
C. 一般事故隐患和重大事故隐患 D. 轻微事故隐患和重大事故隐患

240. 生产经营单位的安全生产管理机构以及安全生产管理人员是本单位事故隐患排查治理的(B)。
A. 主要责任人 B. 具体责任人
C. 第一责任人 D. 执行责任人

241. 生产经营单位应当建立(C),明确单位、部门、车间、班组的负责人和其他从业人员的事故隐患排查治理责任范围,建立责任追究机制。
A. 安全生产检查制度 B. 安全生产管理规章制度
C. 事故隐患排查治理制度 D. 安全生产责任制度

242. 生产经营单位发现(D),应当在保证安全的前提下,及时采取技术、管理措施予以排除。
A. 普通事故隐患 B. 较大事故隐患
C. 重大事故隐患 D. 一般事故隐患

243. 事故隐患排查治理情况应当如实记录,并向(A)通报。
A. 从业人员 B. 企业主要负责人
C. 安全负责人 D. 安全监督管理机构

244. 《安徽省生产安全事故隐患排查治理办法》第三条,一般事故隐患,是指危害和整改难度较小,能够立即整改排除的隐患。(C)事故隐患,是指危害和整改难度较大,应当全部或者局部停产停业,经过一定时间整改治理方能排除的隐患,或者因外部因素影响致使生产经营单位自身难以排除的隐患。

A. 一般　　　　B. 较大　　　　C. 重大　　　　D. 特别重大

245.《安徽省生产安全事故隐患排查治理办法》第四条，生产经营单位主要负责人是本单位事故隐患排查治理的（C）责任人，其他负责人在职责范围内承担责任。

A. 主要　　　　B. 重要　　　　C. 第一　　　　D. 相关

246.《安徽省生产安全事故隐患排查治理办法》第五条，县级以上人民政府应当加强对事故隐患排查治理工作的领导，协调解决事故隐患排查治理工作中存在的重大问题，安排（C）资金用于应当由政府负责的事故隐患治理。

A. 技改　　　　B. 特殊　　　　C. 专项　　　　D. 文明施工

247.《安徽省生产安全事故隐患排查治理办法》第九条，生产经营单位应当建立事故隐患排查治理制度，明确单位、部门、车间、班组的负责人和其他从业人员的事故隐患排查治理（B）范围，建立责任追究机制。

A. 工作　　　　B. 责任　　　　C. 业务　　　　D. 职务

248.《安徽省生产安全事故隐患排查治理办法》第十二条，生产经营单位发现一般事故隐患的，应当在保证（A）的前提下，及时采取技术、管理措施予以排除。

A. 安全　　　　B. 工期　　　　C. 质量　　　　D. 经费

249.《安徽省生产安全事故隐患排查治理办法》第十二条，事故隐患排查治理情况应当如实记录，并向（B）通报。

A. 管理人员　　B. 从业人员　　C. 领导干部　　D. 社会公众

250.《安徽省生产安全事故隐患排查治理办法》第十四条，事故隐患涉及相邻地区、单位或者社会公众安全的，（D）应当立即通知相邻地区、单位，并在现场设置安全警示标志。相邻地区、单位应当支持配合。

A. 安全监督单位　　　　　　　　B. 建设主管部门
C. 业务主管部门　　　　　　　　D. 生产经营单位

251.《安徽省生产安全事故隐患排查治理办法》第十八条，任何单位和个人发现事故隐患的，有权向负有安全生产监督管理职责的部门举报。负有安全生产监督管理职责的部门接到事故隐患举报后，应当按照职责分工，立即组织核实处理；对举报属实的，给予（D）奖励，并为举报者保密。

A. 精神　　　　B. 现金　　　　C. 通报　　　　D. 物质

252.《安徽省生产安全事故隐患排查治理办法》第二十三条，因存在重大事故隐患而局部或者全部停产停业的生产经营单位要求恢复生产的，应当向负有安全生产监督管理职责的部门提出恢复生产的（D）申请。

A. 口头　　　　B. 当面　　　　C. 报告　　　　D. 书面

253.《安徽省生产安全事故隐患排查治理办法》第二十四条，生产经营单位有（B）次以上前款违法行为的，将其录入企业信用信息公示系统，向社会公布。

A. 一　　　　　B. 两　　　　　C. 三　　　　　D. 四

254. 对企业安全生产状况进行安全标准化分级考核评价，评价结果作为（B）的重要参考依据。

A. 企业信誉评级　　　　　　　　B. 企业信用评级
C. 企业诚信评级　　　　　　　　D. 以上全对

255. 企业要建立完善安全生产动态监控及预警预报体系,(B)安全生产风险分析。
　　A. 每周进行一次　　　　　　　　B. 每月进行一次
　　C. 每季度进行一次　　　　　　　D. 每年进行一次

256. 企业应急预案要与(D)应急预案保持衔接,并定期进行演练。赋予企业生产现场带班人员、班组长和调度人员在遇到险情时第一时间下达停产撤人命令的直接决策权和指挥权。
　　A. 省级安全生产监管监察部门　　B. 企业安全生产监管监察部门
　　C. 国家安全生产监管监察部门　　D. 当地政府

257. 安全生产专业服务机构对相关评价、鉴定结论承担(B)。
　　A. 主要责任　　　　　　　　　　B. 法律责任
　　C. 违约责任　　　　　　　　　　D. 以上都对

258. 《建筑施工企业安全生产管理机构设置及专职安全生产管理人员配备办法》所称安全生产管理机构是指(A)设置的负责安全生产管理工作的独立职能部门。
　　A. 建筑施工企业　　　　　　　　B. 省级政府
　　C. 市级政府　　　　　　　　　　D. 县级政府

259. 建筑施工企业应当依法设置安全生产管理机构,在(D)开展本企业的安全生产管理工作。
　　A. 建设主管部门　　　　　　　　B. 政府安全部门
　　C. 安全协会　　　　　　　　　　D. 企业主要负责人的领导下

260. 建筑施工专业承包资质序列企业安全生产管理机构专职安全生产管理人员的配备应满足下列要求(C)。
　　A. 一级资质不少于1人　　　　　B. 一级资质不少于2人
　　C. 一级资质不少于3人　　　　　D. 一级资质不少于4人

261. 建筑工程、装修工程按照建筑面积配备项目专职安全生产管理人员,5万平方米及以上的工程不少于(C)人,且按专业配备专职安全生产管理人员。
　　A. 1人　　　　B. 2人　　　　C. 3人　　　　D. 4人

262. 专业承包单位应当配置至少(A)人,并根据所承担的分部分项工程的工程量和施工危险程度增加。
　　A. 1人　　　　B. 2人　　　　C. 3人　　　　D. 4人

263. 危险性较大的分部分项工程是指建筑工程在施工过程中存在的、可能导致作业人员群死群伤或造成(B)的分部分项工程。
　　A. 重大经济损失　　　　　　　　B. 重大不良社会影响
　　C. 重大安全事故　　　　　　　　D. 以上都对

264. 在申请领取施工许可证或办理安全监督手续时,(A)应当提供危险性较大的分部分项工程清单和安全管理措施。
　　A. 建设单位　　　　　　　　　　B. 监理单位
　　C. 施工单位　　　　　　　　　　D. 分包单位

265. 不需专家论证的专项方案,经施工单位审核合格后,由(B)审核签字。
　　A. 监理单单位技术负责人　　　　B. 项目总监理工程师

C. 项目经理　　　　　　　　　　　D. 总承包单位技术负责人

266. 对于按规定需要验收的危险性较大的分部分项工程，施工单位、监理单位应当组织有关人员进行验收。验收合格的，经（A）及项目总监理工程师签字后，方可进入下一道工序。
A. 施工单位项目技术负责人　　　B. 项目经理
C. 建设单位项目负责人　　　　　D. 以上人员

267. （A）应当按专业类别建立专家库。专家库的专业类别及专家数量应根据本地实际情况设置。
A. 各地住房城乡建设主管部门　　B. 建设单位
C. 施工单位　　　　　　　　　　D. 监理单位

268. （C）混凝土模板支撑工程属于超过一定规模的危险性较大的分部分项工程范围。
A. 搭设高度 3m 及以上　　　　　B. 搭设高度 5m 及以上
C. 搭设高度 8m 及以上　　　　　D. 搭设高度 10m 及以上

269. 建筑工程施工现场考勤打卡设备由（A）提供，逐步过渡到统一使用信息系统实施打卡。
A. 项目施工单位　　　　　　　　B. 建设单位
C. 监理单位　　　　　　　　　　D. 建管部门

270. 建筑施工企业应当建立企业负责人及（A）施工现场带班制度，并严格考核。
A. 项目负责人　　　　　　　　　B. 总监理工程师
C. 监理工程师　　　　　　　　　D. 专业监理工程师

271. 建筑施工企业负责人要定期带班检查，每月检查时间不少于其工作日的（A）。
A. 25%　　　B. 30%　　　C. 50%　　　D. 60%

272. （B）是工程项目质量安全管理的第一责任人，应对工程项目落实带班制度负责。
A. 建筑施工企业负责人　　　　　B. 项目负责人
C. 总监理工程师　　　　　　　　D. 企业技术负责人

273. 项目负责人每月带班生产时间不得少于本月施工时间的（D）。
A. 50%　　　B. 70%　　　C. 70%　　　D. 80%

274. 对用人单位吸纳农民工并与其签订（B）期限劳动合同，在劳动合同签订之日起 6 个月内由用人单位组织到职业培训机构进行培训的，按照有关规定对用人单位给予职业培训补贴。
A. 3 个月以上　　　　　　　　　B. 6 个月以上
C. 1 年以上　　　　　　　　　　D. 3 年以上

275. 做好农民工培训工作的主要目标是力争使有培训需求的农民工都得到（A）的技能培训。
A. 一次以上　　B. 二次以上　　C. 三次以上　　D. 五次

276. 财政扶贫培训资金只能用于（A）的培训补贴。
A. 贫困家庭劳动力　　　　　　　B. 一般家庭劳动力
C. 偏远地区劳动力　　　　　　　D. 贫困地区劳动力

277. 编制资格预审文件和招标文件时，当明确要求建筑施工企业提供（A）相应的安全生产考核合格证书。

　　A. "三类"人员　　　　　　　　　B. 企业技术负责人
　　C. 项目技术人员　　　　　　　　D. 以上都对

278. 建筑施工总承包企业应当依法将工程分包给（A）的专业承包企业或劳务分包企业。

　　A. 具有安全生产许可证　　　　　B. 没有安全生产许可证
　　C. 安全生产许可证被暂扣　　　　D. 安全生产许可证被吊销

279. 建筑施工企业在"三类人员"配备、安全生产管理机构设置及其他法定安全生产条件发生变化，应当向安全生产许可证颁发管理机关和（B）报告。

　　A. 施工地建设主管部门　　　　　B. 企业所在地建设主管部门
　　C. 省级建设主管部门　　　　　　D. 以上都对

280. 在12个月内，同一企业同一项目被（B）责令停止施工的，市、县级人民政府建设主管部门应当于作出最后一次停止施工决定之日起15日内以书面形式向颁发管理机关提出暂扣企业安全生产许可证的建议。

　　A. 一次　　　　B. 两次　　　　C. 三次　　　　D. 四

281. 对企业降低安全生产条件的，属情节特别严重的或者发生特别重大事故的，依颁发管理机关应当依法给予企业（B）的处罚。

　　A. 暂扣安全生产许可证　　　　　B. 吊销安全生产许可证
　　C. 立即整改　　　　　　　　　　D. 罚款

282. 对企业降低安全生产条件，发生较大事故的，暂扣安全生产许可证60至（A）日。

　　A. 90　　　　B. 120　　　　C. 150　　　　D. 180

283. 12个月内同一企业连续发生（C）次生产安全事故的，吊销安全生产许可证。

　　A. 一　　　　B. 二　　　　C. 三　　　　D. 四

284. 建筑施工企业安全生产许可证被吊销后，自吊销决定作出之日起（A）内不得重新申请安全生产许可证。

　　A. 一年　　　　B. 两年　　　　C. 三年　　　　D. 四年

285. 施工企业从事建筑施工活动前，应当按照分级、属地管理的原则，向企业注册地（C）申请领取安全生产许可证。

　　A. 县级以上人民政府建设主管部门　　B. 市级以上人民政府建设主管部门
　　C. 省级以上人民政府建设主管部门　　D. 市级人民政府建设主管部门

286. 申请施工企业安全生产许可证需要提供：（D）。
　　A. 主要负责人安全生产考核合格证书原件
　　B. 项目负责人安全生产考核合格证书原件
　　C. 专职安全管理人员安全生产考核合格证书原件
　　D. 主要负责人安全生产考核合格证书复印件

287. 提供虚假材料申请安全生产许可证的，安全生产许可证颁发管理机关不予受理，该企业（B）不得再次申请安全生产许可证。

　　A. 6个月　　　　B. 一年之内　　　　C. 二年内　　　　D. 三年内

288. 安全生产许可证颁发管理机关作出准予颁发申请人安全生产许可证决定的，应当自决定之日起（A）个工作日内向申请人颁发、送达安全生产许可证。
   A. 10 B. 45 C. 60 D. 90

289. 安全生产许可证有效期满需要延期的，企业应当于期满前（C）个月向原安全生产许可证颁发管理机关提出延期申请。
   A. 1 B. 2 C. 3 D. 6

290. 安全生产费用（以下简称安全费用）是指企业按照规定标准提取（A）列支，专门用于完善和改进企业或者项目安全生产条件的资金。
   A. 在成本中 B. 在计划中 C. 在概算中 D. 在预算中

291. 新建企业以当年实际营业收入为提取依据，按（B）计提安全费用。
   A. 旬 B. 月 C. 季 D. 年

292. 主要承担安全管理责任的集团公司经过履行内部决策程序，（B）对所属企业提取的安全费用按照一定比例集中管理，统筹使用。
   A. 应该 B. 可以 C. 不可以 D. 以上都不对

293. （D）是房屋市政工程生产安全重大隐患排查治理的责任主体。
   A. 政府安全管理部门 B. 建设主管部门
   C. 监理公司 D. 建筑施工企业

294. （A）应当定期组织安全生产管理人员、工程技术人员和其他相关人员排查每一个工程项目的重大隐患。
   A. 建筑施工企业 B. 政府安全管理部门
   C. 建设主管部门 D. 总监理工程师

295. 建筑施工单位中的"三项岗位"人员是指（A）。
   A. 主要负责人、安全管理人员和特种作业人员
   B. 企业法人、技术负责人和技术员
   C. 企业负责人、项目负责人和施工员
   D. 企业总经理、安全管理员和安全员

296. 企业调整职工岗位或者采用新工艺、新技术、新设备、新材料的，要进行专门的（D）。
   A. 管理培训 B. 知识培训 C. 技术培训 D. 安全培训

297. 从业人员在（C）人以上的建筑施工企业，应设立安全总监并行使企业副职职权。
   A. 100 B. 200 C. 300 D. 400

298. 对较大事故查处由（B）进行挂牌督办。
   A. 省政府 B. 省政府安全生产委员会
   C. 省住建厅 D. 省安全稽查部门

299. 本省企业负责人、外省进皖企业分公司负责人，（B）要定期带班检查在省内的施工项目。
   A. 每星期 B. 每月 C. 每季度 D. 每年

300. 项目负责人每月带班生产时间不得少于本月施工总时间的（C），项目总监每月带班生产时间不得少于本月施工总时间的（C）。
   A. 60%；30% B. 70%；40%
   C. 80%；50% D. 90%；60%

301. 对于造成10人以上30人以下死亡,或者50人以上100人以下重伤,或者5000万元以上1亿元以下直接经济损失的事故应定为(B)等级事故。
   A. 特别重大事故　　　　　　　B. 重大事故
   C. 较大事故　　　　　　　　　D. 一般事故

302. 事故报告后出现新情况,以及事故发生之日起(C)日内伤亡人数发生变化的,住房城乡建设主管部门应当及时补报。
   A. 7　　　　B. 15　　　　C. 30　　　　D. 35

303. 首次取得《建筑施工特种作业操作资格证书》的人员实习操作不得少于(C)个月。
   A. 1　　　　B. 2　　　　C. 3　　　　D. 4

304. 建筑施工特种作业人员考核中,安全操作技能考核采用实际操作或模拟操作等方式,评分按百分制,总分(B)分为合格。
   A. 60　　　B. 70　　　C. 80　　　D. 90

305. 有下列情形的(A),发证机关应当撤销其《建筑施工特种作业人员操作资格证书》。
   A. 持证人弄虚作假骗取《资格证书》或者骗取延期复核的
   B. 不予延期的
   C. 持证人逾期未申请办理延期复核手续的
   D. 持证人死亡或者不具有完全民事行为能力的

306. 《安徽省建筑施工特种作业人员管理规定实施细则》规定,建筑施工特种作业人员应当于有效期满前(A)个月,向就业所在地考核工作机构申请办理延期手续,考核工作机构初审合格后报发证机关复核。
   A. 3　　　　B. 5　　　　C. 6　　　　D. 12

307. 在房屋建筑和市政工程施工现场从事的作业人员不属于建筑施工特种作业人员的是(C)。
   A. 建筑电工　　　　　　　　B. 建筑架子工
   C. 建筑测量员　　　　　　　D. 建筑起重机械司机

308. (B)是建筑施工企业最基本的安全生产管理制度。
   A. 安全检查制度　　　　　　B. 安全生产责任制度
   C. 安全教育制度　　　　　　D. 安全技术交底制度

309. 住房城乡建设主管部门及其质量(安全)监督机构在办理工程项目质量(安全)监督手续时应重点审查施工(B)关键岗位人员配备情况。
   A. 建设单位、项目部
   B. 项目部、项目监理机构
   C. 项目监理机构、施工企业
   D. 施工企业、设计企业

310. 对于建设工程案件调查终结,由建设稽查局组织填写(D),注明当事人、调查人、认定的事实和处罚依据,提出拟处罚意见。
   A. 《行政处罚决定书》　　　　B. 《事先告知书》
   C. 《行政处罚复议书》　　　　D. 《行政处罚决定呈批表》

311. 开展建筑施工安全生产标准化考评工作的目的是规范建筑施工企业及施工项目安全生产管理，全面落实（A）。
   A. 安全生产责任制　　　　　　　　B. 进度责任制
   C. 质量责任制　　　　　　　　　　D. 效益责任制

312. 建筑施工企业应当成立以（A）为第一责任人的安全生产标准化工作机构，明确工作目标，制定工作计划，组织开展企业安全生产标准化工作。
   A. 法定代表人　　　　　　　　　　B. 技术负责人
   C. 质量负责人　　　　　　　　　　D. 安全负责人

313. 安全生产管理是实现安全生产的重要（D）。
   A. 作用　　　B. 措施　　　C. 依据　　　D. 保证

314. 施工企业安全生产条件考核内容有（A）项。
   A. 2　　　B. 3　　　C. 4　　　D. 5

315. 设备和设施管理评价内容包括（D）个评定项目。
   A. 1　　　B. 2　　　C. 3　　　D. 4

316. 施工现场安全管理评价内容包括（C）个评定项目。
   A. 2　　　B. 4　　　C. 6　　　D. 8

317. 施工企业安全生产考核自评应由（A）组织，各相关管理部门均应参与。
   A. 企业负责人　　　　　　　　　　B. 企业技术负责人
   C. 企业安全负责人　　　　　　　　D. 第三方评定机构

318. 安全生产评价时，抽查在建工程实体数量，对特级资质企业不应少于（D）个施工现场。
   A. 2　　　B. 4　　　C. 6　　　D. 8

319. 安全生产评价时，对一级资质以下企业不应小于（C）个施工现场。
   A. 1　　　B. 2　　　C. 3　　　D. 4

320. 施工企业安全生产考核评定应分为合格、（A）、不合格三个等级。
   A. 基本合格　　B. 优秀　　　C. 良好　　　D. 一般

二、多选题

1. 施工现场环境保护达到五个"100%"是指（ABCD）。
   A. 暂时不开发的空地100%绿化　　　B. 拆除房屋100%洒水
   C. 土方100%覆盖及路面100%硬化　　D. 出入车辆100%冲洗

2. 施工单位从事建设工程的新建、扩建、改建和拆除等活动，应具备国家规定的注册资本、专业技术人员、（ABC）等条件。
   A. 技术装备和安全生产　　　　　　B. 依法取得相应等级的资质证书
   C. 在其资质等级许可的范围内承揽工程　D. 保证施工安全和质量

3. 《中华人民共和国安全生产法》的立法目的是（BCD），促进经济社会持续健康发展。
   A. 保证建筑工程质量　　　　　　　B. 为了加强安全生产工作
   C. 防止和减少生产安全事故　　　　D. 保障人民群众生命和财产安全

4. 《中华人民共和国安全生产法》规定：安全生产工作应当以人为本，坚持安全发展，坚持（ABD）的方针，强化和落实生产经营单位的主体责任，建立生产经营单位负责、职工参与、政府监管、行业自律和社会监督的机制。

    A. 安全第一   B. 预防为主   C. 防治结合   D. 综合治理

5. 《中华人民共和国安全生产法》规定：安全生产工作应当以人为本，坚持安全发展，坚持安全第一、预防为主、综合治理的方针，强化和落实生产经营单位的主体责任，建立（ABCD）和社会监督的机制。

    A. 生产经营单位负责   B. 职工参与
    C. 政府监管   D. 行业自律

6. 《中华人民共和国安全生产法》规定：生产经营单位的工会依法组织职工参加本单位安全生产工作的（BD），维护职工在安全生产方面的合法权益。生产经营单位制定或者修改有关安全生产的规章制度，应当听取工会的意见。

    A. 计划总结   B. 民主管理   C. 监督检查   D. 民主监督

7. 生产经营单位应当具备安全生产法和有关法律、行政法规和（AB）规定的安全生产条件；不具备安全生产条件的，不得从事生产经营活动。

    A. 国家标准   B. 行业标准   C. 地方标准   D. 企业标准

8. 《中华人民共和国安全生产法》规定：下列哪些属于生产经营单位的主要负责人对本单位安全生产工作应负的职责：（ABC）。

    A. 建立、健全本单位安全生产责任制
    B. 督促、检查本单位的安全生产工作，及时消除生产安全事故隐患
    C. 及时、如实报告生产安全事故
    D. 落实安全生产规章制度和操作规程

9. 《中华人民共和国安全生产法》规定：生产经营单位的安全生产责任制应当明确各岗位的（ABD）等内容。

    A. 责任人员   B. 责任范围   C. 技术标准   D. 考核标准

10. 下列哪些是生产经营单位的安全生产管理机构以及安全生产管理人员应履行的职责：（ABCD）

    A. 组织或者参与拟订本单位安全生产规章制度、操作规程和生产安全事故应急救援预案
    B. 组织或者参与本单位安全生产教育和培训，如实记录安全生产教育和培训情况
    C. 检查本单位的安全生产状况，及时排查生产安全事故隐患，提出改进安全生产管理的建议
    D. 制止和纠正违章指挥、强令冒险作业、违反操作规程的行为

11. 生产经营单位不得因安全生产管理人员依法履行职责而（BCD）。

    A. 处分安全生产管理人员   B. 降低其工资
    C. 福利待遇   D. 解除与其订立的劳动合同

12. 《中华人民共和国安全生产法》规定：生产经营单位的主要负责人和安全生产管理人员必须具备与本单位所从事的生产经营活动相应的（AD）。

    A. 安全生产知识   B. 技术能力   C. 救援能力   D. 管理能力

13. 《中华人民共和国安全生产法》规定：生产经营单位应当对从业人员（ABCD），了解事故应急处理措施，知悉自身在安全生产方面的权利和义务。未经安全生产教育和培训合格的从业人员，不得上岗作业。

   A. 进行安全生产教育和培训
   B. 保证从业人员具备必要的安全生产知识
   C. 熟悉有关的安全生产规章制度和安全操作规程
   D. 掌握本岗位的安全操作技能

14. 《中华人民共和国安全生产法》规定：生产经营单位应当建立安全生产教育和培训档案，如实记录安全生产教育和培训的（ABCD）等情况。

   A. 时间　　　　B. 内容　　　　C. 参加人员　　　　D. 考核结果

15. 《中华人民共和国安全生产法》规定：生产经营单位新建、改建、扩建工程项目的安全设施，必须与主体工程（BCD）。安全设施投资应当纳入建设项目概算。

   A. 同时计划　　B. 同时设计　　C. 同时施工　　　　D. 同时投入生产和使用

16. 《中华人民共和国安全生产法》规定：建设项目安全设施的（AC）应当对安全设施设计负责。

   A. 设计人　　　B. 建设单位　　C. 设计单位　　　　D. 施工单位

17. 《中华人民共和国安全生产法》规定：生产经营单位必须对安全设备进行（ABC），保证正常运转。维护、保养、检测应当作好记录，并由有关人员签字。

   A. 经常性维护　B. 保养　　　　C. 并定期检测　　　D. 定期演练

18. 《中华人民共和国安全生产法》规定：生产经营单位对重大危险源应当登记建档，进行定期（ACD），并制订应急预案，告知从业人员和相关人员在紧急情况下应当采取的应急措施。

   A. 检测　　　　B. 论证　　　　C. 评估　　　　　　D. 监控

19. 《中华人民共和国安全生产法》规定：生产经营单位应当教育和督促从业人员严格执行本单位的安全生产规章制度和安全操作规程；并向从业人员如实告知作业场所和工作岗位存在的（ACD）。

   A. 危险因素　　B. 安全措施　　C. 防范措施　　　　D. 事故应急措施

20. 《中华人民共和国安全生产法》规定：生产经营单位与从业人员订立的劳动合同，应当载明有关（ACD）。

   A. 保障从业人员劳动安全　　　　B. 相关操作规程
   C. 防止职业危害的事项　　　　　D. 依法为从业人员办理工伤保险的事项

21. 《中华人民共和国建筑法》规定：建筑施工企业应当在施工现场采取（BCD）等措施；有条件的，应当对施工现场实行封闭管理。

   A. 应急救援　　B. 维护安全　　C. 防范危险　　　　D. 预防火灾

22. 《中华人民共和国建筑法》规定：建筑施工企业应当遵守有关环境保护和安全生产的法律、法规的规定，采取控制和处理施工现场的各种（ABCD）以及噪声、振动对环境的污染和危害的措施。

   A. 粉尘　　　　B. 废气　　　　C. 废水　　　　　　D. 固体废物

23. 《中华人民共和国建筑法》规定：建筑施工企业必须（ABD）。

A. 依法加强对建筑安全生产的管理

B. 执行安全生产责任制度

C. 民主管理、民主监督

D. 采取有效措施，防止伤亡和其他安全生产事故的发生

24. 《中华人民共和国建筑法》规定：建筑施工企业和作业人员在施工过程中，应当遵守有关安全生产的法律、法规和建筑行业安全规章、规程，不得（BC）。

A. 违反劳动纪律　　B. 违章指挥　　C. 违章作业　　D. 违反安全技术规程

25. 建筑施工企业违反《中华人民共和国建筑法》规定，对建筑安全事故隐患不采取措施予以消除的，（ABC）；构成犯罪的，依法追究刑事责任。

A. 责令改正，可以处以罚款

B. 情节严重的，责令停业整顿

C. 降低资质等级或者吊销资质证书

D. 造成损失的，承担连带赔偿责任

26. 《中华人民共和国消防法》规定：消防工作应按照（ABCD）的原则，实行消防安全责任制，建立健全社会化的消防工作网络。

A. 政府统一领导　　　　　　　B. 单位全面负责

C. 部门依法监管　　　　　　　D. 公民积极参与

27. 《中华人民共和国消防法》规定：消防工作贯彻（BC）的方针。

A. 安全第一　　B. 预防为主　　C. 防消结合　　D. 综合治理

28. 《中华人民共和国消防法》规定：任何单位和个人都有（ABCD）的义务。任何单位和成年人都有参加有组织的灭火工作的义务。

A. 维护消防安全　B. 保护消防设施　C. 预防火灾　　D. 报告火警

29. 根据《中华人民共和国消防法》规定：下列哪些属于企业、事业等单位应当履行的消防安全职责：（ABCD）。

A. 落实消防安全责任制，制定本单位的消防安全制度、消防安全操作规程，制定灭火和应急疏散预案

B. 按照国家标准、行业标准配置消防设施、器材，设置消防安全标志，并定期组织检验、维修，确保完好有效

C. 保障疏散通道、安全出口、消防车通道畅通，保证防火防烟分区、防火间距符合消防技术标准

D. 组织防火检查，及时消除火灾隐患

30. 《中华人民共和国消防法》规定：储存可燃物资仓库的管理，必须执行（BC）。

A. 安全标准　　B. 消防技术标准　C. 管理规定　　D. 操作规程

31. 《建设工程安全生产管理条例》规定：施工单位主要负责人依法对本单位的安全生产工作全面负责。施工单位应当（ABCD），并做好安全检查记录。

A. 建立健全安全生产责任制度和安全生产教育培训制度

B. 制定安全生产规章制度和操作规程

C. 保证本单位安全生产条件所需资金的投入

D. 对所承担的建设工程进行定期和专项安全检查

32.《建设工程安全生产管理条例》规定：施工单位对列入建设工程概算的安全作业环境及安全施工措施所需费用，应当用于（ABC），不得挪作他用。

A. 施工安全防护用具及设施的采购和更新

B. 安全施工措施的落实

C. 安全生产条件的改善

D. 职工条件的改善

33.《建设工程安全生产管理条例》规定：施工单位的（ABC）应当经建设行政主管部门或者其他有关部门考核合格后方可任职。

A. 主要负责人　　　　　　　B. 项目负责人

C. 专职安全生产管理人员　　D. 技术负责人

34.《建设工程安全生产管理条例》规定：施工单位应当制定本单位生产安全事故应急救援预案，建立应急救援组织或者配备应急救援人员，配备必要的应急（CD），并定期组织演练。

A. 救援装备　　B. 救援工具　　C. 救援器材　　D. 救援设备

35.《建设工程安全生产管理条例》规定：发生生产安全事故后，施工单位应当（ABCD）。

A. 采取措施防止事故扩大

B. 保护事故现场

C. 需要移动现场物品时，应当做出标记和书面记录

D. 妥善保管有关证物

36.《建设工程安全生产管理条例》规定：注册执业人员未执行法律、法规和工程建设强制性标准的，（ABCD）。

A. 责令停止执业3个月以上1年以下

B. 情节严重的，吊销执业资格证书，5年内不予注册

C. 造成重大安全事故的，终身不予注册

D. 构成犯罪的，依照刑法有关规定追究刑事责任

37. 施工单位违反《建设工程安全生产管理条例》的规定，未设立安全生产管理机构、配备专职安全生产管理人员或者分部分项工程施工时无专职安全生产管理人员现场监督的，（ABCD）。

A. 责令限期改正

B. 逾期未改正的，责令停业整顿

C. 依照《中华人民共和国安全生产法》的有关规定处以罚款

D. 造成重大安全事故，构成犯罪的，对直接责任人员，依照刑法有关规定追究刑事责任

38. 违反《建设工程安全生产管理条例》的规定，施工单位的主要负责人、项目负责人、专职安全生产管理人员、作业人员或者特种作业人员，未经安全教育培训或者经考核不合格即从事相关工作的，（ABCD）。

A. 责令限期改正

B. 逾期未改正的，责令停业整顿

C. 依照《中华人民共和国安全生产法》的有关规定处以罚款

D. 造成重大安全事故，构成犯罪的，对直接责任人员，依照刑法有关规定追究刑事责任

39. 违反《建设工程安全生产管理条例》的规定，施工单位的（AB）未履行安全生产管理职责的，责令限期改正；逾期未改正的，责令施工单位停业整顿；造成重大安全事故、重大伤亡事故或者其他严重后果，构成犯罪的，依照刑法有关规定追究刑事责任。

  A. 主要负责人   B. 项目负责人
  C. 专职安全生产管理人员   D. 技术负责人

40. 《建设工程安全生产管理条例》的规定：施工单位取得资质证书后，降低安全生产条件的，（ABC）。

  A. 责令限期改正

  B. 经整改仍未达到与其资质等级相适应的安全生产条件的，责令停业整顿

  C. 降低其资质等级直至吊销资质证书

  D. 构成犯罪的，对直接责任人员，依照刑法有关规定追究刑事责任

41. 根据《安全生产许可证条例》规定，下列哪些是企业取得安全生产许可证，应当具备的安全生产条件：（ABCD）。

  A. 建立、健全安全生产责任制，制定完备的安全生产规章制度和操作规程

  B. 设置安全生产管理机构，配备专职安全生产管理人员

  C. 主要负责人和安全生产管理人员经考核合格

  D. 特种作业人员经有关业务主管部门考核合格，取得特种作业操作资格证书及从业人员经安全生产教育和培训合格

42. 《安全生产许可证条例》规定：企业取得安全生产许可证后，（ACD）。

  A. 不得降低安全生产条件

  B. 不得转让安全生产许可证

  C. 应当加强日常安全生产管理

  D. 接受安全生产许可证颁发管理机关的监督检查

43. 《生产安全事故报告和调查处理条例》规定：根据生产安全事故造成的人员伤亡或者直接经济损失，事故一般分为（ABCD）。

  A. 特别重大事故   B. 重大事故   C. 较大事故   D. 一般事故

44. 《生产安全事故报告和调查处理条例》规定：报告事故应当包括下列哪些内容：（ABCD）。

  A. 事故发生单位概况

  B. 事故发生的时间、地点以及事故现场情况

  C. 事故的简要经过及已经采取的措施

  D. 事故已经造成或者可能造成的伤亡人数（包括下落不明的人数）和初步估计的直接经济损失

45. 《生产安全事故报告和调查处理条例》规定：事故发生单位负责人接到事故报告后，应当立（ABCD）。

  A. 立即启动事故相应应急预案

B. 或者采取有效措施
C. 组织抢救，防止事故扩大
D. 减少人员伤亡和财产损失

46. 《生产安全事故报告和调查处理条例》第十六条规定：事故发生后，（BCD）。
   A. 立即上报
   B. 有关单位和人员应当妥善保护事故现场以及相关证据
   C. 任何单位和个人不得破坏事故现场
   D. 毁灭相关证据

47. 《生产安全事故报告和调查处理条例》规定：事故报告应当（ACD），任何单位和个人对事故不得迟报、漏报、谎报或者瞒报。
   A. 及时　　　　B. 细致　　　　C. 准确　　　　D. 完整

48. 《生产安全事故报告和调查处理条例》规定：事故调查处理应当坚持（CD）、尊重科学的原则。
   A. 调查研究　　B. 数据说话　　C. 尊重科学　　D. 实事求是

49. 《生产安全事故报告和调查处理条例》规定：事故发生单位应当认真吸取事故教训，落实防范和整改措施，防止事故再次发生。防范和整改措施的落实情况应当接受（BC）的监督。
   A. 建设单位　　B. 工会　　　　C. 职工　　　　D. 监理单位

50. 《中华人民共和国安全生产法》规定：生产经营单位发生生产安全事故后，事故现场有关人员应当立即报告本单位负责人。单位负责人接到事故报告后，应当迅速采取有效措施，组织抢救，防止事故扩大，减少人员伤亡和财产损失，并按照国家有关规定立即如实报告当地负有安全生产监督管理职责的部门，不得（ACD），不得故意破坏事故现场、毁灭有关证据。
   A. 隐瞒不报　　B. 漏报　　　　C. 谎报　　　　D. 迟报

51. 根据《中华人民共和国大气污染防治法》，国家对严重污染大气环境的（ACD）实行淘汰制度。
   A. 工艺　　　　B. 材料　　　　C. 设备　　　　D. 产品
   E. 生产经营单位

52. 根据《中华人民共和国大气污染防治法》，从事（ABCE）等施工单位，应当向负责监督管理扬尘污染防治的主管部门备案。
   A. 房屋建筑　　　　　　　　　B. 市政基础设施建设
   C. 河道整治　　　　　　　　　D. 机电安装
   E. 建筑物拆除

53. 根据《中华人民共和国大气污染防治法》，施工单位应当将施工现场的（BCE）及时清运，在场地内堆存的，应当采用密闭式防尘网遮盖。
   A. 建筑砌块　　　　　　　　　B. 建筑土方
   C. 建筑垃圾　　　　　　　　　D. 建筑钢材

54. 根据《中华人民共和国大气污染防治法》，地方各级人民政府应当加强对建设施工和运输的管理，保持道路清洁，控制料堆和渣土堆放，扩大（ABDE）面积，防治扬尘污染。

  A. 绿地   B. 水面   C. 土方开挖   D. 地面铺装

  E. 湿地

55. 根据《中华人民共和国大气污染防治法》，防治大气污染，应当（BCDE）。

  A. 坚持过程治理   B. 规划先行

  C. 转变经济发展方式   D. 优化产业结构和布局

  E. 调整能源结构

56. 根据《中华人民共和国大气污染防治法》，企业事业单位和其他生产经营者建设对大气环境有影响的项目，应当（ADE）。

  A. 依法进行环境影响评价、公开环境影响评价文件

  B. 向大气排放污染物的，必须缴纳一定的费用后方可继续生产经营

  C. 建在人烟稀少的地方

  D. 遵守重点大气污染物排放总量控制要求

  E. 向大气排放污染物的，应当符合大气污染物排放标准

57. 根据《中华人民共和国大气污染防治法》，防治大气污染，应当加强对（ABCDE）等大气污染的综合防治。

  A. 燃煤   B. 工业   C. 机动车船   D. 扬尘

  E. 农业

58. 根据《中华人民共和国大气污染防治法》，地方各级人民政府应当加强对建设施工和运输的管理，（ABCDE），防治扬尘污染。

  A. 保持道路清洁   B. 控制料堆堆放

  C. 扩大绿地、水面、湿地面积   D. 控制渣土堆放

59. 根据《中华人民共和国大气污染防治法》，施工单位有下列（ABCD）行为之一的，由县级以上人民政府住房城乡建设等主管部门按照职责责令改正，处 1 万元以上 10 万元以下的罚款；拒不改正的，责令停工整治。

  A. 施工工地未设置硬质密闭围挡的

  B. 采取覆盖、分段作业、择时施工、洒水抑尘、冲洗地面和车辆等有效防尘降尘措施的

  C. 建筑土方、工程渣土、建筑垃圾未及时清运的

  D. 建筑土方、工程渣土、建筑垃圾未采用密闭式防尘网遮盖的

  E. 装卸物料未采取密闭或者喷淋等方式控制扬尘排放的

60. 根据《中华人民共和国大气污染防治法》，企业事业单位和其他生产经营者违反法律法规规定排放大气污染物，造成或者可能造成严重大气污染，或者有关证据可能灭失或者被隐匿的，县级以上人民政府环境保护主管部门和其他负有大气环境保护监督管理职责的部门，可以对有关设施、设备、物品采取（BD）等行政强制措施。

  A. 没收   B. 查封   C. 销毁   D. 扣押

  E. 出售

61. 企业取得安全生产许可证，应当具备下列安全生产条件：（ABCD）。

  A. 建立、健全安全生产责任制

B. 制定完备的安全生产规章制度和操作规程

C. 安全投入符合安全生产要求

D. 设置安全生产管理机构，配备专职安全生产管理人员及特种作业人员取得特种作业操作资格证书

E. 特种作业人员取得健康证

62. 根据有关规定，将安全事故划分为（ABDE）4个等级。

A. 特别重人事故　　　　　　　B. 重大事故

C. 极大事故　　　　　　　　　D. 较大事故

E. 一般事故

63. 安全生产单位发生事故后，报告事故应当包括下列（BCDE）等内容。

A. 事故发生单位以及相关责任单位概况

B. 事故发生的时间、地点以及事故现场情况

C. 事故的简要经过

D. 事故已经造成或者可能造成的伤亡人数（包括下落不明的人数）和初步估计的直接经济损失

E. 已经采取的措施和准备采取的措施

64. 根据《生产安全事故报告和调查处理条例》规定，事故发生后，对相关单位、相关人员应按（ABCD）等四不放过处理。

A. 事故原因未查清不放过

B. 责任人员未处理不放过

C. 相关人员未受教育不放过

D. 整改措施未落实不放过

E. 安全设施未完善不放过

65. 下列（AE）的报告和调查处理适用《生产安全事故报告和调查处理条例》。

A. 工程质量事故

B. 核设施事故

C. 环境污染事故

D. 国防科研生产事故

E. 生产经营活动中发生的造成人身伤亡

66. 因抢救人员、防止事故扩大以及疏通交通等原因，需要一点事故现场物件的，应当（ACE）。

A. 绘制现场简图并做出书面记录

B. 直接移动

C. 妥善保存现场重要痕迹、物证

D. 等待处理

E. 做出标志

67. 报告事故应当包括下列内容：（ACDE）。

A. 事故发生的时间、地点

B. 伤亡者姓名

C. 事故现场情况

D. 事故的简要经过

E. 已经采取的措施

68. 事故发生单位主要负责人未依法履行安全生产管理职责，导致事故发生的，依照下列规定处以罚款（ACD）。

    A. 发生一般事故的，处上一年年收入30%的罚款

    B. 发生一般事故的，处上一年年收入20%的罚款

    C. 发生较大事故的，处上一年年收入40%的罚款

    D. 发生重大事故的，处上一年年收入60%的罚款

    E. 发生特别重大事故的，处上一年收入80%的罚款

69. 生产经营单位应当具备下列安全生产条件：（ACDE）。

    A. 建立健全安全生产责任制

    B. 保证安全生产投入的有效实施

    C. 依法设置安全生产管理机构或者配备安全生产管理人员

    D. 特种作业人员依法经安全作业培训，取得特种作业操作资格证书

    E. 法律、法规、规章和国家标准或者行业标准规定的其他安全生产条件

70. 生产经营单位的安全生产管理机构和安全生产管理人员对本单位安全生产工作履行下列职责：（ABCD）。

    A. 贯彻有关安全生产的法律、法规、规章和标准

    B. 协助制定本单位安全生产规章制度和操作规程并督促贯彻执行

    C. 对重大危险源和重大事故隐患登记建档，并进行跟踪管理

    D. 进行安全生产宣传、教育、培训，总结和推广安全生产经验及协助调查和处理生产安全事故，负责伤亡事故、职业病的报告、统计和分析，提出防范措施

    E. 划拨安全专项费用

71. 县级以上人民政府安全生产工作的主要职责：（ABCD）。

    A. 组织实施有关安全生产的法律、法规、规章和政策措施

    B. 制定和发布有关安全生产的规定

    C. 协调、解决安全生产重大问题

    D. 建立应急救援体系，保障应急救援投入

72. 知存在事故隐患、继续作业存在危险，仍然违反有关安全管理的规定，实施下列（ABCD）行为之一的，应当认定为刑法第一百三十四条第二款规定的"强令他人违章冒险作业"。

    A. 利用组织、指挥、管理职权，强制他人违章作业的

    B. 采取威逼、胁迫、恐吓等手段，强制他人违章作业的

    C. 故意掩盖事故隐患，组织他人违章作业的

    D. 其他强令他人违章作业的行为

    E. 在事故抢救期间擅离职守或者逃匿的

73. 在安全事故发生后，负有报告职责的人员不报或者谎报事故情况，贻误事故抢救，具有下列（AD）情形之一的，应当认定为刑法第一百三十九条之一规定的"情节特别严

重"。

　　A. 导致事故后果扩大，增加死亡 3 人以上，或者增加重伤 10 人以上，或者增加直接经济损失五百万元以上的

　　B. 毁灭、伪造、隐匿与事故有关的图纸、记录、计算机数据等资料以及其他证据的

　　C. 决定不报、迟报、谎报事故情况或者指使、串通有关人员不报、迟报、谎报事故情况的

　　D. 采用暴力、胁迫、命令等方式阻止他人报告事故情况，导致事故后果扩大的

　　E. 伪造、破坏事故现场，或者转移、藏匿、毁灭遇难人员尸体，或者转移、藏匿受伤人员的

　　74. 实施刑法第一百三十二条、第一百三十四条至第一百三十九条之一规定的犯罪行为，具有下列（ABCE）情形之一的，从重处罚。

　　A. 未依法取得安全许可证件或者安全许可证件过期、被暂扣、吊销、注销后从事生产经营活动的

　　B. 关闭、破坏必要的安全监控和报警设备的

　　C. 已经发现事故隐患，经有关部门或者个人提出后，仍不采取措施的

　　D. 两年内曾因危害生产安全违法犯罪活动受过行政处罚或者刑事处罚的

　　E. 采取弄虚作假、行贿等手段，故意逃避、阻挠负有安全监督管理职责的部门实施监督检查的

　　75. 刑法第一百三十四条第一款规定的犯罪主体，包括对生产、作业负有组织、指挥或者管理职责的（ABCD）。

　　A. 负责人

　　B. 管理人员

　　C. 实际控制人

　　D. 投资人及直接从事生产、作业的人员

　　E. 安监部门

　　76. 明知存在事故隐患、继续作业存在危险，仍然违反有关安全管理的规定，实施（ABCE）行为的，应当认定为刑法第一百三十四条第二款规定的"强令他人违章冒险作业"。

　　A. 利用组织、指挥、管理职权，强制他人违章作业的

　　B. 采取威逼、胁迫、恐吓等手段，强制他人违章作业的

　　C. 故意掩盖事故隐患，组织他人违章作业的

　　D. 操作工人违章作业，管理人员发现未阻止的

　　E. 其他强令他人违章作业的行为

　　77.《中华人民共和国消防法》规定，任何单位和个人都有（ABCD）的义务。

　　A. 维护消防安全　　　　　　　B. 保护消防设施

　　C. 预防火灾　　　　　　　　　D. 报告火警

　　E. 参加有组织的灭火工作

　　78. 消防工作贯彻预防为主、防消结合的方针，按照（ABCD）的原则，实行消防安全责任制，建立健全社会化的消防工作网络。

193

A. 政府统一领导 B. 部门依法监管
C. 单位全面负责 D. 公民积极参与

79. 消防安全重点单位除应当履行消防法第十六条规定的职责外，还应当履行下列（ABD）消防安全职责。

   A. 确定消防安全管理人，组织实施本单位的消防安全管理工作
   B. 建立消防档案，确定消防安全重点部位，设置防火标志，实行严格管理
   C. 实行定期防火巡查，并建立巡查记录
   D. 对职工进行岗前消防安全培训，定期组织消防安全培训和消防演练

80. 下列（ABC）单位应当建立单位专职消防队，承担本单位的火灾扑救工作。

   A. 大型核设施单位、大型发电厂、民用机场、主要港口
   B. 生产、储存易燃易爆危险品的企业
   C. 储备可燃的重要物资的大型仓库、基地
   D. 市区内大型商场

81. 地方各级人民政府应当将包括消防安全布局、（ABDE）、消防装备等内容的消防规划纳入城乡规划，并负责组织实施。

   A. 消防站 B. 消防供水
   C. 灭火器 D. 消防通信
   E. 消防车通道

82. 公安机关消防机构应当对（ACDE）等单位遵守消防法律、法规的情况依法进行监督检查。

   A. 机关 B. 部队 C. 团体 D. 企业
   E. 事业

83. 火灾现场总指挥根据扑救火灾的需要，有权决定下列事项（BCDE）。

   A. 命令附近所有人员参与救火
   B. 使用各种水源
   C. 截断电力、可燃气体和可燃液体的输送，限制用火用电
   D. 划定警戒区，实行局部交通管制 E 利用临近建筑物和有关设施

84. 违反《中华人民共和国消防法》规定，有下列行为之一的，责令改正或者停止施工，并处 1 万元以上 10 万元以下罚款：（ABCD）。

   A. 建设单位要求建筑设计单位或者建筑施工企业降低消防技术标准设计、施工的
   B. 建筑设计单位不按照消防技术标准强制性要求进行消防设计的
   C. 建筑施工企业不按照消防设计文件和消防技术标准施工，降低消防施工质量的
   D. 工程监理单位与建设单位或者建筑施工企业串通，弄虚作假，降低消防施工质量的
   E. 质检站未按标准进行质量监督的

85. 环境保护规划的内容应当包括生态保护和污染防治的目标、任务、保障措施等，并与（ABC）等相衔接。

   A. 主体功能区规划 B. 土地利用总体规划
   C. 城乡规划 D. 新建小区规划
   E. 设计规划

86. 以下哪些（ABCD）政府应当采取措施予以保护，严禁破坏。

A. 火山　　　　　　　　　　　　B. 著名溶洞

C. 冰川　　　　　　　　　　　　D. 古树名木

E. 矿山

87. 事故报告应当包括以下哪些内容（ABCE）。

A. 事故发生的时间、地点

B. 工程项目、企业名称

C. 事故发生的简要经过

D. 对事故责任人的处理意见

E. 伤亡人数和直接经济损失的初步估计

88. 全生产监督管理部门和负有安全生产监督管理职责的有关部门接到事故报告后，应当依照下列规定逐级上报事故情况，并通知（ABCE）。

A. 公安机关

B. 人力资源社会保障行政主管部门

C. 工会

D. 人民法院

E. 人民检察院

89. 事故调查报告应当包括下列（ABC）内容。

A. 事故发生经过和事故救援情况

B. 事故发生的原因和事故性质

C. 事故责任的认定及对事故责任者的处理

D. 已经采取的措施

E. 其他应当报告的情况

90. 根据生产安全事故（以下简称事故）造成的人员伤亡或者直接经济损失，事故分为（BCD）和较大事故。

A. 特别重大　　　B. 重大　　　　C. 大　　　　　D. 一般

91. 报告事故应当包括下列内容：

（一）事故发生单位概况；

（二）事故发生的时间、地点以及事故现场情况；

（三）事故的简要经过；

（四）事故已经造成或者可能造成的（A）和初步估计的（D）

（五）已经采取的措施和准备采取的措施；

（六）其他应当报告的情况。

A. 伤亡人数　　　　　　　　　　B. 死亡人数

C. 直接经济损失　　　　　　　　D. 间接经济损失

92. 建筑施工企业申请安全生产许可证时，应当向建设主管部门提供的材料有（CDE）。

A. 企业法人纳税证明

B. 企业资质文件

C. 建筑施工企业安全生产许可证申请表

195

D. 企业法人职业执照

E. 保证安全生产条件所需要资金的投入

93. 建筑企业主要负责人包括（ABC）。

A. 企业法定代表人　　　　　　B. 经理

C. 分管安全生产副经理　　　　D. 企业技术负责人

E. 企业项目负责人

94. 安全生产管理能力考核内容包括以下哪些部分（ABC）。

A. 建立和落实安全生产管理制度

B. 辨识和监控危险性较大的分部分项工程

C. 发现和消除安全事故隐患、报告和处置生产安全事故

D. 有效开展安全教育培训

95. 项目负责人对本项目安全生产管理全面负责，应当做好以下哪些方面工作（ABCD）。

A. 建立项目安全生产管理体系

B. 明确项目管理人员安全职责

C. 落实安全生产管理制度

D. 确保项目安全生产费用有效使用

96. 安全生产知识考核内容包括：建筑施工安全的（ABCD）等。

A. 法律法规　　　　　　　　　B. 规章制度

C. 标准规范　　　　　　　　　D. 建筑施工安全管理基本理论

97. "安管人员"（ABCD）或者以其他形式非法转让安全生产考核合格证书的，由县级以上地方人民政府住房城乡建设主管部门给予警告，并处1000元以上5000元以下的罚款。

A. 涂改　　　B. 出售　　　C. 出租　　　D. 出借

98. 《安徽省大气污染防治条例》规定，配套建设的大气污染防治设施，应当与主体工程（ACE），不得擅自拆除或者闲置。

A. 同时设计　　　　　　　　　B. 同时招投标

C. 同时施工　　　　　　　　　D. 同时验收

E. 同时投产使用

99. 建筑施工企业安全生产管理机构专职安全生产管理人员在施工现场检查过程中具有以下职责：（BCDE）。

A. 编制并适时更新安全生产管理制度并监督实施

B. 检查危险性较大工程安全专项施工方案落实情况

C. 监督项目专职安全生产管理人员履责情况

D. 监督作业人员安全防护用品的配备及使用情况

E. 对不符合安全生产条件的设施、设备、器材，有权当场作出查封的处理决定

100. 项目专职安全生产管理人员具有以下主要职责包括：（ACE）。

A. 负责施工现场安全生产日常检查并做好检查记录

B. 保证项目安全生产费用的有效使用

C. 对作业人员违规违章行为有权予以纠正或查处

D. 编制项目生产安全事故应急救援预案并组织演练

E. 依法报告生产安全事故情况

101. 建筑施工企业安全生产管理机构具有以下职责：（ABCE）。

A. 组织开展安全教育培训与交流

B. 协调配备项目专职安全生产管理人员

C. 制订企业安全生产检查计划并组织实施

D. 查阅在建项目安全生产有关资料、核实有关情况

E. 参与危险性较大工程安全专项施工方案专家论证会

102. 专项方案编制应当包括以下内容：（ABCE）。

A. 编制依据   B. 施工计划
C. 施工安全保证措施   D. 施工预算
E. 计算书及相关图纸

103. 专家库的专家应当具备以下基本条件：（ABD）。

A. 诚实守信、作风正派、学术严谨

B. 从事专业工作 15 年以上或具有丰富的专业经验

C. 具有中级专业技术职称

D. 具有高级专业技术职称

E. 具有执业资格证书

104. 下列脚手架工程属于危险性较大的分部分项工程范围：（BCDE）。

A. 搭设高度 20m 及以上的落地式钢管脚手架工程

B. 附着式整体和分片提升脚手架工程

C. 悬挑式脚手架工程

D. 吊篮脚手架工程

E. 新型及异型脚手架工程

105. 建筑施工企业负责人，是指企业的（ABCD）。

A. 法定代表人

B. 总经理

C. 主管质量安全副总经理

D. 主管生产工作副总经理

E. 工程项目的项目经理

106. 做好农民工培训工作的基本原则包括（ABCD）。

A. 统筹规划、分工负责

B. 整合资源、提高效益

C. 政府支持、市场运作

D. 突出重点、讲求实效

E. 提高培训质量

107. 企业安全费用应按照（ABCD）的原则进行管理。

A. 企业提取   B. 政府监管
C. 确保需要   D. 规范使用

E. 合理使用

108. 建设工程施工总承包单位（AC），由建设主管部门依照相关法规、规章进行处理、处罚。

    A. 未向分包单位支付必要的安全费用
    B. 未向分包单位提取必要的安全费用
    C. 挪用安全费用的
    D. 按规定提取和使用安全费用
    E. 以上都不对

109. 重大隐患是指在房屋建筑和市政工程施工过程中，（BCE）的生产安全隐患。

    A. 存在危害
    B. 存在的危害程度较大
    C. 可能导致群死群伤
    D. 可能造成经济损失
    E. 可能造成重大经济损失

110. 《房屋市政工程生产安全重大隐患治理挂牌督办通知书》包括下列内容：（ABCD）。

    A. 工程项目的名称
    B. 重大隐患的具体内容
    C. 治理要求及期限
    D. 督办解除的程序及其他有关的要求
    E. 治理费用

111. 安全培训中所提到的"三违"是指（ABC）。

    A. 违章指挥   B. 违规作业
    C. 违反劳动纪律   D. 违规无证上岗
    E. 违背规范化施工

112. 在实行隐患排查治理制度时，所要求隐患整改应做到的"五到位"包含（ABCD）。

    A. 责任   B. 措施   C. 资金   D. 预案
    E. 监督

113. 企业负责人现场带班，项目必查的有（ABC）。

    A. 项目负责人、项目部专职安全员在现场履职
    B. 危险性较大分部分项工程按专项方案施工
    C. 项目部组织对作业人员进行了安全教育
    D. 专职安全员到位履职情况
    E. 高处作业人员应按规定佩戴安全带

114. 建筑施工特种作业人员参加考核应当具备的考核条件为（ABCE）。

    A. 年满18周岁且符合相应特种作业规定的年龄要求
    B. 近三个月内经二级乙等以上医院体检合格且无妨碍从事相应特种作业的疾病和生理缺陷
    C. 初中及以上学历
    D. 具有三年以上的工作经验

E. 符合相应特种作业规定的其他条件

115. 《安徽省建筑施工特种作业人员管理规定实施细则》规定，符合条件的人员应当提交下列申请材料（ABCD）。

A. 《安徽省建筑施工特种作业人员首次考核申请表》

B. 身份证明

C. 学校毕业证书（复印件）或学历证明

D. 身体健康（有县级以上医疗机构出具的健康证明），无妨碍从事相应特种作业的疾病和缺陷

E. 彩色生活照片

116. 施工总承包和专业分包单位按设计要求完成合同约定工程量，经（DE）同意并报监管部门确认后，可以撤离施工项目部关键岗位人员。

A. 施工单位　　　　　　　　B. 设计单位
C. 监督部门　　　　　　　　D. 监理
E. 建设单位

117. 《建设工程施工现场消防安全技术规范》规定，在建工程作业场所临时疏散通道的设置应满足（ABCE）。

A. 耐火极限不应低于0.5h

B. 净宽度不应小于1.5m

C. 沿临空面设置高度不小于1m防护栏杆

D. 设置明显的疏散指示标识

E. 设置照明设施

118. 防火技术方案应包括下列（BCDE）主要内容。

A. 一卡通公示牌布置图

B. 火灾危险源辨识

C. 防火技术措施

D. 临时消防设施

E. 消防警示标志布置图

119. 施工现场的下列（ACD）场所应配备临时应急照明。

A. 变配电房

B. 高度100m以内在建工程室内疏散通道

C. 水泵房

D. 无天然采光的作业场所

E. 现场办公室

120. 施工现场用火应符合下列（ACD）规定。

A. 办理动火许可证

B. 采用明火取暖

C. 可燃物进行清理

D. 动火监护人进行现场监护

E. 厨房操作间炉灶使用不作要求

三、判断题

1. 建筑活动应当确保建筑工程质量和安全，符合国家的建筑工程安全标准。（√）
2. 建筑施工企业从业人员应履行的安全生产义务主要有：服从管理，遵守纪律；正确佩戴和使用劳动防护用品；接受安全培训教育，掌握安全生产技能，发现事故隐患及时报告。（√）
3. 从事建筑活动当遵守法律、法规，不得损害社会公共利益和他人的合法权益。（√）
4. 生产经营单位为从业人员提供劳动防护用品时，可根据情况采用货币或其他物品代替。（×）
5. 安全生产责任制是一项最基本的安全生产管理制度。（√）
6. 生产经营单位必须遵守安全生产法和其他有关安全生产的法律、法规，加强安全生产管理，建立、健全安全生产管理制度，完善安全生产条件，确保安全生产。（×）
7. 生产经营单位的项目负责人对本单位的安全生产工作全面负责。（×）
8. 生产经营单位必须执行依法制定的保障安全生产的行业标准或者地方标准。（×）
9. 生产经营单位应当具备本法和有关法律、行政法规和国家标准或者行业标准规定的安全生产条件；不具备安全生产条件的，不得从事生产经营活动。（√）
10. 建筑施工单位应当设置安全生产管理机构或者配备专职安全生产管理人员。（√）
11. 生产经营单位必须为从业人员提供符合行业标准或者地方标准的劳动防护用品，并监督、教育从业人员按照使用规则佩戴、使用。（×）
12. 生产经营单位的安全生产管理人员应当根据本单位的生产经营特点，对安全生产状况进行经常性检查；对检查中发现的安全问题，应当立即处理；不能处理的，应当记录在案。（×）
13. 生产经营单位应当安排用于配备劳动防护用品、进行安全生产培训的经费。（√）
14. 生产经营单位发生重大生产安全事故时，单位的主要负责人应当立即组织抢救，并不得在事故调查处理期间擅离职守。（√）
15. 生产经营单位必须依法参加工伤社会保险，为从业人员缴纳保险费。（√）
16. 建筑施工单位因生产经营规模较小，可以不建立应急救援组织的，应当指定兼职的应急救援人员。（×）
17. 任何单位和个人都应当支持、配合事故抢救，并提供可能的便利条件。（×）
18. 任何单位和个人不得阻挠和干涉对事故的依法调查处理。（√）
19. 生产经营单位不具备本法和其他有关法律、行政法规和国家标准或者行业标准规定的安全生产条件，经停产停业整顿仍不具备安全生产条件的，予以降低资质等级或有关部门依法吊销其有关证照。（×）
20. 施工现场安全由建筑施工企业负责。实行施工总承包的，由总承包单位和分包单位共同负责。（×）
21. 建筑施工企业应当建立健全劳动安全生产教育培训制度，加强对职工安全生产的教育培训；未经安全生产教育培训的人员，可以先上岗工作，并利用业余时间进行培训。（×）
22. 建筑施工企业必须为从事危险作业的职工办理意外伤害保险，支付保险费。（√）
23. 企业、事业等单位单位的主要负责人是本单位的消防安全责任人。（√）

24. 分包单位应当服从总承包单位的安全生产管理，分包单位不服从管理导致生产安全事故的，由总承包单位承担主要责任。（×）

25. 工程总承包单位和分包单位按照应急救援预案，各自建立应急救援组织或者配备应急救援人员，配备救援器材、设备，并定期组织演练。（√）

26. 实行施工总承包的建设工程，由总承包单位负责上报事故。（√）

27. 建设工程生产安全事故的调查、对事故责任单位和责任人的处罚与处理，按照行政主管部门的规定执行。（×）

28. 企业进行生产过程中，应当依照《安全生产许可证条例》的规定向安全生产许可证颁发管理机关申请领取安全生产许可证。（×）

29. 企业不得转让、冒用安全生产许可证或者使用伪造的安全生产许可证。（√）

30. 事故发生后，事故发生单位应当立即启动事故应急预案，采取有效措施组织抢救，防止事故扩大或者引发次生事故，减少人员伤亡和财产损失；及时将受伤人员送往医疗机构救治，支付医疗费用。（×）

31. 施工单位应当建立施工现场安全生产、环境保护等管理制度，在施工现场公示，并应当制订应急预案，定期组织应急演练。（√）

32. 任何单位和个人不得生产、经营、进口和使用国家明令禁止使用的可能产生职业病危害的设备或者材料。（√）

33. 根据《中华人民共和国大气污染防治法》，环境保护主管部门及其委托的环境监察机构和其他负有大气环境保护监督管理职责的部门，有权通过合理的方式，对排放大气污染物的企业事业单位和其他生产经营者进行监督检查。实施检查的部门、机构及其工作人员应当向社会公开被检查者的商业秘密。（×）

34. 根据《中华人民共和国大气污染防治法》，公民应当增强大气环境保护意识，采取低碳、节俭的生活方式，自觉履行大气环境保护义务。（√）

35. 根据《中华人民共和国大气污染防治法》，环境保护主管部门和其他负有大气环境保护监督管理职责的部门接到举报的，应当及时处理并对举报人的相关信息予以公布。（×）

36. 根据《中华人民共和国大气污染防治法》，工程渣土、建筑垃圾应当进行深埋化处理。（×）

37. 为保护和改善环境，防治大气污染，保障公众健康，推进生态文明建设，促进经济社会可持续发展，制定《中华人民共和国大气污染防治法》。（√）

38. 根据《中华人民共和国大气污染防治法》，县级以上人民政府建设行政主管部门对大气污染防治实施统一监督管理。（×）

39. 根据《中华人民共和国大气污染防治法》，县级以上人民政府应当将大气污染防治工作纳入国民经济和社会发展规划，加大对大气污染防治的财政投入。（√）

40. 根据《中华人民共和国大气污染防治法》，省级以上人民政府环境保护主管部门应当在其网站上公布大气环境质量标准、大气污染物排放标准，供公众免费查阅与下载。（√）

41. 根据《中华人民共和国大气污染防治法》，国家建立机动车和非道路移动机械环境保护召回制度。（√）

42. 根据《中华人民共和国大气污染防治法》，国家逐步推行重点大气污染物排污权交易。（√）

43. 根据《建设工程安全生产条例》，施工总承包单位将工程进行分包的，从事分包工程危险作业人员的意外伤害保险费应由分包单位支付。（×）

44. 转让安全生产许可证的，没收违法所得，吊销其安全生产许可证。（√）

45. 情况紧急时，事故现场有关人员可以直接向事故发生地县级以上人民政府安全生产监督管理部门和负有安全生产监督管理职责的有关部门报告。（√）

46. 任何单位和个人不得阻挠和干涉对事故的报告和依法调查处理。（√）

47. 事故发生单位负责人接到事故报告后，应当立即启动事故应急预案。（√）

48. 按照《生产安全事故报告和调查处理条例》的规定，有关机关落实人民政府对调查报告的批复的主要内容有两项：一是对事故发生单位和有关人员进行行政处罚，二是对负有事故责任的国家工作人员进行处分。（√）

49. 各级住房城乡建设主管部门必须书面向上级住房城乡建设主管部门报告事故情况。（×）

50. 事故调查中需要进行技术鉴定的，事故调查组应当委托具有国家规定资质的单位进行技术鉴定，不可以直接组织专家进行技术鉴定。（√）

51. 事故调查报告报送负责事故调查的人民政府后，事故调查工作即告结束。（√）

52. 环境污染事故适用《生产安全事故报告和调查处理条例》。（×）

53. 安全生产监督管理部门和负有安全生产监督管理职责的有关部门不可以越级上报事故情况。（×）

54. 安全生产监督管理部门和负有安全生产监督管理职责的有关部门应当向社会公布值班电话，受理事故报告和举报。（√）

55. 情况紧急时，事故现场有关人员可以直接向事故发生地县级以上人民政府安全生产监督管理部门报告。（√）

56. 事故报告后出现新情况的，应当及时补报。（√）

57. 事故调查中需要进行技术鉴定的，技术鉴定所需时间计入事故调查期限。（×）

58. 生产经营单位是安全生产的责任主体，各级人民政府是安全生产监督管理的责任主体。（√）

59. 生产经营单位可以根据具体情况使用国家明令淘汰、禁止使用的危及生产安全的工艺、设备。（×）

60. 生产经营单位的生产区域、生活区域、储存区域之间的安全距离，应当符合法律、法规、规章和强制性标准的规定。（√）

61. 任何单位和个人不得挪用安全生产风险抵押金。（√）

62. 强令他人违章冒险作业，因而发生重大伤亡事故或者造成其他严重后果的，处5年以下有期徒刑或者拘役；情节特别恶劣的，处5年以上有期徒刑。本规定的犯罪主体包括对生产、作业负有组织、指挥或者管理职责的负责人、管理人员、实际控制人、投资人等人员，以及直接从事生产、作业的人员。（√）

63. 实施刑法第一百三十二条、第一百三十四条第一款、第一百三十五条、第一百三十五条之一、第一百三十六条、第一百三十九条规定的行为，因而发生安全事故，造成死亡一人以上的，应当认定为"造成严重后果"或者"发生重大伤亡事故或者造成其他严重后果"，对相关责任人员，处三年以下有期徒刑或者拘役。（√）

64. 在安全事故发生后，负有报告职责的人员不报或者谎报事故情况，贻误事故抢救，导致事故后果扩大，增加死亡1人以上，或者增加重伤3人以上，或者增加直接经济损失100万元以上的，应当认定为刑法第一百三十九条之一规定的"情节严重"。（√）

65. 在安全事故发生后，负有报告职责的人员不报或者谎报事故情况，贻误事故抢救，伪造、破坏事故现场，或者转移、藏匿、毁灭遇难人员尸体，或者转移、藏匿受伤人员的，应当认定为刑法第一百三十九条之一规定的"情节严重"。（√）

66. 生产不符合保障人身、财产安全的国家标准、行业标准的安全设备，或者明知安全设备不符合保障人身、财产安全的国家标准、行业标准而进行销售，致使发生安全事故，造成严重后果的，依照刑法第一百四十六条的规定，以生产、销售不符合安全标准的产品罪定罪处罚。（√）

67. 实施刑法第一百三十二条、第一百三十四条第一款、第一百三十五条、第一百三十五条之一、第一百三十六条、第一百三十九条规定的行为，因而发生安全事故，造成直接经济损失1000万元以上，负事故主要责任的，对相关责任人员，处3年以上7年以下有期徒刑。（×）

68. 实施刑法第一百三十七条规定的行为，因而发生安全事故，具有本条第一款规定情形的，应当认定为"造成重大安全事故"，对直接责任人员，处五年以下有期徒刑或者拘役，并处罚金。（√）

69. 在安全事故发生后，直接负责的主管人员和其他直接责任人员故意阻挠开展抢救，导致人员死亡或者重伤，或者为了逃避法律追究，对被害人进行隐藏、遗弃，致使被害人因无法得到救助而死亡或者重度残疾的，分别依照刑法第二百三十二条、第二百三十四条的规定，以故意杀人罪或者故意伤害罪定罪处罚。（√）

70. 在安全事故发生后积极组织、参与事故抢救，或者积极配合调查、主动赔偿损失的，也不能从轻处罚。（×）

71. 《中华人民共和国消防法》规定，进行电焊、气焊等具有火灾危险的作业的人员和自动消防系统的操作人员，必须持证上岗，并严格遵守消防安全操作规程。（√）

72. 《中华人民共和国消防法》规定：依法应当进行消防验收的建设工程，未经消防验收或者消防验收不合格的，禁止投入使用。（√）

73. 未依法应当进行消防验收的建设工程，未经消防验收，擅自投入使用的，处3万元以上30万元以下罚款。（×）

74. 公安机关消防机构及其工作人员进行消防设计审核时，可按国家相关收费比例收取审核费用。（×）

75. 依法应当经公安机关消防机构进行消防设计审核的建设工程，未经依法审核或者审核不合格的，负责审批该工程施工许可的部门可以给予施工许可，建设单位、施工单位可以施工。（×）

76. 任何单位和个人都有参加有组织的灭火工作的义务。（√）

77. 进行电焊、气焊等具有火灾危险作业的人员和自动消防系统的操作人员，必须持证上岗，并遵守消防安全操作规程。（√）

78. 公安机关消防机构及其工作人员进行消防设计审核、消防验收和消防安全检查等，可以收取一定费用。（×）

79. 任何单位和个人都有权对公安机关消防机构及其工作人员在执法中的违法行为进行检举、控告。收到检举、控告的机关，应当按照职责及时查处。（√）

80. 《安徽省安全生产施工报告和调查处理办法》不适用于环境污染事故的报告和调查处理。（√）

81. 情况紧急时，事故现场有关人员可以直接向事故发生地县级以上人民政府安全生产监督管理部门和负有安全生产监督管理职责的有关部门报告。（√）

82. 按照《生产安全事故报告和调查处理条例》的规定，有关机关落实人民政府对调查报告的批复的主要内容有两项：一是对事故发生单位和有关人员进行行政处罚，二是对负有事故责任的国家工作人员进行处分。（√）

83. 各级住房城乡建设主管部门必须书面向上级住房城乡建设主管部门报告事故情况。（×）

84. 较大事故、一般事故的发生地与事故发生单位不在同一行政区域的，由事故发生地人民政府负责事故调查，事故发生单位所在地人民政府应当派人参加。（√）

85. 事故发生单位的负责人和有关人员在事故调查期间，未经事故调查组同意，不得离开事故发生地，并应当随时接受事故调查组的询问，如实提供有关情况。（√）

86. 对建筑施工企业生产经营活动和安全生产工作具有决策权的领导人员为建筑施工企业项目负责人。（×）

87. 申请参加安全生产考核的"安管人员"，应当具备相应文化程度、专业技术职称和一定安全生产工作经历，与企业确立劳动关系，并经企业年度安全生产教育培训合格。（√）

88. 项目专职安全生产管理人员应当经常在施工现场开展安全检查，现场监督危险性较大的分部分项工程安全专项施工方案实施。（×）

89. 建筑施工企业有危险性较大的分部分项工程施工时未安排专职安全生产管理人员现场监督的，可由县级以上人民政府住房城乡建设主管部门责令限期改正；逾期未改正的，责令停业整顿，并处 2 万元以下的罚款；导致不具备《安全生产许可证条例》规定的安全生产条件的，应当依法暂扣或者吊销安全生产许可证。（√）

90. 主要负责人应当与项目负责人签订安全生产责任书，确定项目安全生产考核目标、奖惩措施，以及企业为项目提供的安全管理和技术保障措施。项目安全员（×）

91. 建筑施工企业未按规定开展"安管人员"安全生产教育培训考核，或者未按规定如实将考核情况记入安全生产教育培训档案的，由县级以上地方人民政府住房城乡建设主管部门责令限期改正，并处 2 万元以下的罚款。（×）

92. 《安徽省大气污染防治条例》规定，扬尘污染防治专项费用应当列入安全文明施工措施费，作为不可竞争费用纳入工程建设成本。（√）

93. 《安徽省生产安全事故隐患排查治理办法》明确，生产经营单位主要负责人是本单位事故隐患排查治理的唯一责任人。（×）

94. 《安徽省生产安全事故隐患排查治理办法》第十二条，生产经营单位发现一般事故隐患的，应当在保证安全的前提下，及时采取技术、管理措施予以排除。不发生安全事故。（×）

95. 《安徽省生产安全事故隐患排查治理办法》第十四条，对外部因素造成的重大事故隐患，生产经营单位自身难以排除的，应当向负有安全生产监督管理职责的部门报告，接到报告的部门应当及时协调处理。（√）

96. 发生事故而没有领导现场带班的，对企业给予规定上限的经济处罚，并依法从重追

究企业主要负责人的责任。（√）

97. 建筑施工企业应当在建设工程项目组建安全生产领导小组。（√）

98. 建设主管部门核发施工许可证或者核准开工报告时,应当审查该工程项目专职安全生产管理人员的配备情况。（√）

99. 施工单位应当在危险性较大的分部分项工程施工前编制专项方案；并组织专家对专项方案进行论证。（√）

100. 危险性较大的分部分项工程论证专家组成员应当由 5 名及以上符合相关专业要求的专家组成。项目参建各方的人员可以专家身份参加专家论证会。（×）

101. 监理单位应当对专项方案实施情况进行现场监理；对不按专项方案实施的,应当责令整改,施工单位拒不整改的,应当及时向建设单位报告；建设单位接到监理单位报告后,应当立即责令施工单位停工整改；施工单位仍不停工整改的,建设单位应当及时向住房城乡建设主管部门报告。（√）

102. 住房城乡建设行政主管部门及其所属的工程质量、安全监督机构应当采取定期检查和明察暗访的形式,对本地建筑工程施工现场关键岗位打卡制度执行情况进行监督检查。（×）

103. 县级以上住房城乡建设行政主管部门负责本行政区域内建筑工程施工现场关键岗位打卡制度的实施和监督。（√）

104. 项目负责人带班生产是指项目负责人在施工现场组织协调工程项目的质量安全生产活动。（√）

105. 工程项目进行的危险性较大的分部分项工程施工时,建筑施工企业负责人应到施工现场进行带班检查。（×）

106. 对未执行带班制度的企业和人员,发生质量安全事故的,要给予企业规定上限的经济处罚。（×）

107. 以省级统筹为重点,集中使用培训资金。各省（区、市）要将农民工培训资金列入财政预算。（√）

108. 企业要把农民工纳入职工教育培训计划,确保农民工享受和其他在岗职工同等的培训待遇,（√）

109. 配备和更新现场作业人员安全防护用品应在安全生产费中支出。（√）

110. 企业应当建立健全内部安全费用管理制度,明确安全费用提取和使用的程序、职责及权限,按规定提取和使用安全费用（√）

111. 房屋市政工程生产安全重大隐患治理挂牌督办按照属地管理原则,由工程所在地住房城乡建设主管部门组织实施。（√）

112. 企业调整职工岗位或者采用新工艺、新技术、新设备、新材料的,要进行专门的安全培训。（√）

113. 企业要认真执行建设项目安全设施与主体工程同时设计、同时施工、同时投入生产和使用安全保障制度。（√）

114. 监理企业负责人带班检查,对于"危险性较大分部分项工程施工时项目监理应在施工现场"项目必查。（×）

115. 国务院住房城乡建设主管部门应当在特别重大和重大事故发生后 5 小时内,向国务院上报事故情况。（×）

116. 施工单位应依据国家现行相关标注规范，由项目经理组织相关专业技术人员，结合工程实际，编制高大模板支撑系统的专项施工方案。（×）

117. 高处作业吊篮安装拆卸工属于建筑施工特种作业操作范围。（√）

118. 在我省范围内，从事建筑施工特种作业的人员必须取得建设部颁发的《资格证书》，方可上岗作业。（×）

119. 对在同一城市同时担任多个项目总监理工程师的，监理单位应在其监理的各个工程项目现场配备总监理工程师代表。（√）

120. 拟作出责令停产停业、吊销许可证或者执照、较大数额罚款等行政处罚决定之前，建设稽查局应当当面告知当事人有要求听证的权利。（×）

121. 建筑施工安全生产标准化考评工作包括建筑施工企业安全生产标准化考评和建筑施工项目安全生产标准化考评。（√）

四、案例分析题

（一）2010年1月12日中午11点50分左右，某文化科技产业园配送中心工地，在混凝土浇筑过程中发现模板支撑体系出现变形现象，现场施工负责人指挥架子工进入模板支撑体系中进行加固处理，在此过程中发生模板支架倒塌，造成8人死亡、7人受伤。

1. 按照《生产安全事故报告和调查处理条例》的规定，这是一起（B）事故。

   A. 一般　　　　B. 较大　　　　C. 重大　　　　D. 特别重大

2. 事故调查组认定这是一起由于施工等有关方面违法违规造成的安全生产责任事故。（A）

   A. 正确　　　　B. 错误

3. 按照最高人民法院、最高人民检察院《关于办理危害生产安全刑事案件适用法律若干问题的解释》的规定，明知存在事故隐患、继续作业存在危险，仍然违反有关安全管理的规定，下列哪些行为应当认定为刑法第一百三十四条第二款规定的"强令他人违章冒险作业"？（ABCE）

   A. 利用组织、指挥、管理职权，强制他人违章作业的

   B. 采取威逼、胁迫、恐吓等手段，强制他人违章作业的

   C. 故意掩盖事故隐患，组织他人违章作业的

   D. 利用组织、指挥、管理职权，组织人员抢险的

   E. 其他强令他人违章作业的行为

4. 按照最高人民法院、最高人民检察院《关于办理危害生产安全刑事案件适用法律若干问题的解释》的规定，刑法第一百三十四条第一款规定的犯罪主体，包括对生产、作业负有组织、指挥或者管理职责的哪些人员？（ABCDE）

   A. 对生产、作业负有组织、指挥的负责人

   B. 对生产、作业负有管理职责的管理人员

   C. 对生产、作业负有组织、指挥或者管理职责的实际控制人

   D. 对生产、作业负有组织、指挥或者管理职责的投资人

   E. 直接从事生产、作业的人员

5. 按照最高人民法院、最高人民检察院《关于办理危害生产安全刑事案件适用法律若干问题的解释》的规定，实施刑法第一百三十二条、第一百三十四条第一款、第一百三十

五条、第一百三十五条之一、第一百三十六条、第一百三十九条规定的行为，因而发生安全事故，下列哪些情形应当认定为"造成严重后果"或者"发生重大伤亡事故或者造成其他严重后果"？对相关责任人员，处三年以下有期徒刑或者拘役。（AD）

A. 造成死亡一人以上，或者重伤三人以上的

B. 必须造成死亡三人以上的

C. 必须造成重伤十人以上的

D. 造成直接经济损失一百万元以上的

E. 必须造成直接经济损失一千万元以上的

（二）2010年11月15日，某进行外墙保温改造的公寓（该公寓共28层）中部发生火灾，火势不断蔓延，最终裹紧了整栋大楼，火灾造成58人死亡。事故原因是由无证电焊工违章操作引起的。

1. 按照《生产安全事故报告和调查处理条例》的规定，这是一起（D）事故。

A. 一般　　　　B. 较大　　　　C. 重大　　　　D. 特别重大

2. 按照《中华人民共和国消防法》的规定，因施工等特殊情况需要使用明火作业的，应当按照规定事先办理审批手续，采取相应的消防安全措施；作业人员应当遵守消防安全规定。（A）

A. 正确　　　　B. 错误

3. 按照《中华人民共和国消防法》的规定，（ABCD）建筑构件、建筑材料和室内装修、装饰材料的防火性能必须符合国家标准；没有国家标准的，必须符合行业标准。

A. 建筑构件　　　　　　　　B. 建筑材料

C. 室内装修材料　　　　　　D. 室内装饰材料

E. 施工机具

4. 按照《建设工程施工现场消防安全技术规范》（GB 50720—2011）的要求，下列哪些建筑应设置环形临时消防车道？设置环形临时消防车道确有困难时，除应按本规范3.3.2条的规定设置回车场外，尚应按本规范3.3.4条的规定设置临时消防救援场地。（BCD）

A. 建筑高度大于36m的在建工程

B. 建筑高度大于24m的在建工程

C. 建筑工程单体占地面积大于3000m^2的在建工程

D. 超过10栋，且成组布置的临时用房

E. 超过5栋，且成组布置的临时用房

5. 按照《建设工程施工现场消防安全技术规范》（GB 50720—2011）的要求，在建工程及临时用房的下列哪些场所应配置灭火器？（ABCD）

A. 易燃易爆危险品存放及使用场所

B. 动火作业场所

C. 可燃材料存放、加工及使用场所

D. 厨房操作间、锅炉房、发电机房、变配电房、设备用房、办公用房、宿舍等临时用房

E. 在建工程楼层

附录二 相关法规

一、《中华人民共和国消防法》安全生产相关规定

1. 总则

（1）第二条 消防工作贯彻预防为主、防消结合的方针，按照政府统一领导、部门依法监管、单位全面负责、公民积极参与的原则，实行消防安全责任制，建立健全社会化的消防工作网络。

（2）第五条 任何单位和个人都有维护消防安全、保护消防设施、预防火灾、报告火警的义务。任何单位和成年人都有参加有组织的灭火工作的义务。

2. 火灾预防

（1）第十六条 机关、团体、企业、事业等单位应当履行下列消防安全职责：

① 落实消防安全责任制，制定本单位的消防安全制度、消防安全操作规程，制定灭火和应急疏散预案；

② 按照国家标准、行业标准配置消防设施、器材，设置消防安全标志，并定期组织检验、维修，确保完好有效；

③ 保障疏散通道、安全出口、消防车通道畅通，保证防火防烟分区、防火间距符合消防技术标准；

④ 组织防火检查，及时消除火灾隐患；

⑤ 组织进行有针对性的消防演练；

⑥ 法律、法规规定的其他消防安全职责。

单位的主要负责人是本单位的消防安全责任人。

（2）第十九条 生产、储存、经营易燃易爆危险品的场所不得与居住场所设置在同一建筑物内，并应当与居住场所保持安全距离。

生产、储存、经营其他物品的场所与居住场所设置在同一建筑物内的，应当符合国家工程建设消防技术标准。

（3）第二十一条 禁止在具有火灾、爆炸危险的场所吸烟、使用明火。因施工等特殊情况需要使用明火作业的，应当按照规定事先办理审批手续，采取相应的消防安全措施；作业人员应当遵守消防安全规定。

进行电焊、气焊等具有火灾危险作业的人员和自动消防系统的操作人员，必须持证上岗，并遵守消防安全操作规程。

（4）第二十三条 储存可燃物资仓库的管理，必须执行消防技术标准和管理规定。

（5）第二十四条 消防产品必须符合国家标准；没有国家标准的，必须符合行业标准。禁止生产、销售或者使用不合格的消防产品以及国家明令淘汰的消防产品。

（6）第二十六条 建筑构件、建筑材料和室内装修、装饰材料的防火性能必须符合国家标准；没有国家标准的，必须符合行业标准。

人员密集场所室内装修、装饰，应当按照消防技术标准的要求，使用不燃、难燃材料。

（7）第二十八条 任何单位、个人不得损坏、挪用或者擅自拆除、停用消防设施、器材，不得埋压、圈占、遮挡消火栓或者占用防火间距，不得占用、堵塞、封闭疏散通道、安全出口、消防车通道。人员密集场所的门窗不得设置影响逃生和灭火救援的障碍物。

3. 灭火救援

（1）第四十四条 任何人发现火灾都应当立即报警。任何单位、个人都应当无偿为报警提供便利，不得阻拦报警。严禁谎报火警。

任何单位发生火灾，必须立即组织力量扑救。邻近单位应当给予支援。

（2）第五十一条 公安机关消防机构有权根据需要封闭火灾现场，负责调查火灾原因，统计火灾损失。

火灾扑灭后，发生火灾的单位和相关人员应当按照公安机关消防机构的要求保护现场，接受事故调查，如实提供与火灾有关的情况。

公安机关消防机构根据火灾现场勘验、调查情况和有关的检验、鉴定意见，及时制作火灾事故认定书，作为处理火灾事故的证据。

4. 法律责任

（1）第六十条 单位违反本法规定，有下列行为之一的，责令改正，处五千元以上五万元以下罚款：

① 消防设施、器材或者消防安全标志的配置、设置不符合国家标准、行业标准，或者未保持完好有效的；

② 损坏、挪用或者擅自拆除、停用消防设施、器材的；

③ 占用、堵塞、封闭疏散通道、安全出口或者有其他妨碍安全疏散行为的；

④ 埋压、圈占、遮挡消火栓或者占用防火间距的；

⑤ 占用、堵塞、封闭消防车通道，妨碍消防车通行的；

⑥ 对火灾隐患经公安机关消防机构通知后不及时采取措施消除的。

（2）第六十一条 生产、储存、经营易燃易爆危险品的场所与居住场所设置在同一建筑物内，或者未与居住场所保持安全距离的，责令停产停业，并处五千元以上五万元以下罚款。

生产、储存、经营其他物品的场所与居住场所设置在同一建筑物内，不符合消防技术标准的，依照前款规定处罚。

（3）第六十二条 有下列行为之一的，依照《中华人民共和国治安管理处罚法》的规定处罚：

① 谎报火警的；

② 阻碍消防车执行任务的；

③ 阻碍公安机关消防机构的工作人员依法执行职务的。

（4）第六十三条 违反规定使用明火作业或者在具有火灾、爆炸危险的场所吸烟、使用明火。处警告或者五百元以下罚款；情节严重的，处五日以下拘留。

（5）违反本法规定，有下列行为之一，尚不构成犯罪的，处十日以上十五日以下拘留，可以处五百元以下罚款；情节较轻的，处警告或者五百元以下罚款：

① 指使或者强令他人违反消防安全规定，冒险作业的；

② 过失引起火灾的；

③ 在火灾发生后阻拦报警，或者负有报告职责的人员不及时报警的；

④ 扰乱火灾现场秩序，或者拒不执行火灾现场指挥员指挥，影响灭火救援的；

⑤ 故意破坏或者伪造火灾现场的；

⑥ 擅自拆封或者使用被公安机关消防机构查封的场所、部位的。

二、《环境保护法》安全生产相关规定

（1）制定环保法的目的：

为保护和改善生活环境与生态环境，防治污染和其他公害，保障人体健康，促进社会主义现代化建设的发展。

（2）一切单位和个人都有保护环境的义务，并有权对污染和破坏环境的单位和个人进行检举和控告。

（3）国务院环境保护行政主管部门根据国家环境质量标准和国家经济、技术条件。制定国家污染物排放标准。

凡是向已有地方污染物排放标准的区域排放污染物的，应当执行地方污染物排放标准。

（4）第二十四条 产生环境污染和其他公害的单位，必须把环境保护工作纳入计划，建立环境保护责

制度；采取有效措施，防治在生产建设或者其他活动中产生的废气、废水、废渣、粉尘、恶臭气体、放射性物质以及噪声、振动、电磁波辐射等对环境的污染和危害。

（5）建设项目中防治污染的设施，必须与主体工程同时设计、同时施工、同时投产使用。防治污染的设施必须经原审批环境影响报告书的环境保护行政主管部门验收合格后，该建设项目方可投入生产或者使用。

三、《中华人民共和国大气污染防治法》安全生产相关规定

第一条 为保护和改善环境，防治大气污染，保障公众健康，推进生态文明建设，促进经济社会可持续发展，制定本法。

第七条 企业事业单位和其他生产经营者应当采取有效措施，防止、减少大气污染，对所造成的损害依法承担责任。

第六十九条 建设单位应当将防治扬尘污染的费用列入工程造价，并在施工承包合同中明确施工单位扬尘污染防治责任。施工单位应当制定具体的施工扬尘污染防治实施方案。

从事房屋建筑、市政基础设施建设、河道整治以及建筑物拆除等施工单位，应当向负责监督管理扬尘污染防治的主管部门备案。

施工单位应当在施工工地设置硬质围挡，并采取覆盖、分段作业、择时施工、洒水抑尘、冲洗地面和车辆等有效防尘降尘措施。建筑土方、工程渣土、建筑垃圾应当及时清运；在场地内堆存的，应当采用密闭式防尘网遮盖。工程渣土、建筑垃圾应当进行资源化处理。

施工单位应当在施工工地公示扬尘污染防治措施、负责人、扬尘监督管理主管部门等信息。

暂时不能开工的建设用地，建设单位应当对裸露地面进行覆盖；超过三个月的，应当进行绿化、铺装或者遮盖。

第七十条 运输煤炭、垃圾、渣土、砂石、土方、灰浆等散装、流体物料的车辆应当采取密闭或者其他措施防止物料遗撒造成扬尘污染，并按照规定路线行驶。

装卸物料应当采取密闭或者喷淋等方式防治扬尘污染。

城市人民政府应当加强道路、广场、停车场和其他公共场所的清扫保洁管理，推行清洁动力机械化清扫等低尘作业方式，防治扬尘污染。

第七十一条 市政河道以及河道沿线、公共用地的裸露地面以及其他城镇裸露地面，有关部门应当按照规划组织实施绿化或者透水铺装。

第七十二条 贮存煤炭、煤矸石、煤渣、煤灰、水泥、石灰、石膏、砂土等易产生扬尘的物料应当密闭；不能密闭的，应当设置不低于堆放物高度的严密围挡，并采取有效覆盖措施防治扬尘污染。

第九十八条 违反本法规定，以拒绝进入现场等方式拒不接受环境保护主管部门及其委托的环境监察机构或者其他负有大气环境保护监督管理职责的部门的监督检查，或者在接受监督检查时弄虚作假的，由县级以上人民政府环境保护主管部门或者其他负有大气环境保护监督管理职责的部门责令改正，处二万元以上二十万元以下的罚款；构成违反治安管理行为的，由公安机关依法予以处罚。

第九十九条 违反本法规定，有下列行为之一的，由县级以上人民政府环境保护主管部门责令改正或者限制生产、停产整治，并处十万元以上一百万元以下的罚款；情节严重的，报经有批准权的人民政府批准，责令停业、关闭：

（一）未依法取得排污许可证排放大气污染物的；

（二）超过大气污染物排放标准或者超过重点大气污染物排放总量控制指标排放大气污染物的；

（三）通过逃避监管的方式排放大气污染物的。

第一百一十五条 违反本法规定，施工单位有下列行为之一的，由县级以上人民政府住房城乡建设等主管部门按照职责责令改正，处一万元以上十万元以下的罚款；拒不改正的，责令停工整治：

（一）施工工地未设置硬质密闭围挡，或者未采取覆盖、分段作业、择时施工、洒水抑尘、冲洗地面

和车辆等有效防尘降尘措施的；

（二）建筑土方、工程渣土、建筑垃圾未及时清运，或者未采用密闭式防尘网遮盖的。

违反本法规定，建设单位未对暂时不能开工的建设用地的裸露地面进行覆盖，或者未对超过三个月不能开工的建设用地的裸露地面进行绿化、铺装或者遮盖的，由县级以上人民政府住房城乡建设等主管部门依照前款规定予以处罚。

第一百一十六条 违反本法规定，运输煤炭、垃圾、渣土、砂石、土方、灰浆等散装、流体物料的车辆，未采取密闭或者其他措施防止物料遗撒的，由县级以上地方人民政府确定的监督管理部门责令改正，处二千元以上二万元以下的罚款；拒不改正的，车辆不得上道路行驶。

第一百一十七条 违反本法规定，有下列行为之一的，由县级以上人民政府环境保护等主管部门按照职责责令改正，处一万元以上十万元以下的罚款；拒不改正的，责令停工整治或者停业整治：

（一）未密闭煤炭、煤矸石、煤渣、煤灰、水泥、石灰、石膏、砂土等易产生扬尘的物料的；

（二）对不能密闭的易产生扬尘的物料，未设置不低于堆放物高度的严密围挡，或未采取有效覆盖措施防治扬尘污染的；

（三）装卸物料未采取密闭或者喷淋等方式控制扬尘排放的；

第一百二十三条 违反本法规定，企业事业单位和其他生产经营者有下列行为之一，受到罚款处罚，被责令改正，拒不改正的，依法作出处罚决定的行政机关可以自责令改正之日的次日起，按照原处罚数额按日连续处罚：

（一）未依法取得排污许可证排放大气污染物的；

（二）超过大气污染物排放标准或者超过重点大气污染物排放总量控制指标排放大气污染物的；

（三）通过逃避监管的方式排放大气污染物的；

（四）建筑施工或者贮存易产生扬尘的物料未采取有效措施防治扬尘污染的。

四、安徽省大气污染防治条例

安徽省大气污染防治条例（节选）

（2015年1月31日安徽省第十二届人民代表大会第四次会议通过）

第三条 大气污染防治，应当建立政府负责、单位施治、公众参与、区域联动、社会监督的工作机制。

第四条 大气污染防治应当坚持规划先行，运用法律、经济、科技、行政等措施，发挥市场机制作用，转变经济发展方式，优化产业结构和布局，调整能源结构，改善空气质量。

第七条 企业事业单位和其他生产经营者应当采取措施，防治生产、建设或者其他活动对大气环境造成的污染，并对造成的损害依法承担责任。

向大气排放污染物的企业事业单位和其他生产经营者，应当建立大气环境保护责任制度，明确单位负责人和相关人员的责任。

第九条 任何单位和个人都有保护大气环境的义务，有权对污染大气环境的行为和不依法履行环境监管职责的行为进行举报。

县级以上人民政府环境保护行政主管部门和其他有关部门应当建立举报、奖励制度，并向社会公布；接到举报后，应当及时处理，将处理结果向举报人反馈；对举报人的相关信息予以保密，保护其合法权益；举报内容经查证属实的，给予举报人奖励。

县级以上人民政府环境保护行政主管部门和其他有关部门应当鼓励和支持社会团体和公众参与、监督大气污染防治工作。

第十六条 向大气排放污染物的企业事业单位和其他生产经营者，应当按照国家规定，取得排污许可证。禁止无排污许可证或者违反排污许可证的规定排放大气污染物。

第十七条 向大气排放污染物的企业事业单位和其他生产经营者，应当按照国家和本省规定，设置大气污染物排放口及标志。未按照规定设置大气污染物排放口的，不得发放排污许可证。

除因发生或者可能发生安全生产事故或突发环境事件需要通过应急排放通道排放大气污染物外，禁止通过前款规定以外的其他排放通道排放大气污染物。

第十八条 有大气污染物排放总量控制任务的企业事业单位，应当监测大气污染物排放情况，记录监测数据，并向社会公开。监测数据的保存时间不少于五年。

向大气排放污染物的企业事业单位，应当按照规定设置固定的监测点位或者采样平台并保持正常使用，接受环境保护行政主管部门或者其他监督管理部门的监督性监测。

第十九条 使用每小时20蒸吨以上燃煤锅炉或者大气污染物排放量与其相当的窑炉的单位，以及县级以上人民政府环境保护行政主管部门确定的排放大气污染物重点监管的单位，应当配备经计量检定合格的自动监控设备，保持稳定运行，保证监测数据准确。自动监控设备应当在线联网，纳入环境保护行政主管部门的统一监控系统。

第二十二条 可能发生大气污染事故的企业事业单位应当按照国家和省规定制定大气污染突发事件应急预案，报环境保护行政主管部门和有关部门备案。

在发生或者可能发生突发大气污染事件时，企业事业单位应当立即采取应对措施，及时通报可能受到大气污染危害的单位和居民，并报告当地环境保护行政主管部门，接受调查处理。

第二十七条 企业事业单位有下列情形之一的，应当如实向社会公开其重点大气污染物的名称、排放方式、排放浓度和总量、超标排放情况，以及防治污染设施的建设和运行情况，接受社会监督：

（一）列入大气污染物排放重点监管单位名单的；

（二）重点大气污染物排放量超过总量控制指标的；

（三）大气污染物超标排放的；

（四）国家和省规定的其他情形。

环境保护行政主管部门应当定期公布重点监管单位的监督性监测信息。

第二十九条 推行企业环境污染责任保险制度，鼓励企业投保环境污染责任保险，防控企业环境风险，保障公众环境权益。

第六十一条 从事房屋建筑、市政基础设施施工、河道整治、建筑物拆除、矿产资源开采、物料运输和堆放、砂浆混凝土搅拌及其他产生扬尘污染活动的相关建设、施工、材料供应、建筑垃圾、渣土运输等单位，应当采取大气污染防治措施，完善污染防治设施，落实人员和经费，全面推行标准化、规范化管理。

第六十二条 建设单位应当在施工前向县级以上人民政府工程建设有关部门提交施工工地扬尘污染防治方案，并保障施工单位扬尘污染防治专项费用。

扬尘污染防治专项费用应当列入安全文明施工措施费，作为不可竞争费用纳入工程建设成本。

第六十三条 施工单位应当按照工地扬尘污染防治方案的要求，在施工现场出入口公示扬尘污染控制措施、负责人、环保监督员、扬尘监管主管部门等有关信息，接受社会监督，并采取下列扬尘污染防治措施：

（一）施工现场实行围挡封闭，出入口位置配备车辆冲洗设施；

（二）施工现场出入口、主要道路、加工区等采取硬化处理措施；

（三）施工现场采取洒水、覆盖、铺装、绿化等降尘措施；

（四）施工现场建筑材料实行集中、分类堆放。建筑垃圾采取封闭方式清运，严禁高处抛洒；

（五）外脚手架设置悬挂密目式安全网的方式封闭；

（六）施工现场禁止焚烧沥青、油毡、橡胶、垃圾等易产生有毒有害烟尘和恶臭气体的物质；

（七）拆除作业实行持续加压洒水或者喷淋方式作业；

（八）建筑物拆除后，拆除物应当及时清运，不能及时清运的，应当采取有效覆盖措施；

（九）建筑物拆除后，场地闲置三个月以上的，用地单位对拆除后的裸露地面采取绿化等防尘措施；

（十）易产生扬尘的建筑材料采取封闭运输；

（十一）建筑垃圾运输、处理时，按照城市人民政府市容环境卫生行政主管部门规定的时间、路线和要求，清运到指定的场所处理；

（十二）启动Ⅲ级（黄色）预警或气象预报风速达到四级以上时，不得进行土方挖填、转运和拆除等易产生扬尘的作业。

第六十四条　生产预拌混凝土、预拌砂浆应当采取密闭、围挡、洒水、冲洗等防尘措施。

鼓励、支持发展全封闭混凝土、砂浆搅拌。

第六十五条　装卸和运输煤炭、水泥、砂土、垃圾等易产生扬尘的作业，应当采取遮盖、封闭、喷淋、围挡等措施，防止抛洒、扬尘。

运输垃圾、渣土、砂石、土方、灰浆等散装、流体物料的，应当使用符合条件的车辆，并安装卫星定位系统。

建筑土方、工程渣土、建筑垃圾应当及时运输到指定场所进行处置；在场地内堆存的，应当有效覆盖。

第六十八条　裸露地面应当按照下列规定进行扬尘防治：

（一）待开发的建设用地，建设单位负责对裸露地面进行覆盖；超过三个月的，应当进行临时绿化或者透水铺装；

（二）市政道路及河道沿线、公共绿地的裸露地面，分别由住房和城乡建设、水务、园林绿化部门组织按照规划进行绿化或者透水铺装；

（三）其他裸露地面由使用权人或者管理单位负责进行绿化或透水铺装，并采取防尘措施。

第八十条　违反本条例第十六条规定的，由县级以上人民政府环境保护行政主管部门责令停止排污或者限制生产、停产整治，处二十万元以上一百万元以下罚款；情节严重的，报经有批准权的人民政府批准，责令停业、关闭。

第八十一条　违反本条例第十八条第一款规定，有大气污染物排放总量控制任务的企业事业单位，未按照规定监测、记录、保存大气污染物排放数据或者公开虚假大气污染物排放数据的，由县级以上人民政府环境保护行政主管部门责令改正，处以五万元以上二十万元以下罚款；拒不改正的，责令停产整治。

第八十二条　违反本条例第十九条规定，未按规定配备大气污染物排放自动监控设备，或者自动监控设备未稳定运行、数据不准确的，由县级以上人民政府环境保护行政主管部门责令改正，处以五万元以上二十万元以下罚款；拒不改正的，责令停产整治。

第九十条　违反本条例第六十二条第二款规定的，由县级以上人民政府住房和城乡建设部门责令停止施工。

第九十一条　违反本条例第六十三条规定，施工单位未采取扬尘污染防治措施，或者违反本条例第六十四条第一款规定，生产预拌混凝土、预拌砂浆未采取密闭、围挡、洒水、冲洗等防尘措施的，由县级以上人民政府住房和城乡建设部门责令改正，处以二万元以上十万元以下罚款；拒不改正的，责令停工整治。

第九十二条　违反本条例第六十五条第一款规定的，由县级以上人民政府环境保护行政主管部门或者其他依法行使监督管理权的部门责令停止违法行为，处以五千元以上二万元以下罚款。

违反本条例第六十五条第二款规定的，由县级以上人民政府环境保护行政主管部门或者其他依法行使监督管理权的部门责令改正，处以五百元以上二千元以下罚款。

违反本条例第六十五条第三款规定的，由县级以上人民政府环境保护行政主管部门责令改正，处二万元以上十万元以下罚款；拒不改正的，责令停工整治或者停业整治。

第九十三条　违反本条例第六十七条第一款规定，露天开采、加工矿产资源，未采取喷淋、集中开采、运输道路硬化绿化等扬尘污染防治措施的，由县级以上人民政府环境保护行政主管部门或者其他依法行使监督管理权的部门责令改正，处以二万元以上十万元以下罚款；拒不改正的，责令停工整治。

五、安徽省建筑工程施工扬尘污染防治规定

各市、县人民政府，省政府各部门、各直属机构：

经省政府同意，现将《安徽省建筑工程施工扬尘污染防治规定》印发给你们，请认真贯彻执行。

安徽省住房城乡建设厅
2014 年 1 月 30 日

第一条 为加强建筑工程施工扬尘污染防治工作，保护和改善大气环境质量，根据《中华人民共和国大气污染防治法》、《安徽省大气污染防治行动计划实施方案》等法律法规和相关规定，结合我省实际，制定本规定。

第二条 在本省行政区域内城市和县城的建成区从事房屋建筑及市政基础设施等工程（以下简称建筑工程）的新建、改建、扩建、拆除及相关运输等有关活动，必须遵守本规定。

第三条 按照"属地管理、分级负责，谁主管、谁负责"的原则，做好建筑工程施工扬尘污染防治工作。

省住房城乡建设行政主管部门对全省建筑工程施工扬尘污染防治工作实施指导和监督管理。

市、县（区）住房城乡建设行政主管部门负责本行政区域内建筑工程施工扬尘污染防治工作的监督管理。

市、县（区）人民政府负责房屋、建（构）筑物拆除的行政主管部门应当加强拆除作业现场的监督检查，督促拆除施工单位落实各项防尘抑尘措施。

第四条 建设单位（拆除发包单位）是建筑工程施工扬尘污染防治的责任人，明确扬尘污染防治责任并监督落实；将扬尘污染防治费用列入工程安全文明施工措施费，作为不可竞争费用列入工程成本，并在开工前及时足额支付给施工单位。

第五条 施工单位依照本规定和合同约定，具体承担建筑工程施工扬尘的污染防治工作，施工总承包单位对分包单位的扬尘污染防治负总责。

第六条 监理单位对建筑工程施工扬尘污染防治工作负监理责任，具体负责监督施工单位扬尘污染防治措施建立、防治费用使用、防治工作责任落实等情况。

监理单位对施工扬尘污染防治工作不力等行为应当及时制止；对拒不整改的，应当及时向工程所在地住房城乡建设行政主管部门报告。

第七条 建筑工程施工扬尘治理措施应当符合下列规定：

（一）施工现场实行围挡封闭。主要路段施工现场围挡高度不得低于 2.5 米，一般路段施工现场围挡高度不得低于 1.8 米。围档底边应当封闭并设置防溢沉淀井，不得有泥浆外漏。

（二）施工现场出入口道路实施混凝土硬化并配备车辆冲洗设施。对驶出施工现场的机动车辆冲洗干净，方可上路。

（三）施工现场内道路、加工区实施混凝土硬化。硬化后的地面，不得有浮土、积土，裸露场地应当采取覆盖或绿化措施。

（四）施工现场设置洒水降尘设施，安排专人定时洒水降尘。

（五）施工现场土方开挖后尽快完成回填，不能及时回填的场地，采取覆盖等防尘措施；砂石等散体材料集中堆放并覆盖。

（六）渣土等建筑垃圾集中、分类堆放，严密遮盖，采用封闭式管道或装袋清运，严禁高处抛洒。需要运输、处理的，按照市、县（区）政府市容环境卫生行政主管部门规定的时间、线路和要求，清运到指定的场所处理。

（七）外脚手架应当设置悬挂密目式安全网封闭，并保持严密整洁。

（八）施工现场禁止焚烧沥青、油毡、橡胶、塑料、皮革、垃圾以及其他产生有毒有害烟尘和恶臭气体的物质。

（九）施工现场使用商品混凝土和预拌砂浆，搅拌混凝土和砂浆采取封闭、降尘措施。

（十）运进或运出工地的土方、砂石、粉煤灰、建筑垃圾等易产生扬尘的材料，应采取封闭运输。

（十一）拆除工程工地的围挡应当使用金属或硬质板材材料，严禁使用各类砌筑墙体；拆除作业实行持续加压洒水或者喷淋方式作业；拆除作业后，场地闲置 1 个月以上的，用地单位对拆除后的裸露地面采取绿化等防尘措施。

（十二）根据《安徽省重污染天气应急预案》启动Ⅲ级（黄色）预警以上或气象预报风速达到五级以上时，不得进行土方挖填和转运、拆除、道路路面鼓风机吹灰等易产生扬尘的作业。

第八条 市、县（区）住房城乡建设行政主管部门应当积极建立施工现场扬尘污染防治监控平台，当地政府应给予支持。

第九条 市、县（区）住房城乡建设行政主管部门应当将施工现场扬尘治理措施和专项经费落实情况，纳入安全生产和文明施工监督管理内容，加强现场踏勘和监督检查。

第十条 各级住房城乡建设行政主管部门应当设立施工现场扬尘污染举报投诉电话，接受社会监督。

第十一条 市、县（区）住房城乡建设行政主管部门应当制定重污染天气分级响应应急预案，纳入本地区应急体系建设。国家或省发布不同级别的重污染天气预警时，应当采取扬尘防控应急措施。

第十二条 省、市住房城乡建设行政主管部门开展安全质量标准化示范工地（小区）评审时，应当将施工现场扬尘污染防治工作落实情况，作为必备条件之一纳入评审内容。

第十三条 各级住房城乡建设行政主管部门在工程监督工作中，发现有扬尘污染防治费用不落实或挪作他用情形的，应当依照相关法律法规进行处理和处罚。

第十四条 在城市和县城的建成区进行建筑工程施工，未采取有效扬尘防治措施，致使大气环境受到污染的，依照有关法律法规，限期改正，处 20000 元以下罚款；逾期仍未达到当地环境保护规定要求的，可以责令停工整顿。

第十五条 本规定自印发之日起实施。

六、安徽省建筑施工安全生产违法违规行为分类处罚和不良行为记录标准

为贯彻落实《住房城乡建设部关于推进建筑业发展和改革的若干意见》（建市〔2014〕92 号）和《住房城乡建设部关于开展建筑业改革发展试点工作的通知》（建市〔2014〕64 号）要求，科学、公正、依法对安全生产违法违规行为进行处罚，依据《生产安全事故报告和调查处理条例》（国务院令 493 号）、《安全生产许可证条例》（国务院令 397 号）和《安徽省建筑市场信用信息管理办法》（建市〔2014〕21 号）等相关规定，我厅根据企业安全管理状况、企业百亿元产值死亡率、企业综合信用评分和在建项目开展信用评价情况等因素，结合违法违规行为的事实、性质、情节以及社会危害程度，按下限、一般、上限三种处罚档次对企业建筑安全生产违法违规行为进行分类处罚并记不良行为记录。

1. 本省建筑施工总承包企业安全生产违法违规行为分类处罚标准

序号	违法行为	处罚依据	处罚内容	裁量档次		处罚标准	企业信用扣分
1	降低安全生产条件	《安全生产许可证条例》第十四条、《建筑施工企业安全生产许可证动态监管暂行办法》第九条、十条、十一条等	责令改正，暂扣安全生产许可证 30～60 天，吊销安全生产许可证	下限处罚	初次违法，危害后果轻微，主动消除或减轻违法行为危害后果的。责令改正		
				一般处罚	经责令整改，仍达不到要求的	责令停工	
					责令停工整改，拒不改正的	暂扣安全生产许可证 30 天。	
				上限处罚	企业严重降低安全生产条件的	暂扣安全生产许可证 60 天	

续表

序号	违法行为	处罚依据	处罚内容	裁量档次		处罚标准	企业信用扣分
2	发生生产安全事故并负有责任的	《生产安全事故报告和调查处理条例》第四十条、《安全生产许可证条例》第十四条、《建筑施工企业安全生产许可证动态监管暂行办法》第十四条至第十七条等	暂扣安全生产许可证30~90天，吊销安全生产许可证	下限处罚	发生一般生产安全事故。企业总体安全管理情况较好且事故发生前一年内未发生一般生产安全事故、两年内未发生较大生产安全事故，百亿元产值死亡率低于全省平均值，在建项目全部开展信用评价，总承包企业综合信用评分在前30%范围内的企业	暂扣安全生产许可证30天。	3
					发生较大生产安全事故。企业总体安全管理情况较好且事故发生前一年内未发生一般生产安全事故、两年内未发生较大生产安全事故，百亿元产值死亡率低于全省平均值，在建项目全部开展信用评价，总承包企业综合信用评分在前30%范围内的企业	暂扣安全生产许可证60天	8
				一般处罚	发生一般生产安全事故。不符合按照上限或下限情形处罚的	暂扣安全生产许可证45天	4
					发生较大生产安全事故。不符合按照上限或下限情形处罚的	暂扣安全生产许可证75天	9
				上限处罚	发生一般生产安全事故。企业百亿元产值死亡率高于全省平均值，在建项目未开展信用评价，企业综合信用评分在后10%范围内的企业	暂扣安全生产许可证60天	5
					发生较大生产安全事故。企业百亿元产值死亡率高于全省平均值，在建项目未开展信用评价，企业综合信用评分在后10%范围内的企业	暂扣安全生产许可证90天	10
					企业发生生产安全事故，经整改后复核，仍不具备安全生产条件，情节严重的	吊销安全生产许可证	10

注：上述分类处罚标准不适用于对企业相关责任人员的处罚。

2. 外省进皖建筑施工企业安全生产违法违规行为处理标准

（1）承建的项目降低安全生产条件，主管部门责令整改仍不到位的，记安全生产不良行为记录一次；情节严重的暂停进皖备案3~6个月。

（2）承建的项目发生一般生产安全事故的，记安全生产不良行为记录一次，情节严重的暂停进皖备案3~6个月。

（3）12个月内发生1起较大生产安全事故或2起及以上一般生产安全事故的，暂停备案6~9个月；情节严重的，撤销备案，一年内不再受理该企业或人员信息登记备案。

（4）对省外进皖施工企业严重降低安全生产条件或发生生产安全事故的，我厅将函告企业工商注册所在地省级建设行政主管部门，暂扣其安全生产许可证，逾期未进行处罚的，将暂停企业进皖备案。

3. 对监理企业、项目总监安全生产违法违规行为记录标准

监理企业、项目总监安全生产违法违规行为除依法依规进行处理外，并记不良行为记录：

（1）监理企业监理的项目降低安全生产条件，责令整改仍未履行监理职责的，给项目总监记安全生产不良行为记录一次。

（2）监理企业监理的项目发生一般生产安全事故并负有监理责任的，给项目总监记安全生产不良行为记录一次；情节严重的给监理企业记安全生产不良行为记录一次。

（3）监理企业监理的项目12个月内发生2起及以上一般生产安全事故并负有监理责任的，给监理企业记安全生产不良行为记录一次。

（4）监理企业监理的项目发生较大生产安全事故并负有监理责任的，记安全生产严重不良行为记录一次。

（5）监理企业被记安全生产不良行为的，扣企业信用分2分；被记安全生产严重不良行为的，扣企业信用分6分。

4. 其他

（1）企业综合信用评分以发生安全违规违法行为前一个月底评分结果为准。

（2）安徽省建筑施工企业百亿元产值死亡率和企业百亿元产值死亡率以上一年度统计值为准。

（3）本标准仅适用于企业降低安全生产条件、发生一般及较大建筑生产安全事故的行为。

七、安徽省生产安全事故隐患排查治理办法

安徽省生产安全事故隐患排查治理办法

第一条 为了加强生产安全事故隐患（以下简称事故隐患）排查治理工作，落实事故隐患排查治理责任，防止和减少生产安全事故，保障人民群众生命财产安全，根据《中华人民共和国安全生产法》和有关法律、法规的规定，结合本省实际，制定本办法。

第二条 本办法适用于本省行政区域内事故隐患的排查治理及其监督管理活动。

第三条 本办法所称事故隐患，是指生产经营单位违反安全生产法律、法规、规章、标准、规程和安全生产管理制度的规定，或者因其他因素在生产经营活动中存在可能导致事故发生的物的危险状态、人的不安全行为和管理上的缺陷。

事故隐患分为一般事故隐患和重大事故隐患。一般事故隐患，是指危害和整改难度较小，能够立即整改排除的隐患。重大事故隐患，是指危害和整改难度较大，应当全部或者局部停产停业，经过一定时间整改治理方能排除的隐患，或者因外部因素影响致使生产经营单位自身难以排除的隐患。

第四条 生产经营单位是事故隐患排查治理的责任主体，应当建立全员负责的事故隐患排查治理体系。

生产经营单位主要负责人是本单位事故隐患排查治理的第一责任人，其他负责人在职责范围内承担责任。

生产经营单位的安全生产管理机构以及安全生产管理人员是本单位事故隐患排查治理的具体责任人。

第五条 县级以上人民政府应当加强对事故隐患排查治理工作的领导，协调解决事故隐患排查治理工作中存在的重大问题，安排专项资金用于应当由政府负责的事故隐患治理。

乡（镇）人民政府以及街道办事处、开发区管理机构等人民政府的派出机关应当加强对本行政区域内生产经营单位事故隐患排查治理的监督检查，协助上级人民政府有关部门依法履行事故隐患排查治理的监督管理职责。

第六条 县级以上人民政府安全生产监督管理部门负责本行政区域内事故隐患排查治理的综合监督管理，并指导、协调、督促有关部门、乡（镇）人民政府以及街道办事处、开发区管理机构等人民政府的派出机关做好对生产经营单位事故隐患排查治理工作的监督检查。

县级以上人民政府有关部门应当按照各自职责，负责有关行业、领域的事故隐患排查治理的监督管理。

安全生产监督管理部门和对有关行业、领域的安全生产工作实施监督管理的部门，统称负有安全生产监督管理职责的部门。

第七条 负有安全生产监督管理职责的部门应当鼓励和支持事故隐患排查治理先进技术的推广应用，引导生产经营单位采用先进技术排查治理事故隐患，建立健全事故隐患排查治理信息系统。

第八条 排查事故隐患可以采用企业自查、委托为安全生产提供技术或者管理服务的机构排查、负有安全生产监督管理职责的部门监督检查等方式。

无法明确责任单位的事故隐患，由所在地县级人民政府确定有关单位负责排查治理。

第九条 生产经营单位应当建立事故隐患排查治理制度，明确单位、部门、车间、班组的负责人和其他从业人员的事故隐患排查治理责任范围，建立责任追究机制。

集中交易市场的开办者或者经营场所管理者应当保证市场具备安全生产条件，与生产经营单位签订事故隐患排查治理责任协议，明确各自的安全生产管理责任，并定期组织开展事故隐患排查治理工作。

第十条 生产经营单位负责人应当根据本单位生产经营特点，定期组织安全生产管理人员、专业技术人员和其他相关人员对下列事项进行排查：

（一）安全生产法律、法规和规章制度、操作规程的贯彻落实情况；

（二）劳动防护用品的配备、发放和使用情况；

（三）重大危险源普查建档、风险辨识、监控预警情况；

（四）危险作业、有限空间作业、粉尘作业场所等现场安全管理情况；

（五）从业人员安全教育培训、作业人员持证上岗情况；

（六）应急救援预案制定、演练，应急救援物资、设备的配备情况；

（七）设施、设备的使用、维护和保养情况以及工艺变化情况；

（八）其他需要排查的事项。

第十一条 生产经营单位安全生产管理人员、其他从业人员应当根据其岗位职责，对设施、设备、工艺等进行日常安全检查。

发现事故隐患的，应当立即报告现场负责人或者本单位负责人，接到报告的人员应当及时予以处理；发现直接危及人身安全的紧急情况，有权停止作业或者采取可能的应急措施后撤离作业场所。检查及处理情况应当如实记录在案。

第十二条 生产经营单位发现一般事故隐患的，应当在保证安全的前提下，及时采取技术、管理措施予以排除。

生产经营单位发现重大事故隐患的，应当立即报告负有安全生产监督管理职责的部门，并采取技术、管理措施，根据需要停止使用相关设施、设备，实行局部或者全部停产停业。

事故隐患排查治理情况应当如实记录，并向从业人员通报。

第十三条 生产经营单位应当按照下列规定治理重大事故隐患：

（一）组织专业技术人员或者委托为安全生产提供技术或者管理服务的机构进行风险评估，分析事故隐患的现状、产生原因、危害程度、整改难易程度；

（二）根据风险评估结果制定治理方案，明确治理目标、治理措施、责任人员、所需经费和物资条件、时间节点、监控保障和应急措施；

（三）落实治理方案，排除事故隐患。

第十四条　生产经营单位在事故隐患治理过程中，应当采取必要的安全防范措施，防止事故发生。事故隐患排除前或者排除过程中无法保证安全的，应当从危险区域内撤出作业人员，疏散可能危及的人员，设置警示标志和警戒区域。必要时，应当派员值守。

事故隐患涉及相邻地区、单位或者社会公众安全的，生产经营单位应当立即通知相邻地区、单位，并在现场设置安全警示标志。相邻地区、单位应当支持配合。

对外部因素造成的重大事故隐患，生产经营单位自身难以排除的，应当向负有安全生产监督管理职责的部门报告，接到报告的部门应当及时协调处理。

第十五条　生产经营单位应当建立事故隐患排查治理台账，记录排查事故隐患的人员、时间、部位或者场所，事故隐患的具体情形、数量、性质和治理情况；对重大事故隐患排查治理情况，应当建档管理。

第十六条　生产经营单位应当按照国家有关规定，定期将本单位事故隐患排查治理的统计情况报送负有安全生产监督管理职责的部门。

县级以上人民政府有关部门应当定期统计分析本行业、领域事故隐患排查治理情况，并报送上一级主管部门和本级人民政府安全生产监督管理部门。

县级以上人民政府安全生产监督管理部门应当定期统计分析本地区事故隐患排查治理情况，并向社会公布。

第十七条　负有安全生产监督管理职责的部门、乡（镇）人民政府以及街道办事处、开发区管理机构等人民政府的派出机关，根据工作需要，可以委托为安全生产提供技术或者管理服务的机构，对事故隐患进行排查。有关费用由委托方承担。

第十八条　任何单位和个人发现事故隐患的，有权向负有安全生产监督管理职责的部门举报。负有安全生产监督管理职责的部门接到事故隐患举报后，应当按照职责分工，立即组织核实处理；对举报属实的，给予物质奖励，并为举报者保密。

第十九条　负有安全生产监督管理职责的部门应当依法对生产经营单位执行安全生产法律、法规和国家标准或者行业标准等情况进行监督检查，并如实书面记录检查时间、地点、内容、发现的问题及其处理情况。

对检查中发现的事故隐患，应当责令立即排除。对重大事故隐患，实行跟踪督办，明确相关生产经营单位的整改任务、措施、时限以及牵头督办部门的责任，并向社会公布。必要时，报本级人民政府挂牌督办。

第二十条　乡（镇）人民政府以及街道办事处、开发区管理机构等人民政府的派出机关，应当对本行政区域内生产经营单位的事故隐患排查治理工作进行监督检查。对检查中发现的事故隐患，应当责令生产经营单位采取措施消除事故隐患，并报告负有安全生产监督管理职责的部门。

第二十一条　对事故隐患治理不力，导致事故发生的生产经营单位，负有安全生产监督管理职责的部门应当按照规定将其录入安全生产违法行为信息库，向社会公布，并通报行业主管部门、投资主管部门、国土资源主管部门、证券监督管理机构以及有关金融机构。

第二十二条　负有安全生产监督管理职责的部门接到重大事故隐患报告后，应当组织现场核查，督促、指导生产经营单位采取技术或者管理措施，制定并实施治理方案，消除事故隐患。必要时，应当依法责令生产经营单位停产停业。

第二十三条　因存在重大事故隐患而局部或者全部停产停业的生产经营单位要求恢复生产的，应当向负有安全生产监督管理职责的部门提出恢复生产的书面申请。

负有安全生产监督管理职责的部门应当自收到申请之日起 10 日内组织现场审查。审查合格的，对事故隐患进行核销，同意恢复生产经营；审查不合格的，不得恢复生产经营；经停产停业整改仍不具备安全生产条件的，依法予以关闭。

第二十四条 违反本办法规定，生产经营单位不建档管理重大事故隐患排查治理情况，或者不报送事故隐患排查治理情况的，由负有安全生产监督管理职责的部门责令限期改正；逾期未改正的，录入安全生产违法行为信息库，向社会公布。

生产经营单位有两次以上前款违法行为的，将其录入企业信用信息公示系统，向社会公布。

第二十五条 生产经营单位违反本办法规定，未采取措施消除事故隐患的，由负有安全生产监督管理职责的部门责令立即消除或者限期消除；生产经营单位拒不执行的，责令停产停业整顿，并处10万元以上50万元以下的罚款，对其直接负责的主管人员和其他直接责任人员处2万元以上5万元以下的罚款。

第二十六条 负有安全生产监督管理职责的部门工作人员有下列情形之一的，依法给予处分；构成犯罪的，依法追究刑事责任：

（一）不按照规定处理事故隐患举报的；

（二）不按照规定对事故隐患排查治理情况履行监督检查职责，导致生产安全事故发生的；

（三）发现生产经营单位在事故隐患排查治理过程中存在违法行为，未及时查处，造成后果的；

（四）其他玩忽职守、滥用职权、徇私舞弊的行为。

第二十七条 国家机关、事业单位、人民团体以及其他经济组织的事故隐患排查治理，参照本办法执行。

第二十八条 本办法自2015年5月1日起施行。

参考文献

[1] 建质〔2003〕82号.建筑工程预防高处坠落事故若干规定、建筑工程预防坍塌事故若干规定.
[2] 建质〔2009〕87号.危险性较大的分部分项工程安全管理办法.
[3] 建质〔2009〕254号.建设工程高大模板支撑系统施工安全监督管理导则.
[4] 建筑施工企业主要负责人、项目负责人和专职安全生产管理人员安全生产管理规定（住房城乡建设部令第17号）.
[5] 建筑施工企业安全生产管理机构设置及专职安全生产管理人员配备办法（建质〔2008〕91号）.
[6] 建筑施工特种作业人员管理规定（建质〔2008〕75号）.
[7] 安监总局第30号令.特种作业人员安全技术培训考核管理规定，2010-5-24.
[8] 建设部令第166号.建筑起重机械安全监督管理规定，2008-1-8.
[9] 建筑起重机械备案登记办法（建质〔2008〕76号）.
[10] 国家安全生产监督管理总局令第80号.生产经营单位安全培训规定，2015-5-29.
[11] 建筑工程安全防护、文明施工措施费用及使用管理规定（建办〔2005〕89号）.
[12] 企业安全生产风险抵押金管理暂行办法（财建〔2006〕369号）.
[13] 企业安全生产费用提取和使用管理办法（财企〔2012〕16号）.
[14] 国家安全生产监督管理总局令第1号.劳动防护用品监督管理规定，2005-7-8.
[15] 建筑施工人员个人劳动保护用品使用管理暂行规定（建质〔2007〕255号）.
[16] AQ/T 4256—2015.建筑施工企业职业病危害防治技术规范.
[17] JGJ/T 77—2010.施工企业安全生产评价标准.
[18] JGJ 59—2011.建筑施工安全检查标准.
[19] JGJ 146—2014.建设工程施工现场环境与卫生标准.
[20] GB 6441—86.企业职工伤亡事故分类标准.
[21] JGJ/T 180—2009.建筑施工土石方工程安全技术规范.
[22] JGJ 120—2012.建筑基坑支护技术规程.
[23] JGJ 311—2013.建筑深基坑工程施工安全技术规范.
[24] GB 50194—2014.建设工程施工现场供用电安全规范.
[25] JGJ 46—2005.施工现场临时用电安全技术规范.
[26] JGJ 80—91.建筑施工高处作业安全技术规范.
[27] GB/T 3608—2008.高处作业分级.
[28] JGJ 128—2010.建筑施工门式钢管脚手架安全技术规范.
[29] JGJ 130—2011.建筑施工扣件式钢管脚手架安全技术规范.
[30] JGJ 166—2008.建筑施工碗扣式脚手架安全技术规范.
[31] JGJ 202—2010.建筑施工工具式脚手架安全技术规范.
[32] JGJ 164—2008.建筑施工木脚手架安全技术规范.
[33] JGJ 183—2009.液压升降整体脚手架安全技术规程.
[34] GB 15831—2006.钢管脚手架扣件.
[35] JGJ 162—2008.建筑施工模板安全技术规范.
[36] JGJ 65—2013.液压滑动模板施工安全技术规程.
[37] JGJ/T 194—2009.钢管满堂支架预压技术规程.
[38] JGJ 196—2010.建筑施工塔式起重机安装、使用、拆卸安全技术规程.
[39] JGJ/T 187—2009.塔式起重机混凝土基础工程技术规程.

[40] GB 10055—2007. 施工升降机安全规程.

[41] JG 5058—1995. 施工升降机防坠安全器.

[42] JGJ 88—2010. 龙门架及井架物料提升机安全技术规范.

[43] DBJ 14—015—2002. 建筑施工物料提升机安全技术规程.

[44] JGJ 33—2012. 建筑机械使用安全技术规程.

[45] JGJ 160—2008. 施工现场机械设备检查技术规程.

[46] GB 5725—2009. 安全网.

[47] GB 6095—2009. 安全带.

[48] GB/T 6096—2009. 安全带测试方法.

[49] GB 2811—2007. 安全帽.

[50] JGJ 184—2009. 建筑施工作业劳动防护用品配备及使用标准.

[51] GB 12523—2011. 建筑施工场界噪声限值.

[52] GB 2894—2008. 安全标志及其使用导则.

[53] CECS 266—2009. 建设工程施工现场安全资料管理规程.